공동체의 힘,
작은학교
만들기

공동체의 힘,
작은학교
        만들기

초판 1쇄 인쇄 2025년 2월 10일
초판 1쇄 발행 2025년 2월 18일

지은이 미셸 앤더슨, 미셸 데이비스, 피터 더글라스, 데이비드 로이드, 배리 니븐, 힐러리 틸
옮긴이 권순형, 문영빛, 문영진, 안병훈
펴낸이 김승희
펴낸곳 도서출판 살림터
기획 정광일
편집 이희연·조현주·송승호
북디자인 꼬리별

인쇄·제본 (주)신화프린팅
종이 (주)명동지류

주소 서울시 양천구 목동동로 293, 2215-1호
전화 02-3141-6553
팩스 02-3141-6555
출판등록 2008년 3월 18일 제313-1990-12호
이메일 gwang80@hanmail.net
블로그 http://blog.naver.com/dkffk1020
한국교육연구네트워크 www.kednetwork.or.kr

A Collective Act: Leading a Small School
by Michelle Anderson, Michelle Davis, Peter Douglas,
David Lloyd, Barry Niven and Hillary Thiele
© The Australian Council for Educational Research Ltd., 2010
All rights reserved
Korean translation © Sallimter Publishing Co., 2025
Translated by permission of The Australian Council for Educational Research Ltd.,
through Orange Agency

ISBN 979-11-5930-312-8 93370

• 가격은 뒤표지에 있습니다.
• 잘못된 책은 바꾸어 드립니다.

공동체의 힘,
작은학교
만들기

미셸 앤더슨, 미셸 데이비스, 피터 더글라스,
데이비드 로이드, 배리 니븐, 힐러리 틸 지음
권순형, 문영빛, 문영진, 안병훈 옮김

살림터

역자 서문

권순형(한국교육개발원 선임연구위원)

오늘날 우리나라는 합계출산율 '0.7(2023년 기준)'이라는 놀라운 현실을 마주하고 있습니다. 인구감소는 우리나라의 사회, 경제, 문화, 산업 및 인구구조에 영향을 미치고 '학교' 역시 영향을 받게 될 것입니다. 학령인구가 급격하게 감소하게 되면 학교에 여러 변화가 수반되겠지만, 확실하게 예견될 수 있는 것 가운데 하나가 '학교 규모'입니다. 현재 인구추계대로라면 장래 학교 규모는 지금보다 더욱 작아질 것입니다. 지방의 농어촌 지역에는 학생 수 60명 이하의 소규모학교(분교장 포함)가 증가하게 될 것이며, 경우에 따라서는 학교 통·폐합(또는 초중통합운영학교)에 대한 이슈도 활발해질 가능성도 있습니다.

이 책은 호주의 작은학교 정책과 교장 선생님들의 리더십 사례를 다루고 있습니다. 개인적으로 지난 2021년 한국교육개발원의 기본연구(학령인구 감소에 따른 소규모학교 지원체제 구축 및 운영방안)를 수행한 적이 있었습니다. 당시 이 책을 처음 접하며 내용이 한국의 작은학교 교장·교감선생님을 비롯한 교육청의 작은학교 정책을 결정하시는 분들에게 도움이 될 수도 있다고 생각한 것이 번역이 시작되는 계기가 되었습니다.

이 책은 지난 2010년 호주 교육 연구 위원회the Australian Council for Educational Research의 출판사인 ACER에서 발간되었으며, 호주의 작은학교에 대한 이야기와 교육과정, 수업 그리고 사례를 다루고 있고 호주의 각종 교원연수에서 교재로 활용되기도 하였습니다. 특히, 다섯 분의 호주 작은학교 교장 선생님들의 구체적인 사례는 호주의 작은학교를 이해하는 데 의미가 있는 내용이라 생각됩니다.

이 책의 원제목은 'A Collective Act: Leading a small school'입니다. 제목과 관련하여 역자들은 제목 번역에 대한 고민이 있었습니다. 부제의 경우 명확하게 이해가 되었지만, 제목의 경우 어떠한 용어가 우리나라에 가장 잘 어울릴까?라는 고민이었습니다. 이 역서를 읽어나가면서 이해하시게 되겠습니다만, 작은학교에 대한 이해에 있어 네 가지 요소가 강조되고 있습니다. 그것은 지역적 특수성place, 인적자원people, 제도와 정책system, 그리고 자기 자신self에 대한 도전과 이해 등 네 가지입니다. 이 가운데 '지역적 특수성'에 대한 이해는 작은학교 운영에 있어 무엇보다 중요한 요인이자 전제조건에 해당합니다. 학교가 지역을 떠나 고립된 단위로 존재하는 것이 아니라 지역과 함께 호흡하며 지역사회와 연계하는 것이 작은학교의 강점을 극대화하고 단점을 극복할 수 있는 기저가 될 수 있다는 것입니다. 이와 같은 점을 들어 번역에 함께 참여해 주신 교수님과 박사님의 동의를 얻어 이 책의 원제목을 '공동체의 힘A Collective Act'이라는 용어로 번역하기로 하였습니다.

이 책에서 언급되는 호주의 다섯 작은학교 사례는 2010년 전·후의 호주의 사례이기 때문에 현금現今의 한국 농어촌의 작은학교 운영에 적용하기 어려울 수 있습니다. 저희가 이 책을 접하시는 분들에게 강조하고 싶은 것은 호주의 작은학교 정책과 사례를 읽으면서 학교장과 교사들이 어떠한 노력을 기울였고, 지역과 연계하는 것이 어떠한 의미인지, 작은학교 운영에 어떠한 가치를 두고 운영했는가에 관한 것입니다. 이와 같은 점에 주목하신다면 작은학교 정책을 입안하고 결정하시는 교육감·교육장님 그리고 교육(지원)청의 장학관·장학사님을 비롯하여 한국 농어촌 작은학교에서 학생 교육에 매진하고 계신 교장·교감 선생님, 행정실장님 그리고 선생님과 학부모님들에게도 '지역사회와 학교의 역할과 의미'에 대하여 의미 있는 시사점을 제공해 줄 것으로 확신합니다.

이 번역서가 나오기까지 함께 번역에 참여해 주신 세 명의 박사님에게 고마운 마음을 전합니다. 이 책의 6장, 7장 그리고 8장을 번역해 주신 선문대학교 교양학부의 안병훈 교수님, 9장, 10장, 11장을 번역해 주신 경남정보대학교 유아교육학과의 문영빛 교수님, 4장과 5장 그리고 머리말과 감사 인사 등을 번역해 주신 인천광역시교육청 교육정책연구소 문영진 박사님께 진심으로 감사드립니다. 무엇보다 번역서의 판매 부수에 대한 수익보다 학령인구 감소 시대 작은학교의 역할과 의미에 대하여 공감해 주시고 번역서 출간을 허락해 주신 살림터 정광일 사장님께도 깊은 감사를 드립니다. 감사합니다.

2024년 12월
역자를 대표하여

감사 인사

이 책의 발간에 진심으로 감사드릴 분들이 많이 있습니다.

먼저, 지난 18개월 동안 기꺼이 함께 참여해 주신 5명의 공동저자 미셸Michelle, 피터Peter, 데이비드David, 배리Barrey, 그리고 힐러리Hilary에게 감사를 전합니다. 여러분을 알게 되어 영광이었고, 작은학교 리더십의 기쁨과 도전, 그리고 리더십이 여러분 모두에게 실제로 어떤 의미인지를 알게 되었습니다. 정보와 재원을 제공하는 데 도움을 준 전문협회와 교육 부처에도 감사를 표합니다. 우리의 책과 우리가 취한 접근법이 없었다면 불가능했을 것입니다. 이 프로젝트의 개발을 추진하도록 저를 격려해 주신 ACER 출판사에게도 감사를 전합니다. 엘리자베스 클라인헨즈Elizabeth Kleinhenz 박사와 제니 윌킨슨Jenny Wilkinson, 초기 저의 초안에 대한 당신의 '친절하면서도 예리했던' 피드백 감사합니다. 마지막으로, 헬렌 와일디Helen Wildy 교수님, 작은학교 리더십에 대한 당신의 지식과 전문성은 이 프로젝트에 매우 귀중했습니다.

또한 책에 대한 통찰력 있는 논평과 피드백을 해 주신 3명의 비평가, 사우스오스트레일리아South Australia 플린더스Flinders 대학의 시드니 지역교육 및 지역사회 학과장Sidney Myer Chair of Rural Education and Communities 존 할시John Halsey 교수, 빅토리아Victoria 대킨Deakin 대학의 전문적 경험을 지도Director of Professional Experience하는 시몬 화이트Simone White 부교수, 웨스턴오스트레일리아 대학교The University of Western Australia의 교육학과 부학과장Deputy Dean, Faculty of Education 시몬 클라크Simon Clarke 부교수께도 감사드립니다.

_미셸 앤더슨(Michelle Anderson)

저의 교장 생활은 많은 공헌자들과 협력자들이 함께한 훌륭한 학습 '무대arena'였습니다. 저를 지지해 주는 친구이자 교장이며, 과거와 현재, 그리고 미래에도 견실한sound 조언을 해 준 크리스 카프라Chris Capra와 더글러스 리더십 팀Douglas Leadership Team의 동료들, 특히 웡가 비치 학교Wonga Beach School의 직원들과 학교공동체에 감사드리고 싶습니다. 저에 대한 그들의 신뢰는 놀랍고도 고무적이며, 그들과 함께 일할 때면 저는 매일 '내 직업을 사랑한다'라고 느낍니다. 우리 가족, 스테판Stephen, 제이콥Jakob, 조르자Jorja, 난 이것이 직업 그 이상이라는 것을 알고 있고 나만큼 너희들이 학교를 즐긴다는 것에 감사하고 있단다. 팀 데이비스Team Davis, 파이팅! 그리고 미셸 앤더슨Michelle Anderson, 작은학교에서 일어나는 일에 대해 알고 싶어 하고 작은학교가 일하고 배울 수 있는 훌륭한 장소임을 이해해 주어서 감사합니다. 이 책은 제가 매일 하는 일에 대한 아주 멋진 기념물이 되었습니다.

_미셸 데이비스(Michelle Davis)

저는 다음 분들의 엄청난 공헌을 알리고 싶습니다. 세인트 패트릭 스쿨St Patrick's School과 성모자애학교Our Lady of Mercy Schools의 학생들과 직원들, 그리고 운영위원회, 제가 '일trade'을 배울 수 있도록 인내해 준 우리 가족-토니Toni, 카밀Kamil, 카시미르Casimir, 앨리Ally, 나의 전문적 조언자들인 테레즈 필립스Therese Phillips, AIST, 수잔 오도넬 박사Dr. Susan O'Donnell, St. Monica's, Cairns, 캐리 맥아이버Carey McIver, CEO North

West, 크리스틴 에드워즈Christine Edwards, CEO North, 존 버터John Butter, 전 컨설턴트, 노스웨스트North West의 동료 교장들인 맷 존스Matt Jones, 샌드라 하비Sandra Harvey, 케빈 브라우닝Kevin Browning, 일레인 배런저 Elaine Barrenger, 트리시 캐시먼Trish Cashman, 로드 린하트Rod Linhart, 클 링턴 샤르비Clynton Scharvi, 프랭크 라이스Frank Rice, 수 첸Sue Chen, 나의 전前 학교경영자 헬렌 재프레이Helen Jaffray, 그리고 가장 특별하게는 함께 여행했던 나의 리더십 동료들인 미셸 우튼Michelle Wootton, St Patrick's School 교장과 그웬다 그레그슨Gwenda Gregson, CEO North West 에게 감사드립니다. 그 여행은 라메니에 가톨릭 학교Larmenier Catholic School에서 계속됩니다.

_피터 더글러스(Peter Douglas)

제가 맡은 장chapter과 글쓰기에 영감을 준 모험은 위험을 감수하고 신앙을 떠난 결과였습니다. 저는 제 아내 루이즈Louise에게 감사드리고 싶습니다. 아내는 늘 저를 지지해 주었고, 또 아내가 없었다면 멀리 떨어진 지역으로 이사하여 복잡한 학교를 이끌 수 있는 그런 중대한 위험을 감수할 용기가 없었을 것입니다. 우리 아이들, 사마라Samara, 가브리엘 Gabrielle, 토마스Thomas는 버크Bourke에서의 모험을 함께했고, 그 모험을 비롯하여 때로는 힘든 경험을 통해 세상과 자신에 대한 더 깊은 이해를 발전시켰습니다. 추가로 저 같은 '풋내기green' 기고자contributor를 멘토링한 미셸 앤더슨Michelle Anderson의 인내심과 지원에 감사드리고 싶습니다. 그녀는 지식이 풍부했고, 한 장chapter을 쓰는 과정이 항상 다른 일보다 덜 힘든 것처럼 보였습니다. 마지막으로, 버크Bourke 사람들이 없었다면 이 모든 것은 불가능했을 것입니다. 감사드립니다. 그들은 확실한strong 미래를 가진 멋진 공동체입니다.

_데이비드 로이드(David Lloyd)

저는 학교를 지원하는 일과 관련하여 다음 사람들에게 감사를 표하고 싶습니다. 벤 라이언Ben Ryan께서 위원장으로 계신 래피드 베이 초등학교Rapid Bay Primary School의 운영위원회 위원들, 그리고 직원들과 학교 공동체, 마이크 허드슨Mike Hudson과 그렉 페더릭Greg Petherick의 믿음과 전문적인 조언, 그리고 존중, 람코 초등학교Ramco Primary School의 직원들, 피터 치슬렛Peter Chislett의 전문적인 지도와 신념, 우리 프로젝트의 기획과 실행에 참여한 롭 스미스Rob Smyth 선생님, 람코 초등학교의 학습모임Learning Group, 앤드루 링케Andrew Linke가 이끄는 람코 초등학교의 운영위원회, '학습을 위한 학습팀the Learning to Learn team'의 마고 포스터Margot Foster, 그리고 제게 더 큰 회복력을 기르고 다른 길을 찾는 법을 가르쳐 준 롭 앤더슨Rob Anderson 등. 우리 지역공동체와 전문성 있는 동료들의 믿음과 신뢰가 없었다면, 우리의 어떤 일도 가능하지 않았을 것입니다.

_배리 니븐(Barrey Niven)

미셸 앤더슨Michelle Anderson과 ACER에게 감사합니다. 이 프로젝트는 전체 교육공동체가 작은학교를 실제로 존재하는 특별한 교육적 실재로 인정하는 데 도움이 될 것이라 생각합니다. 학교의 규모와 위치에 상관없이 구성원들의 업무에 대한 공감, 이해, 그리고 지원을 해 준 빅토리아주 중등학교장협회Victorian Association of Secondary School Principals에 감사를 전합니다. 이 프로젝트에서의 제 작업에 대한 그들의 지지도 예외는 아니었습니다. 제가 작성한 장에 귀중한 피드백을 주기 위해 시간을 할애한 나타샤 무디Natasha Mudie와 피오나 에드워즈Fionna Edwards에게도 감사를 전합니다. 그리고 나의 모든 일에 대해 무조건적인 지지를 해 주고, 내가 작성한 글을 주의 깊게 읽어준 나의 남편 콜린Colin에게도 감사합니다. 학교 일에 대해 열정적이며 깊은 관심을 가지고 계신 머리빌

Murrayville 지역대학의 학생, 직원, 평의회 회원, 학부모님들께도 감사를 전합니다. 개인적으로 저는 이 프로젝트에 참여함으로써 제 일에 대한 진정한 통찰력을 깨우치게 되었습니다.

_힐러리 틸(Hilary Thiele)

이 책에 관하여

이 책을 읽어야 하는 이유는 무엇일까요?

이 책은 실천적이고 교육적인 목적을 염두에 두고 집필하였습니다. 작은학교에서 리더 역할을 수행하는 여러분들을 위하여 이 책은 작은학교의 리더십에 관한 연구 결과와 현직 교장들의 제안, 그리고 이것들이 어떻게 실용적이고 창조적이며 혁신적인 방법으로 다루어지고 있는지에 대한 역동적인 상호작용을 제공하는 것을 목표로 합니다. 작은학교의 교장이 되고 싶은 여러분들에게 5명의 교장 개개인의 '교훈'은 귀중하고 '살아있는' 통찰력을 제공합니다. 작은학교 리더가 아닌 분들에게는 호주의 다양한 작은학교들의 배경과 여건에서 학습을 이끄는 데 참여하며 그 안에서 의미 있는 여정foray을 제공하고자 합니다.

이 책의 저자들은 어떻게 책 집필에 참여하게 되었나요?

사우스오스트레일리아South Australia주의 '작은학교협회the Small Schools Association'를 포함한 학교 지도자 협회와 주 및 지역에 걸친 교육부 직원들이 책 내용에 대한 정보와 조언을 제공해 주었습니다. 또한 협회들은 다른 학교 리더들에게 관심과 도움이 될 것으로 생각되는 5개의 작은학교 리더십 사례를 파악하는 데 도움을 주었습니다. 더 많은 사례가 있었지만, 페이지 수의 제한으로 인해 수록하지 못했습니다.

공저자인 교장들의 공통적인 유대bond는 그들 모두가 호주의 작은학교 교장이라는 사실입니다. 이외에도 5명의 교장은 초등과 중등, 남성과 여성, 작은학교에서 가르치고 이끌었던 시간이 서로 다르며, 출생 지역도 다르기 때문에 이 책에는 다양한 관점이 포함되어 있습니다. 헬렌 와일디Helen Wildy가 머리말에서 웡가 비치 초등학교Wonga Beach의 미셸 데이비스Michelle Davis, 성 패트릭 학교St Patrick's School의 피터 더글러스Peter Douglas, 버크 고등학교Bourke High School의 데이비드 로이드David Lloyd, 래피드 베이 초등학교와 람코 초등학교Rapid Bay and Ramco Primary Schools의 배리 니븐Barrey Niven, 머리빌 커뮤니티 칼리지 Murrayville Community College의 힐러리 틸Hilary Thiele을 적절히 소개하였는데, 이 사례들은 작은학교 리더십에 대한 우리의 이해와 실천에 훌륭하게 기여하고 있습니다.

연구자로서 작은학교에 대한 저의 관심은 작은학교의 활동적인 교장 니키 토마스Niki Thomas와 함께 일했던 영국 생활에서 발전했습니다. 배움에 대한 그녀의 열정과 변함없는 헌신은 놀라울 정도였고, 주변을 변화시킬 정도였습니다. 하지만 저는 학교 공간 자원이 말 그대로 '빡빡'했던 기억도 있습니다.

나중에 호주로 돌아와 OECD의 '학교 리더십 개선 활동Improving School Leadership Activity'에 참여하게 되면서 리더십과 포용 문제에 대해 다시 한번 생각하게 되었습니다. 이 프로젝트를 수행하면서 전체적으로 작은학교 리더십이 광범위한 학교 리더십 개념 안에서 얼마나 침묵되어 왔는지(그리고 어떤 이들은 여전하다고도 합니다)를 알게 해 주었고, 결국 궁극적으로 저는 호주 전역의 작은학교에 대한 이슈들을 탐구하고, 몇몇의 특출한 리더들의 목소리를 담고자 책의 발간을 제안하게 되었습니다.

우리가 말하는 '작은학교'는 무엇을 의미하나요?

이 책에서 '작은학교'는 학생 수가 200명 이하인 학교를 의미합니다. 이 책을 집필할 당시, 5개 학교의 재학생 수는 36명에서 176명 사이에 있었습니다. 이 책의 1부에는 2008년 데이터를 바탕으로 호주의 작은학교 모습을 설명하고 있습니다.

작은학교에 대한 대부분의 연구 대상은 시골이나 외딴 곳에 위치해 있습니다. 의도한 것은 아니지만, 이 책의 사례들 모두 그러한 환경에 있습니다. 그러나 작은학교는 호주 전역에 걸쳐 서로 다른 지리적 위치(예: 원예 지역의 인구가 높은 작은 마을, 호주 내륙에 널리 분포된 지역, 주요 도시의 외곽 도시, 또는 2부에서 기술된 해변에서 한 블록 떨어진 해안 시골)에 있습니다. 학교교육에 대한 국가 보고서(예: 표준화 평가benchmark tests)에서는 인구 규모와 밀도가 낮은 지역의 점수를 기준으로 '지리 위치geolocation' 코드를 정의합니다. 사용되는 코드는 각각 하위 척도를 가진 '대도시의metropolitan', '지방의provincial', '멀리 떨어진remote', '매우 멀리 떨어진very remote'으로 구성되어 있습니다.[1]

이 책은 어떻게 구성되어 있나요?

이 책은 세 부분으로 구성됩니다. 1부는 주로 호주와 해외의 작은학교 리더십에 대한 경험적 연구에 초점을 맞추고 있습니다. 이 부분은 5개의 작은학교 지도자들과의 인터뷰를 통해 구성하였습니다. 각 장의 마지막에는 참고문헌을 자세히 수록하였습니다.

2부에서는 다섯 교장의 사례를 담고 있습니다. 사례들을 글로 전개하기 위해서 각 교장에게 본서의 연구 관련 부분의 초안을 보여주었고, 면담 가이드를 제공했습니다. 저는 교장들과 개별 전화 면담을 진행했

---

1. 예를 들면, 〈http://www.une.edu.au/simerr/pages/projects/1national survey/index.html〉(2010년 1월 20일) 또는 〈http://www.naplan.edu.au/〉.

고 녹음본은 사례 작성에 사용됐습니다. 이후 사례들은 교장들에게 전달해 그들이 수정하고 발전시키도록 했습니다. 각 사례는 학생의 성과 outcome 향상과 관련된 연구[Dinham, S., 2008]의 4가지 광범위한 이슈, 즉 교사의 질quality, 리더십, 전문적 학습, 학습자 및 사람으로서 학생 중 하나를 전제로 합니다. 특히 교장들은 학습에 관한 리더십의 핵심 과제를 대표하는 교내 상황을 발굴하여 이를 어떻게 다루었는지를 설명합니다.

이 책의 3부는 '대화'라는 개념에 충실하기 위해 앞의 두 파트에 대한 각 저자와 비평적 동료들의 종합된 견해와 비판적 성찰을 담고 있습니다. 교장 협회와 교육 부처들은 공동 저자들이 이틀에 걸쳐 초안을 작성하려는 워크숍을 진행하기 위해 멜버른Melbourne으로 여행할 수 있는 자금을 마련해 주는 등의 아낌없는 지원을 해 주었습니다. 우리는 이 워크숍에서 우리의 생각을 반영하기 위해, 다음과 같은 질문으로 분석을 시작했습니다.

"작은학교에서 학습을 이끌기 위한 핵심적인 교훈, 도전, 가능성은 무엇인가?"

에빙턴 외[Ewington, J. et al., 2008]는 태즈메이니아Tasmania에서의 연구를 통해 다음과 결론을 내립니다.

작은학교의 고유한 특성을 살펴보기 위해서는 작은학교 교장을 대상으로 하는 면담이나 초점집단토의와 같은 풍부하면서 질적인 자료의 수집이 추가적으로 필요하다.

우리의 프로젝트와 이 책의 출판이 이러한 요구에 긍정적으로 기여하기를 바랍니다.

참고문헌

Dinham, S. (2008). How to get your school moving and improving. ACER Press, Camberwell, Victoria.

Ewington, J., Mulford, B., Kendall, D., Edmunds, B., Kendall, L., & Silins, H. (2008). 'Successful school principalship in small schools'. Journal of Educational Administration, 46(5), 545-61.

교육 리더십 담화 시리즈 안내

'교육 리더십 담화The Educational Leadership Dialogues' 시리즈는 호주 교육 연구 위원회the Australian Council for Educational Research의 출판사인 ACER의 교육 연구와 실천의 연계, 교육 리더 지원 자료 제공이라는 두 가지 핵심 책무의 일환입니다.

우리의 목적은 ACER 연구원들과 경험 많은 학교의 교장들이 팀을 이루어 학교 리더들에게 의미 있는 주제에 대한 일련의 짧은 증거 기반의 실용적인 안내서를 만드는 것이었습니다. 주제는 전문성 강화, 리더십, 학교 개선, 멘토링 및 코칭, ICT 활용, 학교경영 이슈 등을 담고 있습니다.

우리는 특정 분야에 관심을 두고 큰 성공을 거둔 교장 여럿을 발견하고 동일 분야에서 연구를 수행해 왔던 저명한 ACER 연구원들과 팀을 이룰 수 있었습니다. 우리는 이러한 '팀'을 만들면서 하나의 실천적인 목소리로 텍스트를 만드는 것보다는 실천가와 연구자 간의 풍부한 대화의 플랫폼을 만들 기회임을 깨달았습니다. 이 대화는 주요 영역에 대한 찬성과 반대 또는 초점에서의 차이가 있더라도 학교 리더십(교장, 교장 희망자 및 기타 학교 리더)과 연구 및 정책 집단(연구자, 작가, 정부 및 제도 관련자) 모두에 우리 시대의 중요한 교육 문제를 탐구하고 토론할 수 있는 귀중한 프레임워크를 제공합니다.

브라이언 콜드웰Brian Caldwell은 그의 책 『교육 리더십의 재창조Re-imaging educational leadership』에서 '21세기 조직의 기본 단위는 학교, 교실, 교과가 아니라 학생 개개인'임을 발견했습니다. 궁극적으로, 교육에서 행해지는 모든 것은 학생 개개인의 결과outcomes에 관한 것이어야 합니다. 학교 리더십의 중요한 과제들을 지원하고, 평가하고, 관여하는 데 있어서 이 시리즈는 그 목표에 정확하게 기여할 것이라 생각합니다.

랄프 사우번(Ralph Saubern), ACER Press 총괄관리자

머리말

헬렌 와일디(Helen Wildy, 박사, 교육학과 학과장[1])

이 책을 소개할 수 있게 되어 큰 영광으로 생각합니다. 『공동체의 힘, 작은학교 만들기A Collective Act: Leading a small school』는 작은학교와 리더십에 대한 저의 직업적·개인적 열정을 하나로 모은 책입니다. 농부인 아버지와 도시 출신의 초등교사인 어머니와 함께 웨스턴오스트레일리아Western Australia의 동쪽 끝에 있는 밀밭에서 성장하며 저는 그 지역에서 초등학교를 다녔습니다. 이 학교는 교사가 1명인 작은학교였는데, 실제로 그 교사는 화장실 변기를 비우는 것(버스 기사에게 위임된 일)을 제외하고, 학교의 모든 일을 했습니다. 수석 교사(혹은 '선생님')는 한 교실에서 5~15세 사이의 학생 35명을 가르쳤습니다. 그 선생님이 유일하게 쉴 수 있었던 시간은 학생들이 미친 듯이 날뛰던 방문 성직자의 수업과 여학생들에게 바느질을 가르쳤던 버스 기사 아내의 수업이었습니다.

지난 세기 초, 수십 년 동안 농지가 개방되고 철도 개설을 위한 목재 마련에 숲이 벌목되면서 작은학교는 호주 전역에 산재해 있었습니다. 그이후 일부 학교는 번창하는 지역사회의 중심지가 되었지만, 대부분은 문을 닫았습니다. 폐교들은 마을에 자랑스럽게 복원된 건물로서, 또는

---

1. 2024년 현재 웨스턴오스트레일리아 대학교 교육학과 명예교수임.

숲 곳곳의 표지판에서만 볼 수 있습니다. 제가 형제들과 함께 다녔던 학교는 21세기까지 살아남았는데, 그 이유는 놀랍게도 그 학교가 마을의 일부가 아니었기 때문이었습니다. 비록 우리가 시내 기숙학교에 다니게 되면서 그 지역을 떠나게 되었지만, 우리는 그 이후에도 45년간 학교를 계속 방문해 왔으며 그런 이유인지 저는 2006년 폐교식에서 연설을 하게 되었습니다.

저는 교사와 학생에게 작은학교가 갖는 의미에 대해 충분히 알고 있습니다. 학교는 지역사회의 중심이고, 교사들은 사회활동 구조의 핵심입니다. 학생들은 다양한 나이대의 급우들이 섞인 교실에서 배우기도 하고, 때로는 한 학년 내 1명의 학생으로서 배우기도 합니다. 그들은 서로에게 배우며, 교실 안에서, 많은 사람들이 교사로서의 교장(제 경험에서의 그때 그 선생님)에게 지역사회의 역할, 전문적인 조언, 그리고 도움이 될 수도 있고 그렇지 않을 수도 있는 전문지식을 구하고 있습니다. 한두 명의 교사는 종종 지역사회의 고위층이고, 오랫동안 열심히 일했으며, 사회 관계망 속의 기둥이기도 합니다. 학교 공동체에서 가장 덧없는 구성원은 다른 사람들과 어울리는 것이 주 업무인 교장입니다.

교장은 직업적·개인적 차원 모두에서 현저하게 역할 고립에 직면합니다. 담임교사로 다양한 경험을 가지고 교장으로 처음 부임하게 됩니다. 호주 교육 당국은 빈 자리를 채우는 것에 어려움을 겪고 있는데, 특히 외딴 시골 지역은 더 어려워서 담임교사를 하다가 작은학교 교장이 되는 것이 꽤 갑작스럽게 이루어지기도 합니다. 이런 교장 임명은 계획에 의한 것보다, 우연한 기회로 이루어지는 일이 더 많습니다. 교장이 되기 위해 배우는 것은 동료들과 제도적인 지원을 통해 그 직무를 잘 수행하기 위한 일이라 여겨집니다. 많은 신임 교장들에게 있어서 그들 자신을 발견하게 되는 이 공동체에서의 경험은 이전의 어떤 경험과도 다릅니다. 지난 10년간 나의 동료였던 사이먼 클라크Simon Clarke와 함께 수행했던 작은학교의 리더십 연구에서는 신임 교장들이 직면한 여러 과제를 장소place, 사람people, 제도system, 그리고 자아self에 대한 과제로 개념화할 수 있었습니다.

장소place는 지리와 기후뿐만 아니라 문화에 대한 과제도 뜻합니다. 문화를 이해하는 것은 지역의 전통, 역사, 경제, 정치, 사회 질서뿐만 아니라 더 넓은 지역공동체와의 연결을 포함합니다. 우리는 각각의 고유한 가치, 의식, 우선순위를 가진 작은 밀밭 공동체, 광업 공동체, 원주민 공동체, 어촌 공동체의 문화적인 기대에 대하여 광범위하게 글을 썼습니다. 이는 교장의 일상적인 일들과 마주하고 있습니다. 또한 우리는 교장이 이끌고 있는 작은학교에서 찾은 숨 막히게 아름다운 것, 그중 일부는 장기간 거주하고 있는 사람들에게 당연하게 여겨지고 있는 문화 같은 것에 대한 내용도 담았습니다.

사람people은 학교와 지역사회의 어른들을 대하는 과제를 말합니다. 우리는 특히 이러한 도전을 염두에 두고 있는데, 이는 평교사였던 교장이 아이들과 함께하는 것에는 매우 능숙하지만, 어른과 함께 일하는 것에 대해서는 경험이나 준비가 거의 없었기 때문입니다. 작은학교의 초보 교장은 교장이 되기 위한 수련 과정 중에서의 경험이 매우 소중하고, 오래 근무한 교사의 네트워크가 학교에서 일을 잘 해내기 위한 지원의 원천이며, 교실에서의 실천은 다음 세대의 기억 속에 깊이 자리한다는 것을 바로 알게 됩니다. 공동체의 모든 구성원과 관계를 맺는 것은 교장에게 매우 중요하며, 여기에 소비되는 시간은 아마도 교장이 할 수 있는 최고의 투자일 것입니다.

제도system는 교장직과 관련된 교육적 권한의 본질과 역할을 대하는 과제를 말합니다. 이 과제의 핵심 특징은 각 주와 지역의 교육 당국이 대부분 중앙집권적 기관이라는 것입니다. 인구가 수도, 지역 중심부, 해안 지역에 집중되어 있는 경우, 내륙 지역에서는 학교 간의 거리뿐만 아니라 학교와 지역 사무소 간 거리가 멀기 때문에 지원이 잘 제공되지 않습니다. 멀리 떨어진 관료조직의 정책적 변화에 뒤처지지 않는 것은 외딴 지역의 교장들의 인식에서 그렇게 중요하지 않을 수 있습니다. 그러나 다른 교장들처럼 작은학교의 교장은 제도적인 정책, 절차, 조례와 직원들 간의 네트워킹, 제도적 필수 사항과 지역적 요구 사이의 균형, 그리고 고립된 작은학교에 필요한 자원을 확보하는 능력을 개발하는 것의 중요성을 제대로 알고 있어야 합니다.

자아self는 개인의 회복력을 성장시키는 과제를 말합니다. 작은학교 교장은 큰 학교의 교장과 같은 책임을 가지지만, 교감이나 보조적 지원들은 없습니다. 오히려, 작은학교 교장은 큰 학교의 교장과 달리, 교육과정과 교육학적인 변화에 뒤처지지 않도록 요구받는 평교사의 역할을 수행하기도 합니다. 대부분의 작은학교 교장들은 주변 업무를 처리하기 위해 장시간 일하지만, 상당 부분은 잘 해낼 준비가 되어 있지 않습니다. 교장에 대한 다양한 요구를 고려할 때, 전문적인 업무와 사생활 간의 균형을 맞추고, 눈에 잘 띄는 직위적 특성에 잘 대처해야 하며, 관리자이자 행정가일 뿐만 아니라 지도자로서의 자신감을 쌓고, 전문적·물리적인 고립을 다루는 능력이 필요합니다.

미셸 앤더슨Michelle Anderson이 이 책의 서론에서 언급했듯이, '과거의 애틋하고 향수를 불러일으키는 이미지'는 박탈과 실망의 이미지를 떠올리게 합니다. 저는 제가 다녔던 작은학교, 그때의 건조한 기후와 그늘진 나무들을 살리기 위한 우리의 필사적인 노력, 그때 그 가족 같은 친밀한 관계들, 그리고 그때의 다채로운 이야기를 동경해 왔습니다. 우리 학교는 자원이 풍부했는데, 이는 농가의 자손들을 교육하는 데 대대로 헌신해 왔다는 증거였습니다. 지난 20년간 저는 농촌 곳곳을 여행하면서 비록 주변 지역들이 번창하지 않을지라도 작은 것이 곧 가난을 의미하는 것은 아니라는 것을 알게 되었습니다. 실제로 일부 학교들은 예산을 사용할 수 있고 또 지출해야 한다는 이유만으로 필요하지도 않고 사용할 수도 없는 자원들을 확보하고 있습니다. 만약 여러분이 오늘 어떤 작은학교에 방문해 교실에 들어간다면, 여러분은 자원 측면에서 작은학교와 큰 학교 간의 차이를 구별하기 어려울 것입니다.

미셸은 이 책의 첫 장에서 호주의 작은학교에 대해 풍부하게 묘사했습니다. 여기에서 그녀는 광범위하고 다양한 출처의 연구 자료를 수집하여 제시함으로써 이후 이어지는 5명의 작은학교 교장 사례를 설명하는데 훌륭한 배경을 제공했습니다. 독자분들이 오늘날 작은학교의 비율이 호주의 각 주에 평균적으로 4분의 1 정도를 차지한다는 것을 알고 계신다면 이해에 도움이 될 것이라고 생각합니다. 미셸은 자신의 연구를 통하여 작은학교 리더십에서 학교 규모가 얼마나 중요한지에 대한 답들을 풀어가고 있습니다.

저는 호주의 역사에서 작은학교가 이룬 업적이 자랑스럽습니다. 이 책에서 이야기를 풀어낸 교장 선생님들이 바로 그 업적의 증거입니다. 그들의 사례를 요약하면 다음과 같습니다.

미셸 데이비스Michelle Davis는 케언스Cairns에서 1시간 30분 거리에 있는 퀸즐랜드Queensland 북부 웡가 비치Wonga Beach 초등학교의 교장입니다. 이 초등학교에는 120명의 학생을 위한 5명의 교사가 있습니다. 미셸은 학교에서의 지속가능한 프로그램 개발에 대해 이야기합니다. 교장이 되기 위해 배우는 과정에서, 미셸은 교장이 리더 역할을 맡을 수 있는 또는 해야 하는 유일한 사람이 아니라는 것을 점점 더 이해하게 되었습니다. 뒤로 물러서서 다른 사람들이 활약하도록 하는 것은 큰 학교에서 일하는 미셸의 많은 동료들이 절대 배우지 못할 것으로 생각되는 전문적 능력입니다. 그러나 미셸은 자신의 생존survival을 위해 리더십을 공유하는 것이 중요하며, 그렇게 함으로써 교사들의 역량을 키워간다는 것을 알고 있습니다.

피터 더글러스Peter Douglas는 태즈메이니아Tasmania주의 작은 마을에 있는 성 패트릭 학교St Patrick's School의 교장으로서 자신의 시간을 회고합니다. 23명의 직원이 있는 큰 보육 시설이 학교와 연계되어 있습니다. 피터는 자신의 지도자 역할을 파악하면서 학교 지도자들이 학교 밖에서 생활하며 교장이라는 직책을 가질 때와 그렇지 않을 때의 차이를 둘 필요가 있다고 강조합니다.

데이비드 로이드David Lloyd는 시드니Sydney에서 700km, 가장 가까운 지역 중심부에서 360km 떨어진 농촌 지역에 자리한 뉴사우스웨일스New South Wales주 버크 고등학교Bourke High School의 전前 교장입니다. 170명의 학생들은 5명의 교사를 포함한 20명의 직원에게 배웠습니다. 교장으로 재직하는 동안 데이비드는 긍정적인 학교 문화를 구축하고 학교와 더 넓은 지역사회를 연결할 필요가 있다는 사실을 이해했습니다. 이를 달성하기 위한 그의 전략은 교육과정에 원주민어aboriginal languages를 도입하고 그 과정을 유지하는 것이었습니다.

배리 니븐Barrey Niven은 애들레이드Adelaide에서 남쪽으로 95km 떨어진 래피드 베이 초등학교Rapid Bay Primary School(학생 36명)의 교장이었고, 이후 사우스오스트레일리아South Australia주 애들레이드Adelaide에서 200km 떨어진 머레이Murray강 근처의 람코 초등학교Ramco Primary School(학생 134명)에서 교장으로 재직했습니다. 배리는 선생님 9명의 지원을 받았고, 그중 2명은 시간제 교사입니다. 배리는 교육과정에 과학기술을 도입하기 위해 노력해 왔습니다. 미셸처럼 배리 역시 리더십을 공유하고 동료교사들, 부모들, 친구들과 의미 있는 관계를 발전시키는 법을 배웠습니다. 배리는 25년 넘게 교장으로 근무하면서 작은학교를 이끌기로 결심하고 마을이 없는 고립된 지역의 학교를 찾아다녔습니다. 그는 작은학교에 대한 지식을 갈고닦아 작은학교 지도자들의 전문적 네트워크인 '작은학교협회Small Schools Association'을 설립했습니다.

힐러리 틸Hilary Thiele은 빅토리아Victoria 북서쪽 농촌지역에 자리한 머리빌 커뮤니티 칼리지Murrayville Community College의 교장입니다. 다른 4명의 교장과 달리, 힐러리는 9명의 정규교사 및 20명의 시간제 교사들과 함께 103명의 초·중등학교 학생들을 위한 학교를 이끌고 있습니다. 힐러리는 자신의 팀이 상호의존성을 함양할 수 있도록 돕고자 열심히 일하고 있으며, 작은학교가 교사에게 개별 학생들과 강한 유대관계를 형성할 수 있는 드물고 소중한 기회를 제공한다고 강조합니다.

5명의 교장 선생님은 학교 배경, 교장직으로의 여정, 지역사회에서의 역할, 전문적 자양분professional nourishment에 대한 접근, 리더십 공유의 장점과 기회, 도전, 그리고 그들의 독특한 환경에서 학습 리더가 되는 것이 무엇을 의미하는지 말하고 있습니다. 또한 이 이야기들은 교장 지망생들, 교육 당국을 이끄는 사람들, 그리고 무엇보다도 작은학교와 호주의 교육적 지형에서 작은학교가 가지는 특별한 위치를 중요하게 여기는 모든 사람들에게 읽을 가치가 있는 희망적인 사례들이기도 합니다.

차
례

Part I. 작은학교의 이미지 ....

Part II. 작은학교 사례 검토 ....

Part III. 공동체의 힘 ....

Part I.

작은학교의 이미지
Images of small schools

도입

미셸 앤더슨 Mischell Anderson

여러분은 '작은학교small school'라는 단어를 접하면 어떤 이미지가 떠오르는가? 마치 존 오브라이언John O'brien, 1878~1952[1]이 기술한 것처럼 오래된 미개척지의 학교와 동일하게 보고 있는가?

> 오래되고 낡은 이 랜드마크는 세월의 흔적을 고스란히 간직하고 있다.
> 개다리 울타리가 둘러져 있고, 귀에 모자가 씌워져 있고
> 껌나무에 달린 소 방울과 의자에 놓인 양동이도 있고
> 그 오래된 덤불 학교에는 추억이 가득하네.
>
> 허름한 책상과 벤치, 적어도 이름을 남겼네
> 농경 문자로 새겨진 그것은 명성을 위한 유일한 도전이었다.

애틋하고 향수를 불러일으키는 옛 이미지는 도시 학교와의 차이, 옛것 그리고 자원이 부족하며 유지되지 못한 상황을 마치 사랑스러운 특

---

1. 존 오브라이언의 시 '오래된 덤블학교'에 나오는 구절임. 존 오브라이언은 로마 가톨릭 사제였으며, 1910년 뉴사우스웨일즈 골번(Goulburn) 교구의 가톨릭 감독관으로 임명되기도 했다.

성으로 묘사하는 이야기로 언급되고 있다. 쇠방울the cow-bell, 덤불gum tree과 농업 표지판signposts들은 학교의 위치와 마치 공동체가 점유하고 있다는 것을 알려주는 지표라 할 수 있다.

- 그렇다고 해서 위에 언급된 호주의 작은학교에 대한 이미지가 오늘날에도 적용될 수 있을까?
- 호주의 작은학교들에 대해서 이야기할 때 누구의 역사가 언급되고 있는가?
- 작은학교는 어떻게 정의되고 구성되며 누구에 의하여 정의되고 있는가?
- 이와 같은 학교는 호주 어디에 있는가?
- 누가 호주의 작은학교를 이끌고 있으며, '왜' 그리고 '어떻게' 이끌고 있는가?

이와 같은 질문들은 나의 생각, 연구 그리고 이 책의 첫 번째 파트의 틀이 된다. 우리가 알든 모르든 우리 모두는 호주에 있어 작은학교의 의미와 가치에 대한 믿음과 가정을 가지고 있다. 이 책의 첫 파트에서 보게 되는 5개의 장에서는 작은학교의 규모, 위치, 리더십, 지역사회 관계, 이런 맥락에서 가르치고 학교를 이끌어 가는 사람들에 대한 지원과 학습 네트워크 등에 관한 연구 문헌상의 주요 이슈를 다루고 있다.

제1장
규모 문제Size matters

1. '작은학교'에 대한 인식

헬렌 와일디Helen Wildy와 사이먼 클라크Simon Clarke에 따르면 '작은 학교 리더십 연구에서 호주 작은학교 연구는 수치적 중요성에만 가치를 두고 있다'라고 언급하고 있다.Wildy, H & Clarke, S, 2005 호주의 두 개 주인 웨스턴오스트레일리아와 퀸즐랜드를 대상으로 작은학교 리더십에 관한 이들의 연구가 제시된 당시만 해도 퀸즐랜드에 있는 모든 주립학교의 4분의 1은 학생 수 100명 미만의 규모였다. 이것은 416명의 학교장과 주정부 전체 학생의 약 1/3에 해당하는 수치였다. 두 개의 주를 제외하고 그들은 다른 주정부에도 비슷한 비율의 작은학교가 있다는 것을 확인했다. 예컨대, 노던 자치령Northern Territory은 150개 학교 가운데 절반 가까이가 100명 미만의 학생을 위한 급식을 제공했지만, 작은학교 가운데 7.5%만이 호주 수도 자치령Australian Capital Territory에 위치해 있었다. 이와 같은 점을 미루어 볼 때, 다음 장2장에 제시의 그림을 살펴보면 이전의 작은학교의 수와 거의 차이가 없다는 점을 알 수 있다.

나는 이 책에 관한 연구를 시작하면서 '학교 규모School Size'가 감정적인 문제라는 것을 깨닫는 데 그리 긴 시간이 걸리지 않았다. 규모, 그것은 중요한 문제이기는 하다. 사람들은 작은학교의 적절한appropriate 수와 규모에 대한 강력한 견해를 가지고 있는 듯하다. 다음 두 편의 논문 제목과 이들 논문의 서론에 제시된 내용으로부터 명백히 드러나는 두 가지 입장을 고려해 보자.

… 학교에 있어 크기는 중요하다

작은학교들은 비용-효과성 측면이나 종합적인 교육프로그램을 제공하는 데 있어 충분하지 않다고 정부 보고서들은 언급하고 있다.[Killick, D, 2008]

크기가 중요하지 않을 때 …

단지 36명의 학생만 있는 학교가 학부모들이 자녀 교육을 지원하기 위해 기울인 엄청난 노력을 인정하기 위한 새로운 상에서 최고의 영예를 받았다.[Wever, C, 2008]

위에서 제시된 내용은 학술연구와 정책연구 보고서에서 언급된 내용으로 '작은학교가 계속 문을 여는 것이 가능한가?'라는 것에 대하여 강하고 명확한 이슈를 설명하고 있다.

미국의 한 연구에서 초등학교는 350명, 고등학교는 500명을 작은학교의 하한선으로 주장하고 있다.[Raymond, K, 2003] 다른 연구에서는 고등학교 9학년부터 12학년까지의 경우 '좋다good'나 '이상적ideal'인 단계의 작은학교 상한선은 총 등록 학생 수가 300명이어야 한다고 주장한다. 이러한 연구에서는 종종 학생 결과 비용 계산에 학생 중퇴율을 고려하기도 한다(즉, 소득 감소와 같은 요인으로 인해 장기적으로 사회에 미치는 비용이 더 커질 수 있음). 2008년 태즈메이니아 인구통계변화자문위원회 Tasmanian Demographic Change Advisory Council가 작성한 보고서에서는 최적optimal의 초등학교 규모가 300명, 중등학교의 경우에는 400명으로 보고한 바가 있다.[Demographic Change Advisory Council, 2008]

사람들이 실제로 지지하는 것은 그들의 가치관, 정치적 관점, 제안된 변화(예를 들어, 학교의 폐교, 통합, 유지)에 의해 발생하는 영향을 받기 때문에 생존성의 문제는 복잡하고 논쟁이 뒤따른다. 이를테면, 도시에서 멀리 떨어진 지역사회가 도시보다 빈곤율이 높다는 증거만 보더라도 지역 생존 문제는 우리에게 익히 알려져 있다.[Squires, D, 2003] 또한 일부 연구자들은 지역의 빈곤과 불리함의 문제는 행정가에 의하여 과소평가될 수 있다는 점에도 주목하고 있다.[Clarke, S & Wildy, H, 2004] 일례로 고립된 지역 remote areas의 평균 가구소득은 전국 평균보다 훨씬 낮은 것으로 추정되고 있다.[Squires, D, 2003]

역사적으로 작은학교들은 다음과 같이 결함deficit이 있는 상태로 언급되는 경향이 있다.

… 상대적으로 낮은 지위의 기관들은 학교교육의 맥락에서 규모는 중요한 문제이기 때문에 큰 학교들은 보통 작은학교보다 더 중요하게 여겨진다.[Southworth, 1999] 그러나, 작은학교들은 특히 시골과 농촌 지역의 수천 명의 아이들을 위한 것이며, 그들은 작다는 사실에 근거하여 의심할 여지가 없는 강점을 가지고 있다.[Brundrett, M, 2006]

어떠한 학교에 있어 학교 규모가 작다는 것은 불행할 수도 있지만, 역으로 생각해 보면, 바람직한 것일 수도 있다. 하지만, 작은학교의 경우 그러한 시나리오는 교직원 수, 학습프로그램 또는 최악의 경우 학교를 완전히 폐쇄하는 극단적인 결과를 초래할 수도 있다. 노르웨이의 룬 크발순드Rune Kvalsund는 다음과 같이 언급하고 있다.

… 국가적인 맥락에서 폐교closure는 조용한 개혁이 되었고, 사람들과 시골 지역에 심각한 격차를 가져왔다.[Kvalsund, R, 2009]

이 책의 두 번째 파트에서 제시되는 사례 가운데 두 가지는 각자의 맥락과 조건에서 작은학교를 이끄는 이러한 현실에 대해 어떻게 직면해 왔는가를 살펴볼 것이다.

2. 작은학교 학생들은 어떻게 지내는가?
How do students of small schools fare?

지난 1990년대 호주의 작은학교 연구에 있어 데이비드 게미지David Gamage는 '연구 대상 학교의 이해관계자들은 가족과 같은 분위기와 교육의 질에 대하여 만족한다'고 결론을 내리고 있었다.[Gamage, D, 1998] 일반적으로 연구 문헌에서 작은학교에서는 모든 것을 잘 견딜 수 있는 것처럼 묘사된다. 이것은 '작다는 것smallness'에 관하여 다음과 같은 경향이 있다는 것을 시사한다.[Jones, J, 2009]

① 밀접한 지역사회와의 연결 형성과 유지
② 가족이라는 '기풍ethos' 제공
③ 개별 학생의 필요에 대해 응대하는 것
④ 학생은 상대적으로 이동이 적기[2] 때문에 지역적 접근이 가능하다
   는 것

모두 그런 것은 아니지만, 이 책에서 6장부터 10장까지 이어지는 학교 사례에서는 위와 같은 특징들이 반영되어 있다. 그러나, 권력과 갈등의 이슈가 없는 상황이라면 위와 같은 특징들은 받아들이지 말아야 한

---

2. 통학버스 등을 이용하지 않기 때문에.

다. 이 책의 두 번째 파트에서 살펴보겠지만, 각 학교의 교장은 다양한 그들의 맥락과 상황(예컨대, 보수적 사고와 실천, 전근으로 떠나보내는 어려운 결정에 있어 지역사회 연결에 대한 인식 등)에 독특하고 다양한 종류의 어려움을 겪고 있었다.

지난 2000년대 초, 미국에서 대규모 종합학교가 만들어진 이유는 부분적으로 작은학교가 학생들에게 다양한 교육과정을 제공할 수 없다는 비판 때문이었다.[Iatarola, P, Schwartz, AE, Stiefel, L & Chellman, CC, 2008] 이와 같은 결과는 상당히 복합적인데, 작은학교에서 교직원의 유치와 유지가 어려운 것처럼 다른 요인들도 영향을 미치고 있다. 또한, 자격을 갖추지 않은 자에 의하여 과학, 수학 또는 ICT와 같은 과목을 가르치는 것이 충분하지 않다고 느끼거나[Lake, D, 2008] 이들에게 담당하게 하는 것[Lyons, T, 2009]이 작은 학교의 교직원들에게 압력으로 작용할 수도 있다.

호주 국립 과학, ICT 및 수학교육 센터[SiMERR Australia]는 도시 및 시골이라는 서로 다른 맥락에서 초등 및 중등학교에 대한 대규모(양적 및 질적) 연구를 수행했다.[Lyons, T, et al, 2006] 테리 라이온스[Terry Lyons]의 보고서는 다음과 같은 설문조사의 결과를 보여주었다.

시골 학교의 과학, ICT 및 수학 교사는 자격이 없는 과목을 의무적으로 가르쳐야 할 가능성이 대도시 학교에 비해 두 배 더 높았다.[Lyons, T 2009]

학교 규모를 둘러싼 많은 논쟁의 중심에는 모든 학생(학업적, 사회적)과 시스템(경제적)이 이전보다 더 나은가에 대한 것이다. 영국의 제프레이 존스[Jeffrey Jones]는 다음과 같이 언급하고 있다.

… 작은학교 학생들이 규모가 큰 학교 학생들보다 더 나쁜 성적을

낸다는 확실한 증거는 거의 또는 전혀 없다.[Jones, J., 2009]

그러나, 존스는 작은학교들을 더 작게 만드는 등록률 감소와 학업성취도 향상에 대한 끊임없는 외부의 요구와 같은 다른 긴급한 문제들도 학생들의 경제적, 교육적 가능성에 대한 논쟁에 영향을 미치고 있다는 점을 지적하고 있다. 북유럽의 일부 국가(핀란드, 노르웨이, 스웨덴)와 영국 두 개 국가(잉글랜드 및 스코틀랜드)의 작은학교 그리고 시골 학교와 지역사회에 대한 수백 건의 연구를 검토한 결과, 연구자들은 다음과 같이 결론 내렸다.

일반적으로 시골 학교들은 국가적 학업표준을 충족하면서 시골 지역 교육모델이 도시지역에서 정의된 결함에 따른 도전을 받고 있다.[Kvalsund & Hargreaves, 2009]

지리적(지역적) 맥락과 같은 다른 요인들에 비추어 보았을 때 연구자들의 이러한 관찰과 결론은 작은학교 환경에서 학생들이 학업적으로 성공하는가에 대한 다른 관점을 보여준다. 호주에는 많은 작은학교들이 시골과 중심지로부터 멀리 떨어진rural and remote 곳에 위치한다. 그러나, 위에서 언급된 내용과 달리 2007년 호주의 국가학교교육보고서National Report on Schooling in Australia에서는 대도시 지역의 3학년, 5학년 그리고 7학년 학생들이 시골 또는 중심지로부터 멀리 떨어진 작은학교 학생들보다 높은 성취수준을 달성하였다고 보고하고 있다.[MCEETYA, 2008] 2003년과 2006년 OECD의 15세 과학 및 수학 국제학업성취도평가PISA 결과에서도 이와 유사한 결과를 보이고 있었다.[Thomson, & De Bortoli, 2008] 또 다른 예로 2009년 읽기와 수학에 대한 국가학업성취 프로그램 테스트NAPLAN test에서는 다음과 같이 언급하고 있다.[MCEECDYA, 2009]

호주에 있어 대도시 지역의 3학년 학생들은 시골 지역 학생들보다 높은 비율로 국가의 최소 기준을 웃도는 것으로 나타났다. 벽지 지역의 학생들은 가장 낮은 평균을 보였으며, 국가의 최소 기준을 웃도는 학생들의 비율은 가장 작은 것으로 나타났다.

이와 같은 양상에 대한 예외도 항상 있다. 예컨대, 뉴사우스웨일즈의 아주 동떨어진 벽지 지역의 3학년 학생들은 쓰기, 문법 그리고 구두법Punctuation에 있어 국가의 최소 기준을 웃도는 학생들보다 높은 것으로 나타났다. 미국의 작은학교에 대한 다른 보고서는 '보다 높은 학업성취도와 보다 나은 성취 수준으로 생각된다'라고 보고하고 있었다. 「US report」의 저자에 따르면 그들의 연구에서 작은학교들에 대해 다음과 같이 언급하였다.[Iatarola., P et al, 2008]

비용효과cost-effective적인 좋은 작은학교들에 관심을 두는 사람들에게 모델과 영감으로 보일 수 있는 혁신과 효과적인 교육프로그램, 시설과 전략을 제공하라.[Lawrence., BK et al, 2005]

앞서 언급된 '내구성durable' 관점과 유사하게 이와 같은 연구 문헌에서 알려진 작은학교가 성공한 이유로 작은학교들이 학생들의 지적, 감정적 그리고 사회적 욕구에 개인적 관심을 둘 수 있는 보다 나은 환경을 생각해 볼 수 있다. 이와 같은 관점들은 이른바 '학교 안에 학교schools within schools; 예컨대, 멀티-캠퍼스 학교 e.g. multi-campus schools'에 관한 연구로 이해될 수 있다. 나의 박사학위 논문에서도 -내 연구의 초점은 아니지만- 넓은 멀티-캠퍼스 학교 상황에서 '작음smallness'에 대한 이와 같은 관념을 작은학교 리더들과의 인터뷰에서 확인할 수 있었다.[Anderson., M, 2009]

미국에서 작은학교는 대규모 학교들과 비교했을 때, 학교와 학생들의 만족도, 그리고 학생 출석률과 학업지속성retention에서 좀 더 높은 것으로 나타났고 안정적이면서도 긍정적인 학생 태도를 가진 것으로 보고되고 있었다. 켈리 레이몬드Kelly Raymond는 작은학교에서 보다 개별화된 가르침이 나타나고 있고 학교장의 리더십이 위와 같은 긍정적인 측면에 기여하며, 관리 과업managerial tasks에 의해 소모되는 것보다 교육학적 이슈로 시간을 보내는 것으로 보고하고 있었다. 결과적으로 작은학교의 이와 같은 특성에 대한 믿음을 보면 학생들의 성취수준이 개선된다는 것이다.[Raymond., K, 2003] 이와 같은 목적 달성을 위해 미국에서 발간된 한 보고서에서는 9개의 도시 학교에 관한 연구에서 성공적으로 작은학교를 만드는 방법을 밝히려 했다.[Shields, RA & Miles, KH, 2006] 이 보고서에 나오는 학교의 학생 수는 128명(유니버시티 파크 캠퍼스 학교)부터 507명(하이테크 고교)까지 다양했다. 9개 가운데 4개교는 187명 이하의 등록 학생 수를 보였다. 이 보고서의 저자들은 '작다는 것'의 특징이 학생들의 성적을 향상하게 하는 매개체라고 결론을 맺고 있었다.

그들의 연구에 있어 핵심 논지는 작은학교의 리더십과 학습에서는 '작은being small' 것 그 이상의 것이 존재한다는 것이다. 그것은 학교의 리더들이 학습이 일어날 수 있는 여건을 어떻게 만들 것인가와 관련이 있다는 것이다. 이 보고서의 저자들은 수준 높은 교육을 제공하는 명확하게 정리된 교육 중심 모형을 중심으로 사람, 시간, 돈을 조직하는 방법에 관하여 진지한 관심을 기울이는 것이 중요하다고 주장한다. 학생의 학업성취도에 영향을 미치는 요인에 관한 연구와 문헌에서는(이를테면, 존 해티John Hattie, 로버트 마르자노Robert Marzano, 비비안느 로빈슨Viviane Robinson, 스테픈 딘햄Stephen Dinham) 문제의 본질로 되돌아가야 한다는 점을 말하면서 그 중심에 '교수·학습'이 위치하고 있다는 것을 언급하고 있다.[Marzano., R, 2003; Robinson., V, 2007; Hattie., J, 2007]

본서의 제3장에서는 작은학교의 학교장이 리더십을 발휘할 때 어디에 초점을 두어야 하는가에 대하여 언급하고 있다. 작은학교에서 학생들이 어떻게 지내는가에 대한 결론의 맥락이 그대로 유지되어야 한다는 연구 결과는 강력하고 설득력이 있는 주장이라 할 수 있다. 내가 이미 언급했고 나중에 다시 제시하게 되겠지만 학생들이 작은학교에서 어떻게 지내는지에 영향을 미치는 많은 요소가 존재한다. '규모size'는 그것들 가운데 단지 하나일 뿐이다.

3. 작은학교: 우리는 동일한 것에 관하여 이야기하는가?

여러분들은 '작은학교small school'에 관한 문헌을 읽을 때, 혹은 다른 국가 또는 연구물에서도 작은학교란 이 책에서 언급되는 '작은학교'와 다를 수 있다는 점을 기억해야 한다. 심지어 호주에서도 작은학교는 여러 의미로 사용되고 있다. 내가 작은학교 교장들과 함께 학교 리더십에 관한 책을 쓴다는 이야기를 할 때마다, 필연적으로 '작은학교'의 정의가 무엇이냐에 대한 질문을 받았다. 다음 장에서 보겠지만 대부분의 주또는 준주의 학교 규모는 증가하고 있다. 그러나 이와 같은 수치는 다른 상황적 요인들과 분리되어 검토되는 것은 곤란하다. 가장 중요한 문제라할 수 있는 학습은 학교 리더십 연구에 큰 영향을 미치고 있다. 실제로 핵심역량의 성취는 학교 리더들이 과업 달성이나 어떠한 도전의 리더십 초점을 학습으로 맞추려는 시도를 포함한다.

학교 규모는 학교의 생존 가능성에 대한 결정에서 복잡하고 상호 연관된 많은 요소 가운데 하나일 뿐이다(이를테면 특정 지역에서 교육에 대한 매력, 교육의 질, 학습자로서 가져야 할 학생에 대한 초점, 가족의 사회 경제적 지위, 다른 학교와 통학 거리, 지역, 지역사회 연계, 학습을 위한 도구의 접근과 사용 등). 이와 같은 요소들과 다른 여러 요소들이 학교 리더들에게 기회가 되기도 하고 위협이 되기도 하며 다양한 주제로 제시된다. 이러한 요소들을 고려할 때, 학교와 교육체제의 리더십에 대한 영향은 크게 다르게 나타날 수 있다. 이들은 나와 이 책의 공동 저자들의 사례에 대한 설명에서 나중에 다시 언급하게 될 중요한 사안이다. 다음 장^{2장}에서는 호주의 작은학교들의 수와 지리적 위치에 대한 내용을 언급하도록 한다.

참고문헌

Wildy, H & Clarke, S (2005) Leading the small rural school: The case of the novice principal, Leading & Managing, 11(1).45-56.

Killick, D(2008) Size matters on the school front. Mercury.

Wever, C(2008), When size doesn't matter, Education Review. 18(20).

Raymond, K(2003). The power of small schools'. Principal Matters, June. 18-20.

Demographic Change Advisory Council(2008) Tasmanian demographic change: Impact on state schools', Discussion paper, Government of Tasmania, April.

Squires, D(2003). Responding to isolation and educational disadvantage, Education in Rural Australia. 13(1). 24-40.

Clarke, S & Wildy, H(2004). Context counts: Viewing small school leadership from the inside out., Journal of Educational Administration, 42. 555-572.

Brundrett, M(2006) The impact of leadership training: Stories from a small school, Education 3-13, 34(2) 173-183.

Kvalsund, R(2009) Centralized decentralization or decentralized centralization? A review of newer Norwegian research on schools and their communities. International Journal of Educational Research, 48. 89-99.

Gamage, D(1998) Teaching principals: Their problems and concerns', The Practising Administrator, 20(2). 38-44.

Jones, J. (2009) The development of leadership capacity through collaboration in small schools, School Leadership and Management, 29(2). 129-56.

Iatarola, P, Schwartz, AE, Stiefel, L & Chellman, CC(2008) Small schools, large districts: Small school reform and New York City's students', Teachers College Record, 110(9). 1837-1878.

Lyons, T(2009) Teachers' motivations for working in rural schools. ISFIRE 2009 Symposium Proceedings, 11-14 February, University of New England, NSW, . 167-86.

Lake, D(2008) Perceptions of science in one-teacher schools', Teaching Science, 54(3). 36-43.

Lyons, T, Cooksey, R, Panizzon, D, Parnell, A & Pegg, J(2006) Science, ICT and Mathematics Education for Rural and Regional Australia: The SiMERR National Survey, Department of Education, Science and Training (DEST), Canberra, ACT.

Kvalsund, R & Hargreaves, L (2009) Reviews of research in rural schools and their communities: Analytical perspectives and a new agenda. International Journal of Educational Research. 48. 140-49.

Ministerial Council on Education, Employment, Training and Youth Affairs (MCEETYA) (2008) National Report on Schooling in Australia 2007, viewed 20 January 2009, ⟨http://www.mceetya.edu.au/verve/_resources/ANR2007Bmrks-Layout_FINAL.pdf⟩.

Thomson, S & De Bortoli, L (2008). Exploring scientific literacy: How Australia measures up, PISA 2006 survey of students' scientific, reading and mathematical literacy skills, ACER Press, Camberwell, Victoria.

MCEETYA-Ministerial Council on Education, Employment, Training and Youth Affairs-(2008), National Report on Schooling in Australia 2007, viewed 20 January 2009, ⟨http://www.mceetya.edu.au/verve/_resources/ANR2007Bmrks-Layout_FINAL.pdf⟩.

Lawrence, BK, Abramson, P, Bergsagel, V, Bingler, S, Diamond, JD, B, Greene, TJ, Hill, B, Howley, C, Stephen, Washor, E(2005). Dollars and Sense II: Lessons from good, cost-effective small schools, Knowledge Works Foundation, US.

Anderson, M(2009). Leading teachers and the struggle for change in a multi-campus school, Unpublished doctoral thesis, Institute of Education, University of London, UK.

Dinham, S(2008). How to get your school moving and improving, ACER Press, Camberwell, Victoria.

Hattie, J (2007). Developing potentials for learning: Evidence, assessment and progress', EARLI Biennial Conference, Budapest, Hungary, available at ⟨http://www.auckland.ac.nz/uoa/education/staff/j.hattie/presentation.cfm⟩

Marzano, R (2003). What works in schools: Translating research into action, ASCD, Alexandra, VA

Robinson, V (2007) School leadership and student outcomes: Identifying what works and why, ACEL Monograph Series, no. 41, October.

제2장
작은학교에 대한 이미지
A portrait of small schools

1. 거대한 국가

[그림 2-1] 호주의 주(state)와 자치령(territories) 그리고 수도도시[3]

다윈

노던 자치령
0.2 million people
(1,349,129km^2)

퀸즐랜드
4.4 million people
(1,730,648km^2)

웨스턴오스트레일리아
2.2 million people
(2,529,875km^2)

사우스오스트레일리아
1.6 million people
(983,482km^2)

브리즈번

뉴사우스웨일즈
7.1 million people
(800,642km^2)

애들레이드

빅토리아
5.4 million people

시드니

캔버라

멜버른
(227,416km^2)

호주 수도 자치령
0.4 million people
(2,358km^2)

태즈메이니아
0.5 million people
(68,401km^2)

호바트

3. 2010년 호주 통계국 자료 https://www.abs.gov.au/ausstats/abs@

호주가 크고도 넓은 나라라는 것을 다시 상기시킬 필요는 없다. 그러나, 이 책의 초점이 작은학교라는 점을 고려한다면, [그림 2-1]을 주의 깊게 볼 필요가 있다.

제1장에서 소개된 주요 주제인 '규모에 대한 맥락context counts'에 이어 당신의 자녀 또는 자녀의 친구들이 학교에 다니는 수단에 관하여 잠깐 생각해 보자. 호주에서 학교에 다닌다는 것은 매우 다양한 의미와 현실을 반영하고 있다. 예컨대, 어떤 아이들은 전통적인 의미에서 이해될 수 있는 학교[4]에 전혀 '다니지' 않는다. 앨리스 스프링스 원격학교 Alice Springs School of the Air는 노던 준주에 있는 두 개의 원격학교 가운데 하나이다. 다른 원격학교들 역시 호주의 다른 주에서도 찾아볼 수 있다. 초등학교 학생들에게 교육과정을 재공하는 앨리스 스프링스 원격학교Alice Springs School of the Air는 100만 km^2를 담당하고 있으며 120명의 학생들은 호주 중앙에 있는 정착지에 거주하고 있다.[5] 이와 유사하게 호주에 있는 많은 학생들에게 현실은 일반 학교에 '다니는 것'이 아니라 ICT와 다른 원격수단을 통해 그들이 집, 병원, 학교 등 어디에 있든지 선생님과 친구들과 함께 지속적으로 배움을 이어간다는 것이다.

하지만, 이와 같은 상황은 호주의 외곽과 고립된 지역의 학생들 간 최근 경험에 대해 다음과 같은 사례가 설명하는 것처럼 논쟁과 도전에 직면해 있다.

---

4. 여기에서 언급되는 전통적인 의미의 학교라 함은 주거단지 내 학교가 있고, 등하교할 수 있는 모습을 의미함.

5. (역자 주) 호주의 엘리스 스프링 원격학교(Alice Springs School of the Air) 웹사이트의 2008년 자료. 호주의 엘리스 스프링 원격학교는 약 70년의 역사를 지니고 있는 원격교육기관이다. 호주는 지정학적으로 광활한 대륙으로 구성되어 있기 때문에 원격교육방식에 입각한 학교 수업이 일찍이 진행되었다. 1950년대까지만 해도 학생과 교사들은 양방향 라디오(무선 송수신) 방식으로 수업을 진행하였던바, 우리나라의 1970년대 방송통신대학과 유사한 초중등 원격학교로 이해될 수 있다.

'학교에 다니기(Going to school)'

제니(10)와 폴(6)은 뉴사우스웨일스주의 고립된 20만 에이커(8만1000ha)의 사유지에 살고 있다. 두 학생 모두 원격학교에 등록되어 있다. 그들의 집 옆에는 학교 방이 있는데, 오래된 운송용 컨테이너로 만들어진 집과 분리된 건물이다. 이 방에는 학교용 가구, 화이트보드, 인터넷 연결과 스카이프 Skype가 있는 컴퓨터가 놓여 있다. 어떤 교실의 기준으로 보더라도 제니와 폴의 교실은 자원이 풍부하다고 할 수 있다. 그들의 같은 반 친구들은 수 킬로미터나 떨어져 있다. '학교에 다니기'는 여러분이 도시나 시골의 많은 학생들에게 기대할 수 있는 것과 같은 것을 기대하고 있으므로 제니는 집을 떠나서 차를 타고 학교에 간다.

이런 일상적 행위가 아주 특별한 장소와 방식으로 진행된다는 점을 제외하면, 그 자체는 상당히 평범한 행위이다. 두 개의 건물이(하나는 집이고, 하나는 '학교 방'인) 자리한 부지가 있다. 그 집 근처에는 플라잉 닥터 서비스Flying Doctor Service[6]를 위한 활주로가 있고 주변에는 광활한 땅들이 나타난다. 매일 아침 제니는 집을 나서 교실로 몇 걸음 걸으며 '학교에 다니기going to school'를 실천한다. 그녀는 현관에서 오래된 농장 차량까지 걸으면서 그녀의 등교가 시작된다. 제니는 활주로를 따라 운전하고, 활주로 끝에서 우회전하여 학교 교실이 있는 방을 향해 간다.

10분 후, 그녀를 태운 차는 주차한다. 교실로 가는 길을 걸어 올라가는 길에 감독관 겸 관리인과 그녀의 남동생인 폴과

---

6. 플라잉 닥터 서비스는 호주에서 광대한 거리로 인하여 병원이나 진료소에 접근할 수 없는 호주 시골, 외딴 고립된 지역에 거주하는 사람들을 위해 응급 및 1차 의료 서비스를 제공하는 비영리단체임

합류하고, 학교 조회 시간에 맞춰 10명의 반 친구들에게 스카이프[7]에서 인사를 한다. 내 동료인 캐시와 제니는 모든 시나리오에 즐거워하지만, 즐거워하는 이유는 다르다. 캐시는 제니가 '학교에 다니기' 위해 정교한 상징적 의식(직접 자동차를 운전하는 것도 포함)을 치르는 모습을 보며 즐거워한다. 그리고 제니는 캐시가 학교에 가는 자신의 '평범한' 행동을 '특별한' 일로 여긴다는 사실에 즐거워한다.

2. 연구 데이터

호주의 작은학교에 관한 데이터를 살펴보기에 앞서 여러분들은 이 데이터가 어떠한 맥락을 갖고 있는가에 대해 검토할 필요가 있다. 본서 제2장의 호주의 학교 수에 관한 내용은 호주교육연구위원회Australian Council for Educational Research, ACER의 결과라는 점을 밝힌다. ACER은 매년 표본추출DB로부터 호주 내 학교 리스트 업데이트를 위해 호주의 주와 준주로부터 협조를 받는다. 또한 ACER은 호주 전역에 걸쳐 있는 비영리 학교non-government schools 리스트 업데이트를 위해 호주 교육복지부Commonwealth Education Department의 협조도 받고 있다. 이와 같은 데이터베이스는 연구를 위한 표본을 추출하는 데 사용되며, ACER에 제공된 데이터에서 학교들은 업데이트되고 있다.

지난 2008년 ACER의 표집틀을 기준으로 호주에는 약 10,070개의 학교에 학생과 교직원들이 근무하고 있는 것으로 나타났다. 이들 학교의

---

7. Zoom과 유사한 원격회의 플랫폼.

[그림 2-2] 2007년 호주의 학교 분포도

대부분은 정부에서 운영하는 학교가 7,042개교(약 70%)였고, 비영리기관 유형의 학교는 이보다 작은 3,028교(약 30%)였다. 위의 [그림 2-2]는 위·경도상에서 호주의 학교를 플롯으로 찍어 나타낸 모습을 보여주고 있다. 각각의 작은 점은 하나의 학교를 나타낸다.[Thomson, S, et al, 2007] 위 그림 안쪽 곳곳에 작은 점들이 산재해 있는 것은 호주라는 대륙 전역에 걸쳐 작은학교들이 많이 분포해 있다는 것을 보여주고 있다.

3. 작은학교가 지니는 문제의 일반화

호주라는 국가의 지리적 특성으로 인하여 작은학교는 필연적으로 나타나는 반면, 작은학교는 학교 규모라는 범주에 있어 동질적인 것은 아니기 때문에 작은학교 문제를 일반화하기에는 문제가 있다. 다소 불필요한 발언으로 보일 수 있지만, 시골(농어촌) 교육과 관련된 문헌에 따르면 헬렌 와일디Helen Wildy가 그녀의 저서 서문에서 언급하고 있는 '장소place'에 대한 미묘한 그리고 때로는 현저하게 나타나는 차이를 이해하기 시작할 수 있다는 것이다.Lake, D. 2008; Alloway et al, 2004

이것은 이러한 환경과 그 안에서의 리더십이 학교 수, 지역사회 및 교육 시스템 수준의 여러 요인에 따라 달라질 수 있음을 시사한다. 작은학교들이 다른 학교들보다 다소 주목받을 가치가 있다는 이야기를 주제로 논쟁하자는 것은 아니다. 호주는 전통적인 '초등' 그리고 '중등' 학교가 변화를 겪고 있는 것과 함께 보육, 유아, 초등 그리고 중등 단계에 걸쳐 풍부한 학교 다양성을 인정하고 있다.

그러나 작은학교 중 상당수가 호주에서 가장 외딴 지역에 위치한 경우가 많고[그림 2-2] 참고 대도시 학교와 비교할 때 작은학교 학생의 학업 성취도가 크게 떨어지며, 학생 학습에 이상적인 학교 규모에 대한 모순된 연구 및 보고서가 유통되고 있는 상황임에도 학교 리더십 연구 문헌에서 몇몇 예외적 상황을 빼면 호주의 작은학교 리더십에 대한 진지하고 지속적인 관심이 부족한 상황은 상당히 아쉽다.

호주의 고립 지역 학부모연합the Isolated Children's Parents' Association: ICPA에서는 다음과 같이 언급하고 있다.

적절한 학교란 필요한 학년 수준의 학교교육을 제공하고, 모든 어린이가 각자의 잠재력을 발휘할 수 있도록 충분한 교육과정을 제공하는 학교를 말한다.

즉, 권리의 관점에서 모든 어린이는 가족의 직업과 관계없이 양질의 교육을 받을 권리가 있다. 이것은 어부, 광부, 순회 직원, 농부, 목회자 및 소규모로 일하는 한 명 이상의 부모나 후견이 있는 시골 또는 고립된 지역의 단면을 보여준다.

따라서, 이 책에서는 작은학교 리더십의 다섯 가지 사례가 몇몇 공통된 초점 영역(예컨대, 관계의 중요성)과 원리(예컨대, 수사학적 관점이 아닌 실제적인 분산적 리더십 구축하기)를 공유하지만, 각 사례는 각자의 역사(개인, 직업, 조직, 시스템)와 학교 맥락에 따라 포용적 학습을 향한 학교의 시도를 가능하게 하거나 반대로 좌절시킬 수도 있다.

4. 호주의 작은학교의 이미지

누구든지 '작은학교'의 수를 세어달라고 하는 것은 간단한 요청으로 받아들일 수 있다. 그러나, 실제로 지역 내 작은학교의 수를 파악하기 위해서는 각 관할구역에서 '학교'가 어떻게 분류되고 있는가를 이해하고 연방 수준에서 사용되는 정의와 동일한지 검토해야 한다. 예컨대, 노던 준주Northern Territory의 경우는 다음과 같다.

노던 자치령에서 작은학교는 1명의 수업교장이 학교의 유일한 교사이거나 최대 3명의 교직원을 관리하는 학교로 느슨하게 정의될 수 있다. 작은학교는 다양한 방식으로 설명될 수 있는데, 예를 들어 수업교장 여럿을 관리하는 교장이 있는 그룹 학교 구성으로 함께 묶일 수도 있다.

각 주와 준주는 각각의 학교 규모 범주를 보이고 있다(예컨대, 뉴사우스웨일즈주에서 P6는 등록 학생 수가 1~25명인 1개 학교의 교장 1명으로 파악). 이러한 범주는 고용 기관에서 결정하며 교장급의 보수, 자원 배분 및 성과 관리에 대한 결정과 연계된다. 더구나, 캠퍼스학교처럼 그 구성이 '하나의 학교'로 생각되는지, '하나 이상의 학교'로 볼 수 있을 것인지에 따라서 차이가 있기도 하다.

호주 작은학교의 이미지를 고려하는 데 있어 학생 수가 100명 이하인 호주공립, 가톨릭, 독립학교의 현황은 다음과 같다.

[표 2.1] 2008년 학생 수 100명 또는 100명 이하의 정부 설립 학교

학교급	호주 수도준주 (ACT)	뉴사우스 웨일즈 (NSW)	노던 준주 (NT)	퀸즐 랜드 (QLD)	사우스 오스트레 일리아 (SA)	태즈메 이니아 (TAS)	빅토 리아 (VIC)	웨스턴 오스트레 일리아 (WA)	합계
초등학교 (Primary)	6	529	15	365	114	33	348	95	1,505
중등학교 (Secondary)	3	1	0	0	0	0	13	3	20
초중통합학교 (Combined primary & secondary)	0	15	48	14	24	4	10	25	140
합계									1,665

[표 2.2] 2008년 학생 수 100명 또는 100명 이하의 가톨릭 계열 설립 학교

설립주체 (Catholic)	호주 수도준주 (ACT)	뉴사우스 웨일즈 (NSW)	노던 준주 (NT)	퀸즐 랜드 (QLD)	사우스 오스트레 일리아 (SA)	태즈메 이니아 (TAS)	빅토 리아 (VIC)	웨스턴 오스트레 일리아 (WA)	합계
초등학교 (Primary)	0	70	0	26	6	2	58	14	176
중등학교 (Secondary)	0	6	1	1	1	0	1	1	11
초중통합학교 (Combined primary & secondary)	0	1	1	0	0	0	0	4	6
합계									193

[표 2.3] 2008년 학생 수 100명 또는 100명 이하의 독립학교[8]

학교급	호주 수도준주 (ACT)	뉴사우스 웨일즈 (NSW)	노던 준주 (NT)	퀸즐 랜드 (QLD)	사우스 오스트레일리아 (SA)	태즈메이니아 (TAS)	빅토리아 (VIC)	웨스턴 오스트레일리아 (WA)	합계
초등학교 (Primary)	4	66	3	21	10	5	43	31	183
중등학교 (Secondary)	0	19	7	4	6	4	9	7	56
초중통합학교 (Combined primary & secondary)	1	31	3	13	1	15	18	21	103
합계									342

[표 2.4] 2008년 학생 수 100명 또는 100명 이하의 기타 학교[9] 수

학교급	호주 수도준주 (ACT)	뉴사우스 웨일즈 (NSW)	노던 준주 (NT)	퀸즐 랜드 (QLD)	사우스 오스트레일리아 (SA)	태즈메이니아 (TAS)	빅토리아 (VIC)	웨스턴 오스트레일리아 (WA)	합계
초등학교 (Primary)	15	141	6	36	17	7	44	106	
중등학교 (Secondary)	0	5	0	5	2	0	11	1	458
초중통합학교 (Combined primary & secondary)	1	32	0	5	1	1	15	10	
합계	16	178	6	46	20	8	70	114	

8. (역자 주) 호주의 독립학교는 정부가 학비를 부담하는 것이 아닌 독립적인 운영을 보장하는 거버넌스 체제를 갖춘 비정부 학교의 한 유형으로 국가수준교육과정을 따르지 않을 수 있는 학교다. 호주의 공립형 독립학교는 학생들의 교육성과를 향상시키기 위해 유연성과 책임을 지는 능력을 입증한 공립학교로 독자적인 운영권이 보장된 하나의 유형이다. 호주의 공립형 독립학교로 선정되기 위해서는 학교협의회 및 지역사회와 협의가 전제되고 학교의 신청을 통하여 지역사회의 지원, 학교의 운영 성과를 고려하여 주정부가 결정하게 된다.

9. 기타 학교는 특수학교, 병원학교 및 영어를 사용하지 않는 교육과정 운영학교 등을 의미한다.

2008년 100명 이하의 등록학생 수를 보이는 작은학교 수가 가장 많은 것으로 표를 통해 확인할 수 있는데, 이는 호주 인구의 일반적 분포와 뉴사우스웨일즈 및 빅토리아 주의 공립 교육 규모와 일치한다(뉴사우스웨일즈주는 916개교, 빅토리아주는 570개교).

이 표는 단독의 중등학교보다, 초등학교 또는 초중통합학교의 경우 작은학교일 가능성이 더 높다는 것을 보여준다. 또한, 이와 같은 경향은 국제적으로 작은학교로 분류되는 경우와 유사한데[Wilson, V. 2005], 호주에서는 역사적으로 이런 경우가 많았으며, 1935년 호주의 초등학교 10곳 중 9곳의 평균 재학생 수는 200명을 넘지 않았다.[Bessant, B, 1978]

학생 수가 100명 이하인 호주의 작은학교 데이터와 101~200명의 작은학교 데이터를 통합하면 학생 등록에서 작은학교가 호주의 학교 규모 현황의 뚜렷한 특징이라는 것이 여실히 드러난다. 이와 관련하여 ACER 2008 표집 데이터 프레임에 기초하여 노던 준주의 전체 학교 수에 비례하여 호주의 다른 지역과 비교하면 준주의 작은학교의 비율이 극적으로 높다는 것을 알 수 있다(빅토리아와 뉴사우스웨일즈의 경우 42%인 반면, 노던 준주는 63%임).

또한, 호주의 각 주와 영토 내의 데이터를 보다 상세히 조사하면 학교 규모의 좀 더 다양한 양상을 확인할 수 있다. 2005년 빅토리아주의 약 270개 공립 작은학교들의 학생 수는 70명 이하를 기록했으며, 평균 학생 수는 약 36명이었고, 이들 학교의 약 38%가 3명 이하의 정규직원과 동일equvalent full-time, EFT 규모의 직원을 고용하고 있었다. 헬렌 와일디의 서문을 비롯한 여러 연구에서 언급된 것처럼, '작은학교Small School'라는 용어는 한 명의 수업교장의 재직이나 많은 경우(예를 들어 웨스턴 오스트레일리아)에는 지정학적으로 학교 간 많은 거리가 떨어져 있는 이미지를 떠올리게 한다.

다음 장에서는 이 연구에서 언급하는 작은학교의 학교 리더십과 이

것이 작은학교를 이끌고 관리하는 데 미칠 수 있는 영향에 대해 검토
한다.

Wilson, V. (2005). Leadership in small Scottish primary schools: Scottish Government Social Research, Information, Analysis and Communication Division, Scottish Government, Edinburgh, Scotland.

Lake, D. (2008) Perceptions of science in one-teacher schools. Teaching Science, vol. 54, no. 3, pp. 36-43

Alloway, N, Gilbert, R & Muspratt, S. (2004). Factors impacting on student aspirations and expectations in regional Australia, Department of Education, Science and Training, Canberra, ACT.

Bessant, B. (1978) 'Rural schooling and the rural myth in Australia', Comparative Education, vol. 14, no. 2, pp. 121-28.

제3장
학교 리더십의 중요성
School leadership matters

 분명한 것 가운데 하나는 교육 리더십을 포함한 리더십이 이전에 생
각한 것보다 더욱 논쟁이 촉발되고 있고, 복잡한 위치를 점하는 역동
적인 현상이라는 것[10]이다.

 학교 리더십은 중요하다. 우리는 오랜 시간 동안 리더십이 중요하다는
점을 알고 있으며 그동안의 연구 결과 역시 학교 리더십이 중요하다는
점을 보여주고 있다. 그러나, 종종 작은학교를 이끌고 관리하는 이슈에
있어 학교 리더십 연구가 문헌상의 것으로 치부되는 경향이 있다.[Ewington J. et al, 2008] 학교 리더십으로부터 요구되는 것과 관련하여 맥락이 중요하다
는 것을 밝혀내고 있는 여러 연구 결과에도 불구하고 리더십 연구가 문
헌 내에 매몰되는 경향은 여전하다.[Southworth. G, 2004]
 앞서 언급했듯이, 많은 연구보고서에서 교사의 자질이 학생의 학업
성취도를 결정하는 가장 중요한 학교 수준의 결정 요인이라고 말한다.
이것이 〈시드니 모닝 헤럴드Sydney Morning Herald〉의 피터 모티모어Peter
Mortimore가 강조하는 소외 계층의 삶의 기회를 균등하게 만들기 위한
노력의 필요성이 교육 시스템의 중대한 과제라는 주장을 해소할 수 있

---

10. Dinham, S. (2008). How to get your school moving and improving, ACER
   Press, Camberwell, Victoria.

는 만병통치약은 아니다.^{Mortimore, P., 2008} 또 교사의 자질에만 초점을 맞추자는 주장도 아니다. 다만, 이 연구 결과는 학생들의 개인적 배경과 같은 문제에 관한 정책들이 단기적으로는 영향을 덜 받지만 교사의 질에 관한 정책들은 현재 학생들에게 단기적으로 영향을 줄 수 있다는 점[11]을 알려주고 있다.

좋은 학교 리더십은 양질의 교수학습과 밀접한 관련이 있으므로 '좋은' 리더십이 실제로 무엇인지에 대한 심각한 의문이 제기된다. '좋은' 리더십의 진부한 역사적 이미지나 '…금욕적이지만, 고난에 맞서 단호한 고독의 개척자'의 지도자 이미지와는 달리, 좋은 학교 리더십의 현대적 이미지는 배움을 위해 이끄는 특정한 한 명이 아니라 많은 지도자가 함께하는 이미지다. 이런 의미에서 오늘날의 정책은 많은 학교 리더들이 오랫동안 알고 실천하려고 노력해 온 것을 반영한다: 리더, 이끄는 것, 리더십에 대한 단독 개념은 변화해야 하며, 변화하고 있다.

학교 리더십의 현대적 이미지는 '1명의 교사가 근무하는 학교One-teacher schools'[12]와 같은 다양한 작은학교에서 다르게 보일 것이며, 그런 작은학교에서 지배적이거나 규범적인 사고와 실제(예: 공유 리더십은 교장과 교사 리더십에만 해당한다는 생각)에 도전할 수 있는 '공유된 리더십'을 이해하는 새로운 방법과 개발 가능성을 제공한다. 제4장에서는 작은학교 연구 문헌에서 학교 공동체 관계의 본질과 목적에 대해 말하는 내용을 통해 이 문제를 살펴보려고 한다.

학교의 공식적, 비공식적 리더십에 대한 기대와 함께 리더에게는 긍정적인 효과와 부정적인 효과, 즉 더 많은 권한과 함께 더 많은 책임도 주

---

11. 예컨대, 다음과 같은 논문 참조. Dinham, S. (2007). How schools get moving and keep improving: Leadership for teacher learning, student success and school renewal', Australian Journal of Education. 51(3). 263-75.
12. (역자 주) 'One teacher school'이라는 개념은 『British Journal of Educational Studies』 14호에 실린 R. Nash et al(1976)의 연구 제목으로 1개 학교에 1명의 교사가 근무하는 학교를 의미한다.

어진다. 여기에서 제기되는 질문들은(이 장에서 주목하고 있는) 학교장의 리더십의 에너지와 자원이 어느 쪽으로 집중시켜야 하는가에 대한 것이다. 스테판 딘햄Stephen Dinham은 학생들의 학업 성취도를 결정하는 네 가지 기본 요소를 제시하며, 이를 '성공 삼각형the success triangle'으로 개념화하였다. 그는 [그림 3-1]에서 탁월한 학습 성과를 위한 핵심 요소를 설명하고 있다. 이 그림에서 가장 중요한 강조점은 학생을 '사람'으로 바라보는 관점(학생 복지와 목회적 돌봄)과 학생을 '학습자'로 인식하는 태도(모든 어린이와 청소년이 배울 수 있다는 믿음)가 교사의 핵심 과업의 중심에 놓여 있다는 것이다.

[그림 3-1] 학생 성취도의 네 가지 기초

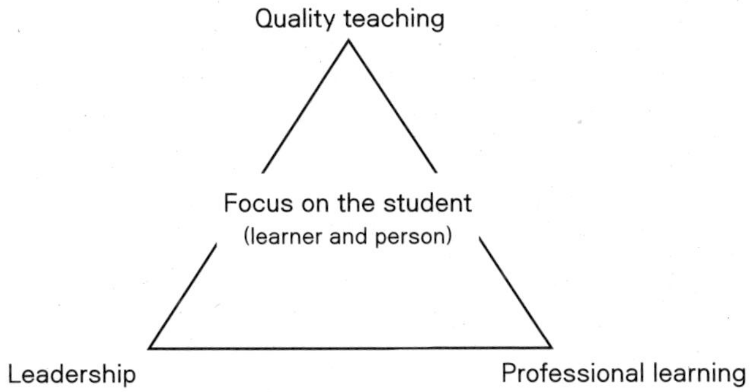

Quality teaching

Focus on the student
(learner and person)

Leadership   Professional learning

딘햄의 연구에 따르면 특정한 리더십의 실제는 학생들의 학습에 있어 측정 가능한 개선과 관련이 있다고 한다.Dinham, S., 2007; Dinham, S., 2008; Hattie, J., 2007 특히, 딘햄은 그의 저서에서Dinham, S., 2008 학교장과 교육체제의 개선에 힘을 쏟아야 하는 이유를 다음과 같이 개괄적으로 제시한다.

• 교사 교육
• 교사의 질
• 교수teaching의 질

(예: 피드백, 자기 언어화 교육, 메타인지 전략, 직접 교육, 숙달 학습 및 테스트를 포함하는 '능동적 교수법active teaching')
- 구조적이고 조직적인 배열에 덜 관심을 두는 것
  : 예컨대, 개방형 교실 vs 전통적 교실

그는 위와 같은 방향성과 다르게 접근하는 것은 '학교교육의 끝자락을 어지럽히는 것fiddling around the edges of schooling'[13]이라고 적고 있다. 비비안 로빈슨Viviane Robinson의 또 다른 최신 연구에서도 다양한 학업적 및 사회적 학생 성과에 영향을 미치는 학교 리더십의 유형을 파악하고 설명하고자 했다. 학교 리더십의 다섯 영역을 개발하고, 각 영역을 효과 크기와 관련짓고 있다.

1. 학교장이 교사들의 학습과 개발에 참여하고 독려한다.(효과 크기 0.84). 그들은 교사들의 공식적, 비공식적 전문적 학습을 촉진할 뿐만 아니라 직접 참여한다.
2. 학교장은 교수, 학습 및 교육과정을 계획하고, 조정하고 평가한다(효과 크기 0.42). 정기적인 학급 방문과 교사에게 형성적, 총괄적 피드백을 제공하면서 교수teaching 지원 및 평가에 직접 관여하며, 학급과 학년 수준에 걸친 학교 전체의 조정과 학교 목표와의 연계를 통해 커리큘럼을 직접 감독한다.
3. 학습 목표, 표준 및 기대치에 대해 설정, 전달 및 모니터링하고, 그 과정에 직원과 다른 사람들을 참여시켜 목표에 대한 명확성과 합의가 이루어지도록 한다.
4. 학교장들은 교수 및 학습 자원에 있어 전략적인 자세로 임한

---

13. (역자 주) 작은학교에서 교사, 교수학습, 교수(teaching)의 질에 대한 강조가 없다면 결국 작은학교는 폐교의 수순을 밟게 될 것이라는 의미를 비유적으로 표현한 것으로 볼 수 있다.

다(효과 크기 0.34). 그들은 교직원 채용을 통해서 우선 교육 목표에 따라 적절한 전문지식 제공 등 자원을 선택하고 배분한다.

5. 학교장은 질서 있고 지원적 학습 환경을 보장한다(효과 크기 0.27). 그들은 외부 압력과 방해를 줄이고 교실 내·외부에 질서가 있고 지원적 환경을 구축함으로써 교육과 학습 시간을 보호한다.

최근 연구에 따르면, 놀랍게도 방향 설정이 학생들의 성과에 미치는 기여도가 상대적으로 낮고, 공동체적 사회문화적 사고와 실천이 더 높은 것으로 나타났다.Leithwood, K & Jantzi, D., 2008 이것은 방향 설정과 혜안 inspiration이 학교장 효과의 핵심적인 원천으로 발견되기도 했던 앞선 연구와도 상당히 다른 결과이다.Leithwood, K & Jantzi, D., 2008

에너지와 자원이 어디에 초점을 두어야 하는지를 아는 것과 어떤 요인이 이를 방해할 수 있는지 파악하는 중요성이 당연하지는 않다.

존 유잉턴John Ewington과 동료들은 성공적인 학교장 프로젝트the Successful Schools Principals Project: SSPP를 위해 2005년 말과 2006년 초에 받은 설문조사 응답에 대한 추가 분석을 수행했다. 그들은 특히 도시와 농어촌에 위치한 131명의 학교장과 태즈메이니아Tasmania에 위치한 작은학교(이 연구에서 작은학교는 등록 학생 수 201명 미만을 의미함)의 대부분의 교사를 대상으로 재조사했다. 리더십에 대한 긴장과 딜레마에 관계된 9개의 문항(교장들에게 각 항목에 대해 1은 '결코 아니다', 5는 '항상 그렇다' 등 5점 빈도 척도를 따라 응답하도록 요청) 가운데, 아래와 같은 2개의 문항이 작은학교의 학교장과 태즈메이니아의 모든 교장들 사이의 평균 점수에 있어 통계적으로 유의미했다.

- 나는 학교에 있어야 할 필요성과 학교 밖에서 참여해야 할 필요성 사이의 긴장감을 경험한다(작은학교 교장 평균 4.23, 다른 모든 교장 평균 3.67).
- 무엇이 성공의 원인인지 판단하기가 어렵다(작은학교 교장, 평균 2.57, 다른 모든 교장, 2.13).

특히 학생 수 100명 이하인 태즈메이니아의 작은학교 교장들은 그 지역의 다른 모든 교장들보다 이러한 긴장을 더 많이 느꼈다. 연구진은 연구에서 다룬 다른 맥락적 복잡성(예: 교장의 연령 및 경력)을 고려할 때, 작은학교 교장의 지원 및 준비를 위해 사전 및 재직 중 전략이 필요하다는 결론을 내린다.[5장 참조]

1. 작은학교에서 교수, 학습 그리고 리더십

다음과 같은 내용을 생각해 보자.

- 교사들의 급여는 학생들의 시험 결과에 달려 있다.
- 부모들로부터의 재정적인 기부는 사실상 없다.
- 교사들은 종종 학교 건물 안의 숨 막히는 조건 때문에 밖에서 학생들을 가르치고 있다.

이상 언급된 세 가지는 1800년대 중후반에 호주 빅토리아에 있는 작은 어촌 헤이스팅스Hastings의 웨스턴 포트 베이Western Port Bay에서 학교 선생님들과 교장들이 직면한 문제들과 환경들이었다. 키스 무어Keith Moore의 역사 분석[14]에서는 다음과 같은 내용이 기재되어 있다.[Moore, K, 1999]

제임스 홀 선장captain은 헤이스팅스의 학교에 대한 지원에 독보적이었다. 1866년 마을에 대한 그의 묘사에 따르면 마을은 부두 주변에 모여 있는 약 9개의 작은 오두막으로 이루어져 있다. 그는 학교교육을 통해 이 고립된 어촌에 사는 아이들의 삶이 향상되어야 한다고 굳게 마음을 먹었다.[1866년 2월 23일, 오스트레일리아 뉴스 포 홀 리더스]

학교는 개교했지만…

… 제임스 홀은 교사들의 급여가 학생들의 시험 결과에 따라 달라지고, 마을의 수많은 아이들이 학교교육을 받지 못하기 때문에 예비 지원자들이 헤이스팅스에 매력을 느끼지 못한다는 사실을 알게 되었다.

마침내 아일랜드 출신 교사 존 베테스워스 플레밍John Bettesworth Flemyng(전 성공회 '학교감독관')이 헤이스팅스를 방문했고 제임스 홀의 고용 제안을 받아들였다. 헤이스팅스

---

14. (역자 주) 이하 언급되는 이야기는 Moore, K(1999)의 『Education in Rural Australia』 9권 1호에 게재된 내용이다. 이 이야기에 나오는 제임스 홀은 선장으로 어촌 지역에 학교의 소중함과 학교교육의 중요성을 알고 있는 인물이었다. 1966년 당시만 해도 이 지역에서는 지역학교운영위원회도 없었다. 질베르트 윌슨 브라운이라는 장학사가 헤이스팅스 지역을 방문하고 지역민들과 공식적인 협의회를 구성하였고 이 회의에서 지역학교운영위원회의 간사로 홀 선장이 선출된다. 이 학교가 어촌이기 때문에 동시에 훌륭한 교사를 초빙하기 위한 재정이 충분하지 않았고 당시 정책상 교사들의 급여는 학업성취도 결과에 따르고 있었다는 점을 말미암아 우수한 교사를 초빙하는 것이 쉽지 않았다. 역사 분석 사례에서 등장하는 플레밍이라는 사람은 트리니티 대학을 졸업하고 교회교육협회에서 임명된 장학사 출신이었으며, 그는 멜버른 빅토리아 교회학교위원회 장학사로 근무하기도 하였다. 그런데, 그는 뇌전증(epilepsy)을 앓고 있었고, 이와 같은 사유를 들어 장학사직에서 해고되었던 아픈 경험을 가지고 있었다. 장학사에서 실직한 후에도 여러 시골 학교에서 근무하기도 하였던 플레밍은 1872년 홀의 제안으로 헤이스팅스 지역의 학교에서 근무하게 되었던 것이다.

에서 교사를 맡기 전에 플레밍은 빅토리아주의 장학사였지만, 아일랜드에서 그랬던 것처럼 뇌전증epilepsy 때문에 장학사직을 포기했다.

1873년 초, 주립학교 시스템하에서 교육은 무료, 대중적, 의무적으로 이루어졌다. … 1873년 10월 볼드윈Joseph Baldwin은 플레밍이 활기차고, 능력 있고, 열심히 일했지만, 학년 또래들보다 나이가 많은 아이들은 그의 시험 비율을 40%로 줄였다고 보고했다. 교장 선생님은 사심 없이 학교에 남아 있었다.

케이스 무어Keith Moore는 플레밍이 학부모의 학교 참여를 거절했고, 결과적으로 플레밍의 급여는 17세 소년과 16세 장애인 소녀의 입학으로 인하여 '회복할 수 없을 정도로 위태로워졌다'라고 그의 연구에서 언급하였다. 그가 근무한 학교는 학생 수 70명 규모로 설계되었으나 학생 수는 100명을 넘어섰고 1880년 무렵 학생들이 장티푸스, 홍역, 기관지염이 유행한 상황에서 학생들에 대한 특별한 지원이 필요하다고 언급한 플레밍의 요구는 거절되기도 했다. 당시 주정부의 보수를 결정하는 결과 점수 평균이 73점이었을 때, 그는 40점이었다.

1880년대 초에 플레밍의 후임자(공식 기록에 따르면 플레밍이 일을 그만둔 시점에 플레밍은 '매우 쇠약해졌다'고 한다)는 28세의 조시아 잉가멜스Josiah Ingamells로, 그는 시험을 준비하기 위해 부모의 학교 참여를 독려했고, 그의 조수와 함께 사실facts과 수치figures로 학생들을 궁지에 몰아넣기도 했다. 결과적으로 이후 몇 년 동안 잉가멜스의 급료를 정하는 성과 점수는 매우 높은 수치인 89%까지 상승했다.

무어Moore의 작은 시골 학교와 지역의 역사 분석은 오늘날 작은학교의 교수, 학습 그리고 리더십에 있어 적실성 있는 몇 가지 이슈를 제공해 주고 있다. 이 장에서 다시 언급하겠지만 학교효과는 학교 수준 요인과 수준 높은 교사와 학교장의 '유치 및 유지attracting and retaining'와 관련이 있는 것으로 볼 수 있다. 제4장에서는 학교 책무성 및 영향과 같은 학교장의 리더십 문제, 특히 교장 선생님에 대해 주목할 예정이다.

2. 교수와 학습 그리고 리더십에 영향을 미치는 요인들

지난 2007년 호주 캔버라의 국가 포럼에서 60개가 넘는 학교와 리더들은 OECD의 2006 학교리더십 개선 활동OECD's 2006 Improving School Leadership Activity 토론회에 참가했다.[Anderson, M., et al, 2008] 이 포럼에서 학교 리더들은 학교 수준 차이가 리더십의 목적과 실천의 중요한 열쇠라는 관점이 훨씬 뚜렷해졌다.

이 토론회에 참석한 주디 채프만Judith Chapman은 그녀의 비교 분석 연구에서 국가적·국제적인 연구에서 학생과 학교조직에 영향을 주고 (저하, 중립, 강화) 리더십의 실천에 영향력을 미치는 여러 요인에 주목[Chapman, J, 2008]했고 구체적인 예는 다음과 같다.

> **리더십 실천을 저하, 중립, 강화하며, 학생과 학교에 영향을 미치는 요인들**
> • 학생 배경
> • 학교 위치
> • 학교 규모
> • 상호 신뢰 및 존중 정도(교장과 교사, 학생과 교사 등)

- 학교 설립 유형(공립, 비공립 등)
- 학교급
- 학생의 사전성취 수준
- 가정의 교육적 문화
- 조직문화
- 공유된 목표

챔프만, 2008

3. 학교 위치에 대한 이슈

부동산 업계에서 흔히 볼 수 있는 슬로건은 '위치, 위치, 위치location, location, location'다. 이것은 어떤 장소가 다른 곳보다 더 나은 입지조건 이 됨을 암시한다. 이 책의 주요 공동 저자 가운데 한 명인 데이비드 로 이드David Lloyd가 나중에 지적하기도 했지만, 사람들이 살고 싶고, 일하 고 싶은 곳을 만드는 것은 쉬운 문제가 아니다. 그는 사람들이 뉴사우스 웨일스주 버크Bourke, New South Wales에 살면서 가르치는 이유가 각각 크게 다르다고 지적한다.

이 책을 읽고 있는 교사와 리더들에게 영향을 미치는 '위치'에 대한 논의 시작에 앞서 이 문제가 학생들에게 영향을 미치는 연구에 대하 여 우선 고려하도록 한다. 특히 학생들이 학교 졸업 이후 자신의 (진 로)선택에 대한 특별한 인식과 관점을 중심으로 이야기하도록 한다.

4. 학교를 넘어서-졸업 이후에는 무엇을? 졸업은 언제?

전반적으로, 호주의 주와 준주 전체적으로 볼 때 학생 등록률은 고르지 않다. 학생 수는 주요 도시의 외곽 교외 지역outer suburbs과 일부 해안 지역some coastal locations에서 빠르게 증가하고 있고, 도심 교외 지역과 많은 시골 지역에서는 감소하고 있다.[Anderson et al. 2008] 이러한 학생 수 변화는 작은학교에 지속적인 폐교 위협과 같은 일정한 압력으로 작용될 수 있다. 일부 작은학교의 위치는 이런 학교들의 고학년 학생들이 '다음은 무엇일까?', '다음은 언제일까?'와 같은 고려를 시작하는 교육 단계에 도달할 때 일정한 압력으로 작용할 수 있다.

학생들을 위한 첫 질문은 '다음은 무엇일까?'이다. 저자들은 호주 최초로 국가 데이터 세트인 호주 청소년 종단 조사Longitudinal Surveys of Austrailian Youth: LSAY를 사용하여 학교의 마지막 학년과 고등학교post-secondary school 졸업 후 젊은이들의 지리적 이동성을 조사했다.[Hillman, K & Rothman, S., 2007] 추가 조사를 위해 5,000명 이상 청소년의 데이터 세트를 선정하기도 했다. 이 젊은이들은 호주의 주요 도시와 그 주변 교외(애들레이드Adelaide, 브리즈번Brisbane, 캔버라Canberra, 호바트Hobart, 멜버른Melbourne, 퍼스Perth) 지역에 살고 있었다. 고등학교 이후의 기회, 특히 대학 진학 추구는 젊은이가 10대 후반과 성인기 초반에 주요 도시로 이주할 가능성에 핵심적인 영향을 미치는 것으로 밝혀졌다. 이 연구를 통해 이것이 자발적인 결정이 아니라, 그들의 미래와 관련된 문제(예: 직업적 열망과 기대)가 표면화되면서 시간이 지남에 따라 나타난 결정이라고 결론 내리고 있다(예: 직업적 열망과 기대).

대도시가 아닌 지역에서 도시로 이주한 젊은이들 중 약 30%가 다시 고향으로 돌아갔다. 그러나 도시에 계속 머물기로 선택한 젊은이들의 수가 이를 압도적으로 상회한다.[Hillman, K & Rothman, S., 2007] 표본의 젊은 남녀 모두, 도시에 사는 동안 정규직으로 일자리를 구한다는 것은 그들이 도시가 아닌 환경으로 돌아갈 가능성이 적다는 것을 의미한다. 젊은 여성들이 중등후기교육tertiary qualification[15] 이상의 교육 경험이 있는 경우 그러한 경험이 없는 여성들에 비해 도시 생활에 이끌릴 가능성이 있고, 대도시가 아닌 지역의 교육 및 취업 제한도 젊은이들의 이동에 주요한 영향을 미친다는 것이다. 하지만, 더 큰 독립을 위한 기회, 새로운 사람들을 만나는 기회를 잡는 것은 그들의 지역사회에서 경험할 수 없는 새로운 것들을 경험하기 위한 기회로 볼 수 있다.

알로웨이Alloway와 동료 20명은 호주 전역의 15개 지역(농촌, 벽지 및 대도시, 모든 주 및 하나의 지역을 포함)에서 10, 11, 12학년의 학생들을 대상으로 한 포커스그룹 인터뷰에서 경제적으로 취약할수록 학생들이 마을을 떠나는 결심이 더 확고하다는 것을 발견했다. 이들은 학생들이 지역의 직업 전망과 삶의 질에 제한이 있다고 인식했을 때 더욱 떠나는 것을 고려하게 된다는 점도 제시하고 있다.

한편, 같은 연구에서 학생들에게 학교 졸업 이후 삶의 인식된 목적지의 문제뿐만 아니라 학생들에게 '졸업 이후'의 문제도 고려했다. 그들의 연구에서는 다른 변수들을 고려했을 때, 시골에 재학 중인 청소년들이 대도시 소녀들과 소년들보다 11학년이 시작되기 전에 학교를 떠날 가능성이 더 높다는 것을 확인했다.

이 문제를 더욱 깊이 있게 검토하기 위해 청소년 학생들에게 시골 생활의 경험이 어떠했는지에 대한 질문들을 포커스그룹 인터뷰에 포함시켰다. 그들의 연구를 통해 학생들의 시골 생활은 분명하게 '남성' 중심적

---

15. (역자 주) tertiary qualification라는 개념은 월드뱅크가 정의한 것임. 이것은 초등교육, 중등교육 및 중등후기교육 등으로 구분했을 때, 세 번째 수준(세 번째 단계)의 교육을 의미한다. 즉, 중등후기교육(post-secondary education)을 의미하며, 중등교육 이후 단계를 의미한다. 우리나라로 말하자면 중등교육 단계인 중·고등학교 이후 고등교육 단계를 의미한다.

장소로 인식된다는 것을 발견했다. 예를 들면, 축구와 같은 남성 스포츠가 조직 스포츠의 중심이 되고, 농촌 지역사회에 만연한 고도의 전통적 가치관으로 인해 견습생/훈련생 및 농업과 같은 직업에서 여학생이 남학생과 비슷한 열망, 기술, 지식 등을 가지고 있더라도 남학생의 취업 전망이 더 좋았다. 호주 전역의 15개 환경에서 시골 생활에 비추어 볼 때, 학생들의 직업 경로에 대한 이러한 젠더 관점은 왜 남자아이들이 시골 학교의 여자아이들보다 학교를 더 일찍 떠날 수 있는지[16]를 설명하고 있다. 그리고, 왜 여학생들이 학교교육을 마치고 더 많은 공부를 한다면 그들의 미래가 더 잘될 것이라고 결정하는 경향이 있는지(모든 경우는 아니다) 이들의 연구 결과가 그 답을 제시해 주고 있다.

켄 스티븐스Ken Stevens는 또한 퀸즐랜드 시골 학교의 10학년 학생 30명과 그들의 가족, 선생님, 교장과 선택된 지역사회 구성원 몇 명에게 설문과 면담을 통해 '다음 단계와 시기'라는 문제를 다루었다. 그리고 캐나다 대서양 뉴펀들랜드의 최종 학년 학생 62명을 대상으로 일부 비슷한 연구를 수행했다. 알로웨이의 연구와 스웨덴의 또 다른 연구에서도 여학생의 제한된 지역 취업 기회나 뚜렷한 남성적 문화라는 부분에서 매우 유사했다. 또한 스티븐스는 제한적이나마 선택권이 있음에도 불구하고 학생들이 익숙한 환경을 떠나는 것을 전반적으로 꺼린다는 사실도 발견했다.

---

16. (역자 주) 호주의 농어촌 지역에서는 중등교육 단계의 여학생보다 남학생이 직업을 갖거나 농업에 종사하는 것이 더욱 수월하므로 일찍 경제적으로 독립할 수 있다는 것을 의미한다.

5. 채용이 어려운 위치

호주에서 시골이나 외떨어진 지역에서 교직원으로 근무할 때의 문제는 교육 체제상의 문제로 오래전부터 알려져 왔다.[Gilbert, CC, Skinner, J & Dempster, N., 2008] 왜 그럴까? 사회 및 가족 네트워크로부터 떨어진 교사들의 감정과 새롭고 낯선 공동체에 '맞춰야 할' 필요성에 대한 불안감 등은 연구에 제시된 설명 중 일부이다. 이 문제를 해결하기 위해 교육부에서는 다양한 인센티브(예: 장학금, 추가급여, 승진 가점 등)에 초점을 맞추고 있다.[Halsey, R.J., 2009] 이러한 인센티브는 새로운 졸업생 또는 실습 중인 교사에게 초점을 맞출 수 있는데, 정작 예비 교사들의 동기, 궁금증, 오해 및 우려에는 관심이 없다. 존 할시John Halsey는 다음과 같이 지적하고 있다.[Halsey, R.J., 2009]

> 농촌지역의 신규 교사 배치는 '한정적 기간limited-duration'에 상당한 추가적 자원을 학교와 지역사회에 투입하는 것일 뿐만 아니라 연례 인사 교류 활동logistical exercise[17]이기도 하다.

할시는 예비 교사, 적어도 한 명 이상의 강사, 직원과 학생, 대학 행정가(프로그램의 개발과 인프라를 위한), 종종 가족 구성원과 파트너, 지역사회 및 기업 등 다양한 범주의 사람들이 이러한 배치에 관여하고 영향을 받고 있다고 언급한다. 또한, 그는 시골에 근무할 예비 교사를 배치하는 데 비용이 많이 든다고 결론짓고 있다. 평균적으로 26일간 근무에 2,553달러가 필요한 것으로 보고하고 있는바, 이 비용에 근무 기간과

---

17. (역자 주) 원서에는 'annual logistical exercise'로 제시되어 있다. logistical exercise 는 군사학 용어로 군수용 물류 공급의 의미를 담고 있다. 교사를 학교 체제에 있어 인적자원으로 파악되는 관점도 있긴 하지만, 여기에서는 원어의 의미보다 '인사 교류'라는 의미로 의역하였음을 밝혀둔다.

거리는 핵심 요소다(예: 교통, 숙박, 개인 및 직업 준비, 식사, 유급 고용으로 인한 소득 손실[시골에 배치되어 이동하는 평균 거리는 436km] 복지비(필요 시) 등). 그러나 그는 또한 이러한 비용으로 상당한 이점이 있다고 결론 내리고 있다(최소한 한 번 이상의 농촌 지역 교사 배치를 완료하고 여전히 교사 교육과정에 등록된 예비 교사를 대상으로 2006년에 실시한 전국 설문조사의 데이터[18] 분석에서 확인됨). 할시는 다음과 같은 이점이 있다는 점을 언급하고 있다.

- 시골 학교에서의 교육에 대해 이미 가지고 있는 긍정적인 견해 강화
- 전문가의 시야와 기회 확대
- 지역사회에 대한 관심 고취
- 고용 옵션에 대한 재평가의 가능성

설문조사에서 예비 교사들은 그들이 시골 지역 근무 장려에 필요한 재정적 지원에 관한 질문을 받았다. 응답자들은 약 1,000달러(실제 비용의 절반 미만)라고 답했다. 할시는 매년 1천만 달러의 비용을 마련하는 경우, 교육부가 10,000명의 예비 교사와 함께 호주의 시골 지역 교육 인력 정책을 갱신하는 데 도움이 될 수 있다고 말한다.

또 다른 전략으로 시골과 도시 현실의 격차를 해소하는 방법으로 '사이버셀cybercells'[19]을 제시한 켄 스티븐스Ken Stevens의 내용[Stevens, K., 2009]에 주목할 필요가 있다.

---

18. 호주의 19개 교사 교육기관으로부터 응답을 받았다.
19. (역자 주) 켄 스티븐스가 제시한 '사이버셀'은 교사교육기관(우리나라의 경우 교육·사범대)의 학생과 현직 시골 지역 작은학교에 근무하는 교사 간 원격 방식을 활용한 연계 활동으로 이해할 수 있다.

스티븐스Stevens는 사이버셸은 가상 방문자를 포함하여 교사는 다른 교사들과, 학생은 다른 학생들과 함께하며 그들의 토론을 확장하는 대면face-to-face 그룹이며, 이로 인해 교수학습을 위한 교실의 확장을 이룰 것이라고 설명한다. 그는 캐나다 교사 교육 프로그램에서 이러한 접근 방식의 활용에 관해 설명하고 있다: 신규 교사(주로 도시 출신이지만 현재는 시골 지역에서 가르치는 교사)는 대학의 예비 교사와 함께 사이버셸의 가상 방문자로 선발된다. 이 접근 방식을 통해 예비 교사는 해당 분야에 새로 전입한 교사들의 실제 경험을 바탕으로 교과 과정을 통해 생각했던 것들을 시도해 볼 수 있는 기회를 가질 수 있다.

6. 채용 관련 걱정들-교육 전반에 걸친 이슈들

존 할시는 교사들을 시골 지역으로 유치하고 계속 근무하게 하는 과제를 모든 영역의 전문가들이 연구해야 한다는 점을 강조한다. 시골 학교의 경우 이 문제와 관련하여, 그는 국가의 교사 인력(규모, 구성, 나이, 은퇴, 젊은 교사들의 가치 및 우선순위, 즉 안정성보다 고용의 이동성 및 유연성)과 관련된 광범위한 교육 문제와도 깊은 관련이 있다고 지적한다. 그것은 교육 분야와 국가 전반에 걸쳐 더 폭넓게 관심을 두어야 할 문제이다.

놀랄 만한 일은, 최근까지 호주의 학교장 근무 관련 국가적 데이터가 존재하지 않았다는 것이다. 이러한 지식 기반에 기여한 것은 호주 학교 직원Staff in Australia's Schools, SiAS 프로젝트이다. 교육고용직장관계부

Department of Education, Employment and Workplace Relations, DEEWR의 의뢰를 받은 이 프로젝트는 호주교육 연구 위원회ACER가 호주 교육자 대학ACE과 협력하여 수행했다. SiAS 프로젝트는 대규모 국가 표본에 대한 온라인 설문조사를 사용했고, 호주 교사와 학교장 수급에 대한 상세한 청사진을 제공하며 향후 계획 수립에 도움이 되는 정보를 수집했다. 설문조사는 초등 교사, 중등 교사, 초등 및 중등 관리자 등 네 가지 모집단을 중심으로 구성되었다. 학교의 관리자Leaders는 각 다른 학교 시스템에서 교장, 교감, 그리고 그에 상응하는 사람들로 정의되었다. 이 조사설계는 호주의 자격을 갖춘 모든 교사들이 거의 동일한 확률로 선발될 수 있도록 하였다. 이 작업은 국가자문위원회의 지원을 받아 수행되었다.

최종 설문 응답은 초등학교 5,209명(최종 응답률 30%), 중등학교 5,394명(33%), 초등학교 지도자 1,116명(35%), 중등학교 지도자 1,393명(37%)으로부터 받았다. 교육 시스템은 각 주 및 지역에서 식별되지 않은 데이터를 취합하여 국가조사 결과와 비교할 수 있도록 했다. 이 책의 이 섹션에서 언급할 다양한 인사이트 중에는 초등학교와 중등학교 교사와 지도자의 연령 프로필[표 3.1]이 있었다.

[표 3.1] 교사와 학교장의 연령대

연령대	초등학교		중등학교	
	교사(%)	학교장(%)	교사(%)	학교장(%)
21-30	18	2	16	1
31-40	21	13	21	9
41-50	29	33	30	35
51-55	19	29	19	31
56+	12	25	15	24
평균연령	43세	50세	44세	50세

초등교사와 중등교사의 평균 연령(각각 43세와 44세)과 지도자의 평균연령(50세) 사이에는 차이가 거의 없거나 전혀 없었다. [표 3.1]에 제시된 수치는 호주의 교사와 지도자 간 차별화되지 않은 프로필을 반영한다. 태즈메이니아의 연구원들은 그 지역 작은학교 교장들의 평균 나이(45.23세)가 SSPP의 주요 학교 교장들(51.44세)보다 약 6년 더 젊다는 것을 확인했다.

태즈메이니아 연구를 더 세밀하게 살펴보면, 학생 수가 100명 이하인 학교 대부분의 교장은 여성(59%)이었으며, 35세 이하가 50%, 45세 이상이 40%를 차지했다. 이러한 분포 격차는 교장의 67%가 남자이고 33%가 여자며, 200명 이하의 학생 수를 가진 학교에서 더욱 두드러진다. OECD 학교 리더십 개선 활동에 참여한 국가들 대부분은 전체적으로 여성들이 교사직의 대부분과 주요 직책의 소수를 차지한다고 보고[20]하고 있다.Pont, B, Nusche, D & Moorman, H., 2008 즉, 주요 직책에 있는 여성 중 많은 사람이 규모가 작은 초등학교에 집중[21]되어 있었다.

[표 3.1]과 태즈메이니아의 것 같은 연구들에서 제기된 질문은 '호주의 미래 리더는 어디에서 나올 것인가?'이다. SiAS 설문 조사의 다른 질문에 대한 응답을 고려할 때 이 문제를 해결해야 할 필요성은 더욱 절실해진다. 설문에 응한 교사들의 약 50%와 교장들의 약 35%는 그들이 학교에서 계속 일할 것인지 확신할 수 없다고 말하고 있다. 이러한 불확

---

20. (역자 주) 학교 리더십 정책 및 관행 개선, OECD 학교 리더십 개선 활동의 국제 비교 보고서, OECD, 파리. OECD 교육부 장관들은 학교 리더십을 사회의 급격한 변화에 대한 요구를 충족시키는 데 핵심적인 역할을 하고 있다. 이들 비교 보고서의 저자들은 19개국에서 제출된 22개의 OECD 학교 리더십 향상 활동 국가 배경 보고서에서 제시된 다음과 같은 5가지 주요 주제를 자세히 설명하고 있다.
    1. 학교 리더십 문제
    2. (재)학교 리더십 책임 정의
    3. 학교 리더십 분산
    4. 효과적인 학교 리더십을 위한 기술 개발
    5. 학교 리더십을 매력적인 직업으로 만들기
21. (역자 주) 즉, 규모가 작은 초등학교에는 대부분 여성 교장들이 근무하고 있었다.

실한 그룹들을 제외하면, 교사와 교장들이 학교에서 일하고자 하는 평균 근무 연한은 약 11년이지만, 호주에서 교사로 시작하여 첫 교장 자리를 얻는 데까지는 약 15년에서 20년이 걸리는 것으로 나타났다.[McKenzie, P, Kos, J, Walker, M & Hong, J., 2008] 이는 초임 교장들 대부분은 30대 후반에서 40대 초반인 경향이 있다는 것을 의미한다.

[표 3.1]을 보면 앞으로 5년에서 10년 안에 많은 경험을 갖춘 학교 지도자들이 더 이상 이 직책에 있지 않는다는 점[22]을 알 수 있다. 태즈메이니아 연구의 맥락에서, 작은학교에서 조사된 많은 교장은 초임이었다. 학생 수가 100명 이하인 시골 지역의 학교를 이끄는 교장들의 평균 경력은 4.00년으로 다른 어떤 교장 그룹보다 가장 낮았으며, 학생 수가 200명 이하인 교장들의 평균 경력은 10.33년으로 나타났다. 이전의 연구와 일관되게 태즈메이니아 연구에서는 시골 작은학교의 많은 교장이 약 2년 후에 다른 학교로 옮겨가는 현실이 이런 상황적 복잡성을 가중시킨다는 사실[23]도 발견했다.

7. 학교장 리더십의 매력

교장 직무대리 혹은 교장직에 지원할 의사가 있다고 말한 소수의 교

---

22. (역자 주) 즉, 다른 학교로 떠나거나 이직할 수도 있다는 것.
23. (역자 주) 우리나라와 교원인사제도가 동일하지 않기 때문에 일반화하기는 어렵지만, 과거 우리나라의 경우에도 농어촌의 6학급 이하의 작은학교에서 학교장 직을 2년 이상 수행하는 경우는 드문 편이다. 다만, 최근(2024년) 한국의 학교 상황을 미루어볼 때, 대규모 학교의 경우 학교 민원의 폭주, 교권 및 학생 인권 이슈 등 과거와 달리 작은학교 학교장 근무를 선호하는 경향(학생 수와 교직원 수가 적기 때문에 민원 발생빈도 건수도 적다는 점에서)도 보이고 있다. 학교교육에서 학교장이 장기간 근무하는 것은 학교교육의 질과 밀접한 관련이 있다는 점에서 이 책이 출간된 2010년 전·후 시점에서 호주 작은학교 교장의 근무 여건, 역량, 리더십 등에 대한 관심이 높았던 것은 분명해 보인다.

사 중 97%는 그들의 결정에 있어 매우 중요한 요인이 그들이 '그 일을 할 수 있는 능력에 자신감을 느끼고 있는가'라는 것이라고 말했다.^{McKenzie} ^{et al. 2008} 추후 나중에 전문적인 학습professional learning에 관한 부분에서 이 문제에 대해서 언급하겠지만, 이 장의 맥락에서 이러한 설문 조사 결과는 학교 리더십의 매력에 대한 인식이라는 또 다른 문제에 관심을 갖게 한다. 같은 조사에서, 약 90%의 지도자들은 그들의 직업에 만족하거나 매우 만족한다고 보고하고 있음에도 불구하고, 교장 자격을 갖춘 지원자 중 50% 정도만 리더십이 매력적이거나 매우 매력적이라고 보고하고 있다.^{McKenzie et al. 2008}

[표 3.2] 학교장을 만족시키고 매력적으로 하는 것은 무엇인가?

도움(Helps)	방해요인(Hinders)
• 동료와 학부모 간 긍정적인 업무 관계 • 학생 학습과 발전에 차이를 만드는 것 • 업무량 감소 • 지원 인력 증가 • 학교장에 대한 긍정적인 공적 이미지 • 학교에 부과되는 변경 사항 감소 • 성공적인 학교 지도자에 대한 높은 보수 • 기타 자격에 대한 높은 보수(보상) • 정년 연금 구조에 대한 변화	• 삶의 균형 • 환경과 '과도한big' 직무 • 교실에서 일하고 싶은 욕구 • 직무에 대한 부정적인 이미지 • 준비 부족 • 불충분한 급여와 보상 • 변화 관리 • 엄격한 위계적 경력 경로 • 학교 간 경쟁* • 재정 지원 감소* (* 표시는 때때로 그러함)

[표 3.2]는 학교장의 직무만족도와 학교 리더십에 대한 매력에 대한 지도자들의 인식에 근거한 국제 및 호주 조사에 대한 요약이다.^{McKenzie et} ^{al. 2008}

교장의 업무와 관련된 의욕 저하와 스트레스는 학교장의 리더십에 대한 헌신을 끌어내고 지속하기 위해 해결해야 과제가 있다는 점을 보여주고 있다. 특히, [표 3.2]에 제시된 내용들이 학교장의 전반적인 우려를 반영하는 것이라면 작은학교에 근무하는 학교장에 주어지는 특별한 압박 요소는 무엇이라 할 수 있는가? 연구 문헌에서 언급된 한 가지 문제는 '높은 이직률high churn'[24] 요인과 이것이 학교에서 연속성과 추진력을 개발하는 데 있어 스트레스를 준다는 것이다. 교장 선생님과 관련된 다른 문제들은 뒤에서 좀 더 자세히 다루도록 하겠다.

8. '높은 이직율' 요인

교사들과 학교 지도자들을 소위 '채용이 힘든' 위치로 끌어들이는 방법과 그들을 유지하는 방법은 별개라 할 수 있다. 호주와 스코틀랜드와 비슷한 뉴질랜드에는 상당한 수의 작은학교가 있다. 휘탈Whittall[2002]은 뉴질랜드의 작은(150명 미만) 시골 학교(주로 1차산업이 경제적 기반인 지역 또는 마을)에 대한 연구를 수행했다.Whittall, M., 2002

이 연구는 대표 표본 50개교를 추출하여 10년 동안의 배치, 재직 기간 및 퇴직 사유 등의 분포를 추적했다. 그는 지난 2000년경에 외딴 또는 '매력적이지 않은unattractive' 학교에서 교장직에 지원하는 사람들의 수가 한 자리당 5명으로 줄었다고 언급했다. 10년 전이었다면, 10명 이상의 지원자가 몰렸을 것이다. 총 50개 학교에는 10년 동안 179명의 교장이 있었고, 단 6개의 학교만이 전체 10년 동안 단 한 명의 교장을 두었다. 이 기간 동안 5개의 학교가 문을 닫았다. 교장이 한 명밖에 없는 6개 학교를 제외하면, 이 작은 시골 학교의 교장 재임 기간은 평균 2년 3개월 정도였다. 호주 작은학교의 연구자들도 비슷한 관찰 결과를 보였다.Wildy, H & Clarke, S 2008

---

24. (역자 주) churn은 '버터 제조기', '음료 교반기'라는 명사와 '휘젓다'라는 의미의 동사 두 가지 의미가 있다. 이하 제시되는 절에서 이직과 전직에 대한 이야기가 언급되는바, 완벽한 의미로 새겨지기는 어렵겠으나 '(작은학교에서) 높은 회전(high churn)'으로 의역하였음을 밝혀 둔다.

전통적으로 작은학교 교장직은 다른 곳의 전임 교장직으로 가는 통로로 여겨져 왔다. 하지만, 뉴사우스웨일스주의 18명의 교장과 수석교사의 인터뷰를 보면 이러한 우려는 제7일재림절SDA과 가톨릭 학교 시스템의 동료들보다 공립학교 교장들이 더 많이 느끼는 것으로 나타났다.[Murdoch, D & Schiller, J 2002] 반면, 같은 연구에 참여한 4명의 교장은 가족 사정이나 승진 기회가 지나간 경력 단계와 같은 개인적인 선택으로 작은학교에 근무하고 있었다. 작은학교의 교장들의 높은 이직률에 대한 여러 설명은 연구 자료에서 찾을 수 있다.[Gamage, D., 2002] 일반적인 예는 다음과 같다.

- 더 큰 학교로 경력 이동
- 비슷한 규모의 다른 학교로 경력 이동
- 교사직으로 복귀 또는, 비非교사직(예: 교육 관청educational agency)으로 이동
- 경력 변경
- 건강 관련
- 은퇴
- 더 나은 삶의 균형에 대한 열망

휘탈[2002]의 뉴질랜드 연구에서 대부분의 교장직 사임은 지속적인 갈등이나 관계의 어려움 때문에 발생한다고 밝히고 있다. 이사회의 압력과 과도한 업무량 또한 비교적 흔한 사임 이유로 제시되었다. 교육에 더 집중하고 싶다는 응답이 근소한 차이로 다음을 차지했다. 작은학교의 '교장'에서 '교사'로의 전직이 단연 가장 많았다(134명 중 무려 49명, 3분의 1이 넘었다). 학교가 소규모일수록 교장들의 승진 이동은 가장 낮게 보였다. 학교가 상업 중심지에서 멀어질수록 교장의 이동은 더욱 많이 발

생했다.

높은 이직률을 해결하기 위한 한 가지 전략은 임시직 임용을 통해서 임용된 후에 제한적으로나마 종신 재직권을 부여[25]하는 것이다. 이 전략은 '높은 이직high-turnover'에 대한 학교장의 임용 문제에 있어 핵심에 도달하기 어렵다. 이것은 학교의 일상적인 운영에 약간의 연속성을 제공하는 임시방편 전략에 불과하다. 이러한 연구 결과들은 작은학교의 공통점은 규모에 있지만, 학교 및 지도자들이 맥락적 복잡성과 압박 요소의 다양한 모습들을 가지고 있음을 보여준다.

최근의 연구와 정책에서 강하게 반복적으로 제기되고 있는 주제로 학교 리더십은 사람들의 사람들이 변화를 주도하고 관리하기 위해 가져오는 집단적 역량'이 있다. 하지만 이러한 리더십에 대한 관점을 작은학교의 상황과 조건에 적용하면 어떤 이슈와 시사점을 제공해 주는가?

여러 연구에서 맥락의 중요성을 반복적으로 지적하지만, 전반적으로 작은학교에서 일하고 배우는 사람들의 관점과 경험을 통해 학교 리더십의 토론과 방향을 알려줄 수 있는 연구는 제한적이다. 이로 인해 제기되는 질문은 다음과 같다: '작은학교들은 학교 리더십의 현대적 비전과 실천에 어떤 도전을 받고 있으며, 어떻게 도전하고 있는가?' 이 질문은 이 책의 다음 장에서 살펴보게 되는 뉴사우스웨일스, 퀸즐랜드, 사우스오스트레일리아, 태즈메이니아, 빅토리아, 이렇게 다섯 주의 교장들에 대한 다섯 가지 사례에서 다시 다루게 될 것이다.

---

25. (역자 주) 임시직으로 채용된 이후에 근무평가 등을 거쳐 정규직으로 완벽하게 전환시키는 것. 우리나라와 달리 호주의 교원임용은 국가공무원 임용 체계가 아니기 때문에 종신 재직권은 상당한 유인가가 있는 것으로 이해될 수 있다.

참고문헌

Dinham, S(2008). How to get your school moving and improving, ACER Press, Camberwell, Victoria.

Ewington J, Mulford, B, Kendall, D, Edmunds, B, Kendall, L & Silins, H(2008). Successful school principalship in small schools. Journal of Educational Administration, vol. 46, no. 5, pp. 545-61.

Jones, J(2006). Leadership in small schools: Supporting the power of collaboration, Management in Education, vol. 20, no. 2, pp. 24-28.

Southworth, G(2004). Primary school leadership in context: Leading small, medium and large sized schools, Routledge Falmer, USA and Canada.

Mortimore, P(2008). Finland is the Shining Light. Education, Sydney Morning Herald, 27 October.34 A Collective Act

Dinham, S(2007). 'How schools get moving and keep improving: Leadership for teacher learning, student success and school renewal', Australian Journal of Education, vol. 51, no. 3, pp. 263-75.

Sinclair, A(2004). Journey around leadership', Discourse, Studies in Cultural Politics of Education, vol. 25, no. 1, pp. 7-19.

Hattie J(2007). 'Developing the potentials for learning: Evidence, assessment and progress', EARLI Biennial Conference, Budapest, Hungary, available at ⟨http:// www.education.auckland.ac.nz/uoa/education/staff/j.hattie/presentation.cfm⟩; Marzano, R 2003, What works in schools: Translating research into action, ASCD, Alexandra, VA

Leithwood, K & Jantzi, D(2008) Linking leadership to student learning: The contributions of leader efficacy. Educational Administration Quarterly, vol. 44, no. 4, 496-528.

Robinson, V 2007, 'School leadership and student outcomes: Identifying what works and why', ACEL Monograph Series, no. 41, October.

Moore, K(1999). A rural community and its school: contemporary insights through historical analysis, Education in Rural Australia, vol. 9, no. 1, pp. 61-68.

Anderson, M, Gronn, P, Ingvarson, L, Jackson, A, Kleinhenz, E, McKenzie, P, Mulford, B & Thornton, N(2008). 'Australia: Country Background Report', OECD Improving School Leadership Activity,

Chapman, J(2008). Learning centred leadership: Policies and strategies across OECD countries targeting the relationship between leadership, learning and school outcomes. In this report to the OECD, Paris, Judith Chapman presents a comparative report of policies and strategies in 22 participating OECD countries that seek to address the relationship between school leadership, learning and school outcomes. She frames her paper around five leadership dimensions that Robinson (2007) concludes impact on student social and academic outcomes (see p. 22).

Hillman, K & Rothman, S(2007). Movement of non-metropolitan youth towards the cities', Longitudinal Surveys of Australian Youth, Research Report 50, ACER Press, Camberwell, Victoria.

Alloway, N, Gilbert, R & Muspratt, S(2004) Factors impacting on student aspirations and expectations in regional Australia, Department of Education, Science and Training (DEST), Canberra.

Stevens, K(2009). 'Perceptions of educational opportunities in small schools in rural Australia and Canada', Rural Society, vol. 19, no. 2, pp. 118-26.

Aberg-Bengtsson, L., (2009). The smaller the better? A review of research on small rural schools in Sweden. International Journal of Educational Research, vol. 48, pp. 100-108.

Gilbert, CC, Skinner, J & Dempster, N(2008). Expectations of successful female small school principals. Leading & Managing, vol. 14, no. 1, pp. 72-91.

Halsey, RJ(2009). Teaching in the country would not be so bad: How much does it cost to find out?. Innovation for Equity in Rural Education Symposium Proceedings, International Symposium for Innovation in Rural Education (ISFIRE), 11-14 February, University of New England, Armidale, NSW, pp. 137-45.

McKenzie, P(2008). Leadership: Is there a looming shortage?. Professional Educator, vol. 7, no. 4, pp. 13-17.

Pont, B, Nusche, D & Moorman, H 2008, Improving school leadership policy and practice, International comparative report from the OECD Improving School Leadership Activity, OECD.

McKenzie, P, Kos, J, Walker, M & Hong, J 2008, Staff in Australia's schools(2007). Department of Education, Employment and Workplace Relations (DEEWR), Canberra.

Wildy, H & Clarke, S(2005). Leading the small rural school: The case of the novice principal. Leading & Managing, vol. 11, no. 1, pp. 45-56.

Whittall, M(2002). Principal retention and transition patterns in a crosssection of New Zealand rural schools: May 1990-May 2000, Research report, Christchurch College of Education, New Zealand.

Wildy, H & Clarke, S(2008). Charting an arid landscape: The preparation of novice primary principals in Western Australia. School Leadership and Management, vol. 28, no. 5, pp. 469-87.

Murdoch, D & Schiller, J(2002). Teaching principals in smaller primary schools: Their issues, challenges and concerns. Refereed paper presented at the AARE

Conference, Brisbane.

Gamage, D(2002) Management of smaller schools and teaching principals: An Australian case study. Educational Practice and Theory, vol. 24, no. 1, pp. 77-91; Eacott, S 2004, 'Developing a framework for professional learning programs in schools', The Australian Educational Leader; vol. 1, pp. 40-43; Murdoch, D & Schiller, J 2002; Whittall, M 2002.

제4장
도전, 긴장, 가능성
Challenges, tensions and possibilities

   2부에 등장하는 학교의 규모와 지역적 맥락 및 조건은 종종 학습을 이끌어가는 과정에서 특별한 도전 과제를 제시할 뿐만 아니라, 혁신적이고 창의적인 방식으로 타인들과 연결될 수 있는 가능성도 제공한다. 이 책에 나오는 모든 교장은 이 도전과 기회를 회피하지 않는다. 하지만 앞의 장에서도 알 수 있듯이, 작은학교를 이끄는 것은 간단한 문제가 아니다. 작은학교들은 단순히 더 큰 학교들의 작은 유형이 아니다.^{Mohr, N., 2000} 또한 모든 학교나 학교장이 직면한 문제들이 반드시 모든 학교와 모든 학교장에게 동일한 결과를 초래한다는 가정도 할 수 없다.

   이 장에서는 선행연구에서 살펴보았던 학교장을 위한 주요 도전과 긴장 및 가능성, 즉 책무성accountabilities, 수업교장the teaching principal, 삶의 균형, 그리고 학교 공동체의 관계에 대하여 학교 리더십의 중요성에 대한 논의가 계속된다.

1. 학교 자율성 강화를 위한 움직임
-작은학교 교장에게 시사하는 함의와 현실

이미 언급했듯이, 호주에는 상당수의 작은학교가 있지만, 작은학교 리더십에 대한 지속적인 연구는 상대적으로 부족하다. 학교 자율성 강화를 향한 움직임은 1990년대에도 이어졌다.예를 들면, Gamage, D., 1998; Clarke, S., 2002 일반적으로 이러한 연구들은 교장, 특히 "수업교장the teaching principals"[26]의 과제와 관심사에 초점을 맞췄다. 예를 들어, 더닝Dunning, 1993은 연구와 정책에 대한 리뷰에서 잉글랜드England 및 웨일스Wales의 작은학교 교장은 교육, 경영과 리더십에 대한 의무, 책무성 간의 균형과 관련한 결정을 내리는 데 실질적인 자율성이 부족하다고 언급하고 있다.

다음은 분권화decentralisation 문제에 관한 연구 및 정책 문헌의 핵심 주장을 요약한 것이다.

학교 자율성 강화에 대한 찬반 논쟁

찬성 측의 주장 예시

• 학교 자율성은 학교장들이 그들의 학교 환경에서 열정과 자원을 어디에 가장 잘 집중해야 하는지를 결정할 수 있게 한다.
• 학교장들은 교사의 질과 학생들의 학습과 관련된 결정에 대해 더 많은 권한을 가져야 한다.

---

26. 역자 주: "수업교장(the teaching principals)"은 말 그대로 '수업하는 교장'을 뜻한다. 한국은 일부 작은학교를 제외하면 학교장이 수업을 하는 경우는 거의 없기 때문에 적합한 용어를 찾기 어려워, 의미가 그대로 전달될 수 있도록 "수업교장(the teaching principals)"이라는 용어를 사용하였다.

반대 측의 주장 예시

- 분권화는 더 많은 경영상의 책임을 수반한다.
- 자율성 강화가 학생의 성취 향상으로 이어진다는 가설에 더 많은 증거가 필요하다.

중앙과 지방 그리고 학교 간 거버넌스 체계는 강력한 중앙집권, 주 또는 지방정부의 통제(가령, 그리스, 한국, 스페인) 대비 학교가 가장 중요한 의사결정을 하는 국가(예컨대, 핀란드, 네덜란드, 뉴질랜드)까지 연속적인 스펙트럼상에 놓일 수 있다.[Pont, B. et al., 2008] 호주를 포함한 대부분의 국가는 중간 수준에 있는 것으로 간주된다. 그러나 이러한 요약조차도 어느 정도 신중히 다루어야 한다.

호주의 학교 자율성은 각 주 그리고 지역마다 다르다. 역사적으로 호주의 학교 통치는 고도로 중앙집권화되어 왔다. 최근에는 학교 및 직원 임용 결정에 대한 더 큰 권한이 주 교육부에서 교장, 선출된 학교 위원회school councils 또는 대표 위원회representative boards로 이전되었다. 사립학교의 성장은 이 이슈에 새로운 관심을 불러일으켰는데, 1997년부터 2007년까지 사립학교에 다니는 전일제 학생 수가 21.9% 증가한 것에 비해 공립학교는 1.7% 증가한 것을 알 수 있다.[Anderson, M. et al., 2008]

고도로 중앙집권화된 거버넌스에 반대하는 주장은 중앙집권화의 결과로 학교장들의 직무가 국가 또는 주를 위한 정책 시행자의 도구적 역할로 좁혀진다는 전제와 관련이 있다. 그러나 분권화의 개념은 실제보다 더 환상적일 수 있다. 예를 들어, 노르웨이에서는 교장들이 학교에 대해 총체적인 책임을 지지만, 학교 예산의 가장 큰 부분은 급여로 지출된다. 이로 인해 남은 자금을 사용할 수 있는 범위는 제한된다. 그래서 학교에 대한 높은 수준의 분권화를 주장하는 입장의 비율은 진정한 정책 입안

자인 학교장에게 집중될 수밖에 없다.[Pont, B. et al., 2008]

현재 학교장들의 자율성은 일반적으로 교직원 인사, 예산의 우선순위, 조직 관리와 관련된 결정을 중심으로 발휘되고 있다. 네덜란드에서는 학교장의 자율성이 교사의 전문성 개발과 평가까지로 확대되어 있다. 또한 스웨덴에서는 교장이 지역과 국가의 정해진 한도 내에서 직원 개인의 고용과 급여 조건을 협상하기도 한다. 다른 제도권에서는 학교 성과가 교장들의 추가적인 자율성 확대의 계기가 된다. 예컨대, 칠레의 국가시험에서 지속적으로 좋은 결과를 내는 것은 칠레 교장들이 지방 자치단체의 직원 임명에 있어 훨씬 더 많은 발언권을 가지는 것을 의미한다.[Pont, B. et al., 2008]

호주에서는 학교장들이 교육 분야 간 인력 배치 문제와 관련하여 권한의 현저한 차이를 경험한다. 사립학교 학교장 중 대다수는 공립학교나 가톨릭 학교의 학교장들보다 더 많은 분야에서 광범위한 권한을 가지고 있다.[Anderson, M. et al., 2008] 호주의 모든 지역의 교장들 중 절반 미만이 교사를 채용할 때 다양한 급여와 조건을 제시할 수 있거나 우수한 성과를 낸 교사들에 대해 금전적 보상의 광범위한 권한을 가지고 있다고 말한다.[Anderson, M. et al., 2008] 유잉턴 외[Ewington, J. et al., 2008: 548]에 따르면, 태즈메이니아주Tasmania에서는 학생 수가 200명 이하인 학교의 경우 "교장 이외의 상급 교직원에게는 권한이 없다". 이러한 의미에서, 지방분권을 향한 정책 경향은 그들의 기대와 실제 실현 사이에 모순이 있는 것처럼 보일 수 있다.

교육과정과 관련하여 어떤 과정을 제공해야 할지를 결정할 때, 호주의 학교들은 OECD 국가 전체의 평균에 비해 더 높은 자율성을 가지고 있다. 그러나 교육과정의 내용을 결정하는 데 있어서는 호주가 OECD 국가 평균보다 뒤떨어진다.[Organisation for Economic Co-operation and Development., 2007] 즉, 확대된 교육과정과 추가로 규정된 국가시험을 향한 움직임은 작은학교들에게 핵심 자원과 교육과정 전문성의 과제를 제시한다. 사이먼 클라크와 헬렌 와일디[Clarke, S., & Wildy, H., 2004]가 '다연령 교수학습의 맥락 안에서'[27] 발견했듯이, 학교는 이러한 과제를 해결해야 할 뿐만 아니라 경험하고 있다.

지방분권을 향한 정책 경향은 학교장들이 교사의 질과 학생의 학습과 관련된 결정에 더 많은 권한을 가져야 한다는 가정에 기초한다. 그러나 지방분권은 부정하기 힘든 추가적인 책임, 더 큰 책무성, 그리고 자원에 대한 요구 등 학교 리더십에 관한 결과와 시사점을 제공한다.

호주의 초등학교 대상의 한 연구(각 주와 각 지역의 학교가 포함되도록 설계되었고, 160개교를 무작위로 표집)에서는 다음과 같은 사실이 밝혀졌다.[Angus, M. et al., 2007]

··· 평균적으로, 각 학교는 32,863달러의 재정지원submission-based income을 받았고 교장들은 제안서를 준비하고 자금을 얻는 데 26시간을 할애했다.

결과적으로 다양한 자금 출처에 더해 따라야 할 여러 행정절차와 양식 작성, 그리고 문서 작성의 균형을 유지하는 것만으로도 어려운 일이 된다.

작은학교에서는 이 모든 것이 업무의 부담을 나눌 사람들이 더 적다는 냉엄한sheer 현실로 인해 훨씬 더 어려움을 겪고 있다. 작은학교 교장들에 관한 태즈메이니아Tasmanian 연구에서 시사하듯이, 이는 수업하는 교장들에게 훨씬 더 절실히 느껴지는 문제이다.

---

27. 라인리 코니쉬(Linley Cornish, 2009)는 '다연령', '다학년' 등의 용어에 대한 좋은 개요를 제공한다.

… 그리고 나서 하루가 끝날 때쯤, 더 나은 업무와 학습환경을 만드는 데 2시간을 보내는 대신 30분만 사용하고, 학교를 '관리managing' 하는 데 3시간을 보냅니다. 만약 운이 좋다면 진정한 리더십을 발휘할 수도 있겠죠. 가장 실망한 것은 우리가 봉사하는 학생들입니다.

… 만약 제가 운이 좋다면 이틀간 수업을 쉬면서 근면하게 지낼 수 있을 것입니다. 그러나 '관리managing'하는 일에 종사함으로써 진정한 '리더십'을 위한 시간은 거의 없습니다. 물론 우리 모두가 열망하는 것은 진정한 리더십을 발휘하는 것이겠죠. 그러기 위해서는 일주일에 50~60시간이 필요했는데, 저를 지지해 주는 젊은 가족들이 무척 실망했어요. Ewington et al., 2008

이 연구의 교장들은 가르치는 교장으로서 이중 부담을 떠안는 듯한 느낌을 강하게 받았고, 그들이 생각하는 희생은 삶의 균형, 이중의dual 책임감responsibilities과 책무성accountabilities 충족, 학습을 유지하는 것 등 다양했다. 뉴사우스웨일스 연구Murdoch, D., & Schiller, J., 2002에서는 권한 이양devolution과 관련된 책임 활동이 학교 발전 계획, 신속한 교육과정 변경, 평가 및 보고 절차, 광범위한 정책 개발 등 다양한 문제에 대한 학교장의 자문 요구를 증가시켰다고 결론지었다. 한 차원에서는 이러한 변화가 권력의 분산화 정책 동향의 긍정적인 효과라고 보았다. 실제로 이러한 추세는 모든 학교장, 특히 작은학교의 교장들에게 업무량을 증가시키는 결과로 이어지게 되었다. 이 문제에 관한 연구는 교장에 대한 다음 절에서 자세히 언급된다.

전반적으로 분권화는 학교를 이끌 더 많은 기회를 제공하는 측면이 있다. 즉, 학교장이 열정과 자원을 가장 잘 집중할 수 있는 곳을 결정할 수 있는 자유를 얻는 것과 관련이 있다(그러나 태즈메이니아와 같은 연구들에서 시사하는 것처럼 행정적administrative 책임의 분산은 교육적 리더십을 제약할 수 있다).

이와 관련하여 학교는 이익을 얻었으며, 효과적인 학교 리더십에 관한 연구는 그러한 결정을 들여다볼 수 있는 중요한 관점을 제공한다. 호주의 한 연구Ainley, J., & McKenzie, P., 2000에 따르면 학교 현장 중심의 관리에 있어 성공은 교육과정, 재정, 인력 배치 및 자원 할당과 관련된 의사결정의 총체적인 교수학습 틀에 달려 있다고 한다. OECD 국가들 대부분은 분권화를 향한 정책 동향을 보고한다. 그러나 더 큰 분권화가 더 큰 학생 성취로 이어진다는 명제에 대해서는 더 많은 증거가 필요하다. 이 책의 맥락에서는 이러한 연구들도 작은학교를 명시적으로 고려해야 함을 강조한다.

2. 가르치는 교장The teaching principal

여러 작은학교의 특징 중 하나는 '가르치는 교장'이다. 보통 교직원 수가 적기 때문에 이 용어는 공식적인 리더십 직무 외에 수업이 배정된a teaching allotment 교장들을 지칭할 것이다.

더닝Dunning, G., 1993: 79-89은 교장이 어떤 문제를 겪는지에 대한 그의 연구에서 이러한 학교장에 대한 피상적인 설명이 수년간 교직 및 교장직의 변화에 대한 축적된 영향을 과소평가underplayed했다고 언급했다. 더닝의 지적은 1990년대 초 잉글랜드와 웨일스의 교장에 대한 것이었지만, 호주의 최근 연구는 그러한 결론이 오늘날에도 여전히 무게를 두고 있음을 시사한다.Clarke, S., & Wildy, H., 2004; Ewington et al., 2008

실제로 작은학교에 학생들을 유치하거나 유지하는 것과 관련하여 더 큰 권한 이양, 학교급 차이 및 소재지의 상황적 복잡성 등이 작용하게 된다. 부분적으로 이는 규모가 더 큰 학교들과의 경쟁과 다연령 수업을 해야 하는 필요성 때문일 수 있다. 4개 학군에 걸쳐 12~152명의 학생이 재학 중인 50개교를 대상으로 한 뉴사우스웨일스 연구에 따르면, 이러한 요소들이 교장의 주요 도전이었으며, 교통과 좋은 시설을 제공하는 것에 관하여 어려움이 뒤따랐다고 밝혔다.[Gamage, D., 2002]

작은학교 리더십의 또 다른 복잡성은 작은학교 리더십의 또 다른 복잡성은 교장 역할의 확대가 야기하는 문제점에 있다. 일반적으로, 수업을 하지 않으며non-teaching 시간 활용이 더 유연한 교장보다 일과 중에 수업을 해야 하거나 수업하기를 원하는 교장들에게 더 어려움을 주기 때문이다.[Clarke, S., 2002] 결국, 교장에게 제기되는 문제는 어떻게 삶의 균형을 유지하느냐 하는 것이다. 이 문제가 작은학교의 교장들에게만 국한된다고 주장하지는 않는다. 실제로 학교 리더십에서 업무 강화의 함의 implications와 영향에 대해 많은 것들이 저술되고 연구되었다.[Lacey, K., 2002] 그러나 많은 연구자들이 더 일반적인 학교 리더십 연구 안에 작은학교의 리더십을 포괄한 것을 고려할 때, 학교 맥락에서 학교장들의 삶의 균형 문제를 탐구하는 것이 이 연구의 흥미로운 부분이라 생각한다.

3. 삶의 균형

1990년대 후반 에네버[Enever, RD., 1997]는 매슬래치Maslach의 소진 척도를 사용하여 뉴사우스웨일스주의 3개 교육지구에서 100명의 가르치는 교장과 가르치지 않는 교장의 응답을 비교했다. 전반적으로 삶의 균형은 교장들, 특히 수업교장들의 일상적인 책임감responsibilities, 책무성 accountabilities, 그리고 가족과의 생활 사이 균형을 맞추기 위해 고군분투한다는 에네버Enever의 발견을 뒷받침한다. 연구 결과 중 수업교장은 수업을 하지 않는 교장보다 정서적 피로도가 높고 성취감에 대한 인식이 낮았다. 수업교장에 있어서 그들의 이중적인 역할은 무력감, 분노, 불안과 같은 스트레스의 감정으로 이어졌다. 스트레스의 신체적 영향은 불면증, 신체적·정신적 피로, 그리고 다른 일반적인 건강 문제를 야기했다. 이와 유사한 문제들은 다른 연구에서도 언급되었다. 예를 들어, 머독과 쉴러[Murdoch, D., & Schiller, J., 2002]의 연구에서 교장들은 그들의 이중적인 역할이 불공정하다는 점에 대해 죄책감과 좌절감을 표현했다고 밝히고 있다.

이 연구는 수업교장이 어느 정도 수용 가능한 삶의 균형을 유지하려고 할 때의 주요 스트레스[pressure]를 암시하는 것과 함께, 교사와 리더로서의 이중적 역할을 수행하는 교장에게 도움이 될 수 있거나 방해가 될 수 있는 여러 요인도 강조하고 있다.[Sharplin, E., 2009] 가령,

- 교수 및 행정 경험
- 동료들과의 공유 가치
- 정서적 지지
- 행정 지원
- 학교 교직원 수와 경력
- 아이디어를 내려고 하는 동료들
- 자유 시간
- 지도력을 위한 준비

작은학교의 경우 더 큰 학교에서는 비교적 쉽게 흡수되거나 해결될 수 있는 문제들이 더욱 크게 부각될 수 있다. 이는 학교장의 삶의 균형을 유지하는 데에도 부정적인 영향을 미칠 수 있다. 예컨대, 한 연구에서는 팀워크를 저해하는 단 한 사람의 행동이 작은학교에 얼마나 큰 부

정적인 영향을 줄 수 있는지를 한 교장의 회상을 예로 들어 설명하기도 했다.

… 만약 누군가가 그 문화의 일부가 되기를 원하지 않는다면 그들은 작은학교를 파괴할 수 있다.[Murdoch, D., & Schiller, J., 2002]

이런 상황에서 부정적인 문화적·사회적 관계의 파장은 학교 공동체 전체에 부정적인 영향을 미칠 수 있다. 팀워크를 저해하는 사람은 상황을 '해결'해야 할 책임과 기대를 가진 사람들에게 감정적으로 엄청난 타격을 줄 수 있다.

교장들은 삶의 균형 문제를 다루기 위해 다른 전략을 사용한다. 퀸즐랜드의 수업하는 초임 초등학교 교장 12명을 인터뷰한 결과, 대부분은 4년 이하의 교직 경력을 가지고 있었고, 그들의 학교는 가장 가까운 마을로부터 최소 100km 떨어진 곳에 있었다.[Lester, NC., 2003] 이들은 인맥의 중요성을 강조했다. 이러한 네트워크는 직무스트레스를 해소하는 데 중요한 부분으로, 여성 교장들에게는 필수적인 것으로 인식되었다.

업무량 문제를 해결하기 위해 가톨릭계 학교 교장들은 정해진 수업에 대해 과도한 책임을 지지 않기로 협상했다.[Murdoch, D., & Schiller, J., 2002] 이는 작은학교 리더십에 대한 많은 연구들에서 수업이 직무만족의 중요 우선순위임을 언급하고 있듯이 그들은 여전히 수업을 하고 있지만, 예상치 못한 문제들과 요구에 대처할 수 있는 유연성을 좀 더 가지게 되었음을 의미한다.

다른 연구들에서는 오직 수업교장들만이 일과 개인적인 가족에 대한 책무 간의 균형을 맞추는 문제를 겪는다고 보았다. 인터뷰에 참여한 다른 사람들은 이 문제를 그들의 문제로 인식하지 않았다.[Gilbert CC. et al., 2008] 연구원들이 제공한 설명은 교장들이 지역사회에 적극적으로 참여해야 한다는 필요성에 대한 이해당사자들의 인식이었다(예: 모금 활동, 동네 술집에서의 사교활동, 스포츠 경기). 다시 말해, 일과 사생활의 경계가 모호했기 때문에 문제가 되지 않았다!

4. 지역사회 '안'에서 활동하는 교장 선생님

지역사회와 호혜적인 관계를 발전시키는 것은 작은학교 교장들에게 더 문제였는데, 왜냐하면 그들은 지역사회, 학교, 그리고 그들 스스로에게 기대되는 모든 것을 할 수 없기 때문이다.[Ewington et al., 2008] 업무 강화에 대한 이전 논의와 일관된, 이번 연구의 주제는 교장이 학교협의회 또는 학부모회 및 교우회와 같은 많은 단체에 참여할 것이라는 지역사회의 강한 기대이다.

학생 수가 100명 이하인 소규모 시골 학교 교장의 지역위원회 위원 수는 도시 학교 교장과 동일하거나 많지는 않을 것이다. 게다가 이 교장들은 동일한 수의 연합집단 및 분과회의에 참석해야 한다.[Ewington et al., 2008]

와일디[Wildy, H., 2004]의 연구에서 그녀는 웨스턴오스트레일리아 초임 교장이 지역사회에서 얼마나 참여했는지가 그들이 그 직위에서 성공할 가능성을 보여주는 지표였다고 밝히고 있다. 연구에 참여한 학교(총 4개)는 시골에 있었고, 종종 외진 곳에 있었으며, 연구원은 현장 방문당 2.5일을 보내며 이해관계자들과의 인터뷰, 관찰 및 토론에 참여했다. 또한 그녀는 교장들의 업무 일지를 분석했고 두 달 동안 정기적으로 전화 연락을 유지했다.

이러한 학교장들의 전문적인 기대 외에도, 성별은 길버트 외[Gilbert CC. et al., 2008] 연구의 초점이 되어왔다. 그들은 다음을 발견했다.

초임 여성 교장은 지역사회가 그들이 가지고 있는 것 이상의 기대를 가질 수 있다는 것을 알아야 한다.

캐나다와 미국에 있어 규모가 작고, 일반적으로 고립된 지역사회의 주요 리더십 연구에 대해 언급하면서, 이 연구원들은 성별을 둘러싼 사회적 규범이 더 뚜렷하다는 것을 발견했다. 여성 교장은 남성 교장과 달리, 자신의 개인적 가치가 지역사회의 가치와 반대되지 않거나 일치한다면 적합한 교장으로 인식되고 있었다. 이와 유사하게, 레스터[Lester, NC., 2003]의 연구에서 인터뷰한 모든 사람은 다음 내용에 동의하였다.

교장에 적합한 행동 강령을 유지하는 것은 항상 필수적이었고… 길가 술자리에 참석할 기회가 갑자기 생겼을 때 자제하는 것이 필요했으며… 모든 대화에서 조심할 필요가 있었다.

지역사회의 문화적, 사회적 규범과 가치를 이해하는 것은 도전이 될 수 있다. 머독과 쉴러[Murdoch, D., & Schiller, J., 2002]의 연구에 참여한 교장들은 다음과 같이 인식했다.

교장들은 학부모들이 수업교장의 '다소 느슨함 bit of slack'을 줄일 준비가 되어 있다고 느꼈지만, 교장들은 다른 문제를 다루는 데 그들의 수업에서 너무 많은 시간을 보내는 것을 경계했다.

선행연구에서 여러 번 언급되었듯이, 농촌 사회에서는 리더십과 학습에 관한 새로운 사고방식과 실천을 받아들이기 어려울 수 있다(예: 여성 교장, 새로운 기술과 교수학습 방법의 도입). 그렇긴 하지만 '많은 태즈메이니아 시골 학교들은 그들과 연관된 온라인 기반 센터, 놀이학교, 심지어 농장까지 있다.'[Ewington et al., 2008] 반대로, 레스터[Lester, NC., 2003]의 연구에 참여한 사람들은 과학기술을 사용하기를 원했지만, 수업교장의 3분의 2는 그 유형의 자원에 자금이 할당되는 것을 강하게 반대하는 학부모들로 인해 2대의 컴퓨터만 가지고 있었다.

클라크와 와일디[Clarke, S., & Wildy, H., 2006]에 따르면, 시골 지역사회 참여에서 중요한 것은 학교와 지도부leadership의 가시성visibility, 안정성stability 및 신뢰성credibility이다.

- 학교와 그 리더십, 특히 교장이 지역사회 활동에서 얼마나 눈에 띄는가?
- 작은학교 연구에서 보수주의와 관련된 안정성을 추구하는 지역사회의 영향으로 변화 노력이 제한되고 있는가?
- 교사로서의 역할을 겸하는 교장의 행동과 리더십 개념이 농촌 지역사회의 견해와 기대에 얼마나 부합하는가?

이러한 질문들과 관련하여 많은 요인이 작용하고 있는 것으로 보인다. 예를 들어, 클라크와 와일디는 시골 학교의 직원들이 종종 지역사회에서 선발된다는 점을 확인했다. 그들은 이 현상이 학교 문화에 영향을 미칠 수 있으며, 기존의 학교 운영 방식을 지역사회 문화의 규범에 따르도록 만들 수 있다고 말한다. 반면, 지역사회에서 오랜 기간 거주한 사람들로 구성된 지원 인력은 교장이 다른 주민들과 신뢰를 쌓는 데 도움이 될 수 있다는 점도 발견했다.

학교의 성공을 위한 학부모와 지역사회의 참여는 작은학교에만 국한된 것이 아니다. 그러나 호주 및 국제적인 작은학교 연구에 따르면 학교, 특히 교장이 학부모와 지역사회 구성원과 상호 참여하는 것은 단순히 바람직한 특징에 그치지 않고, 학교의 생존과 학생들의 지속적인 발전을 위해 필수적인 조건으로 여겨진다.^{Clarke. S., & Stevens. e., 2008} 이 장의 나머지 부분에서는 학교와 지역사회 관계의 목적과 본질에 대해 다루도록 한다.

5. 학교 공동체 관계

연구에서 작은학교들, 특히 작은 시골 초등학교들의 이미지는 관계가 풍부한 공동체 이미지이며, 실제 모습들은 다양하다. 예를 들어, 다음과 같은 시나리오를 생각해 보자.

> 학부모와 지역사회 모임에서, 약 50km 내에 지역 유일의 학교 교장이 참석자들에게 제안한다. 그녀는 열악한 컴퓨터와 놀이 장비를 업그레이드함으로써 얼마나 많은 학생이 사용하고 배울 수 있는지를 알려준다. 참석자들은 단순히 부모들에게 (어차피 '궁핍하지만') 기부를 요청하기보다 매년 전체 지역사회 모금 행사를 개최하기로 결정한다. 그들은 '그들의' 공동체가 무엇으로 '알려질 수 있을지' 알아내고, 독특한 이름을 붙이면서 맞춤형 행사에 착수한다. 150명이 넘는 지역사회 자원봉사자들과 학생을 포함한 학교 및 학부모 커뮤니티의 모든 사람들이 행사 기획, 홍보, 운영에 있어 각자의 역할을 한다. 행사에서 모금한 돈은 학생들에게 혜택을 주고, 졸업 후 학습 진로를 위한 장학금 마련에 사용된다.

학교와 지역사회가 함께 모금 활동을 하는 것은, 특히 학교가 물리적으로나 상징적으로 지역사회를 위한 중심적인 장소이면서 지역사회에 집중하고 있는 곳에서는 이러한 활동이 학교 공동체 관계 형성의 전형적인 유형이다. 이러한 관계를 통해 시골의 작은학교들은 사회적 네트워크를 개발하고 유지하는 데 도움을 받을 수 있다.

그러나 노르웨이의 상황에 대해 크발순드[Kvalsund, 2009]는 다음과 같이 쓰고 있다.

> 초등학교 및 중학교 수준에서 지역사회와 학교 간의 관계는 연구 주제로서 충분히 소통되지 않고 연구도 부족하며... 이는 학교, 학부모, 지역 사회가 협력하는 학습과 교육과정의 변수들에 대한 연구가 부족하다는 것을 의미한다.

비슷한 맥락에서 핀란드 연구원들은 광범위한 연구 검토를 통해 학교와 지역사회 간 관계의 목적과 본질을 더 잘 이해할 필요가 있다고 주장한다.[Kaloaja, E., & Pietarinen, J., 2009] 그러나 연구원들은 학교 교육과정에서 교수학습과의 연계가 어려움으로 작용하고 있음을 인정하고 있다.

'지역사회 교육'(예를 들어, '현장 기반 교육', '지속가능성을 위한 교육', '체험학습'이라고도 한다.[Bartholomaeus, P., 2009])이라는 개념을 사용하는 것은 학교와 학생들이 지역사회 문제를 해결하는 데 필수적인 역할을 하는 출발점이라는 생각이다. 그 초점은 보통 시골이지만, 그 개념은 다른 환경의 교육에도 사용될 수 있다.

드와이어[Dwyer, S., 2002]는 에페나라[Epenarra] 학교(북부지역의 2교사 학교)에서의 경험을 토대로 지역사회 구성원 및 학생들에게 문화적 포용성과 교육적 가치를 확립하고자 했다.

> ### 문화 탐방(Cultural excursions)
>
> 3년 반 동안, 지역사회 구성원들과 학생들이 학기마다 인근 주요 지역으로 문화 탐방을 하였다. 탐방 동안 부모님과 직원들은 디지털 사진을 찍고 메모를 했다. 그 후 몇 주간 탐방에 참여한 모든 사람은 사진과 메모, 그리고 성찰을 통해 그들이 배우고 발견한 것에 관해 토론하고 복습하여 일종의 경험에 기반한 글들을 작성했다. 출판된 책들은 모두 원주민 언어인 알리와라Alywarra어와 영어로 쓰였다. 책들은 코팅laminated되어 수학, 예술, 건강과 같은 분야의 다양한 교수학습활동에 사용되었다. 이 프로그램의 핵심이자 특징은 교사, 보조교사, 학부모, 지역사회 구성원 간의 지속적인 협상과 재협상이었다. 시간이 지남에 따라 이러한 연결은 학생 및 학교 문제를 이해하고 논의할 수 있는 범위에서 학부모들이 더 많이 참여하도록 이끌었다. 이는 부모와 공동체 구성원, 특히 원로들이 토론뿐만 아니라 의사결정 과정에도 참여했다는 것을 의미한다.

현장 기반 교육 관련 문헌에 대한 바쏘로매우스Bartholomaeus, P., 2009의 비평에서 그녀는 현장 기반 교육의 개념과 문해력 및 수리력에 관한 교육과정에서의 그 잠재력을 설명한다. 아래는 그 프로젝트의 일부인데, 프로젝트는 성공적이어서 초기 2년을 넘기고도 계속되었다.

> ### '스페셜 포에버(Special Forever)'
>
> '스페셜 포에버'는 초등영어교육협회Primary English Teaching Association와 머레이-달링지역위원회Murray-Darling Basin Commission; MDBC가 머레이-달링 지역의 이슈에 대한 인식

제고를 위해 기획한 프로젝트로, 청년층 사이에서 매년 제작되고 출판되는 학생 예술작품, 단편소설, 시집이다.

'스페셜 포에버'에서 '리버 리터러시River Literacies'가 발전했는데, 문해력 연구자들은 머레이-달링 지역 내 초등학교에서 8개 현장 기반 교육 프로젝트(예: 조류, 잡초, 수질, 심지어 환경과 공학 프로젝트로서의 교량 같은 주제)를 수행했다. 이 프로젝트의 목적은 학생들이 관찰하고, 기록하며, 다른 학교와 아이디어 및 발견을 공유하고, 머레이-달링 지역의 새로운 천연자원 관리 직원에게 조언하며, 매체를 활용하여 지역사회에 발전 및 우려 사항을 알리는 활동을 수행함으로써 문해력 및 환경교육의 질을 향상하는 데 도움을 주는 것이었다.

후속 간행물[Smith 2002]에서는 환경과 관련된 특징을 보유한 현장 기반 연구를 수행하는 교사들에게 5가지 원칙을 제시하였다.

- 지역사회의 학생들에게 중요한 주제에 대한 연구부터 시작하라.
- 장기간에 걸쳐 개념 및 지식 자원을 구축하라.
- '현장'에서 작업하고 이러한 경험을 기록하라.
- 학생들에게 다양한 장르, 매체 및 소통 기술을 소개하라.
- 학생이 작성한 문서의 제작 및 배포를 위한 시간을 확보하라.[Bartholomaeus, P., 2009]

학교장들이 어디에 관심을 집중해야 하는지에 대한 스티븐 딘햄 Stephen Dinham의 주장을 염두에 두고[3장 참조], 현장 기반 교육은 학생의 의견voice에 대한 개념과 '집합적 리더십collective leadership'에 대한 이해와 함께 흥미로운 공통점과 연구 가능성을 가지고 있다. 이 주제에 대한 다른 연구는 학생의 의견이 다음과 같이 이해될 수 있음을 시사한다.

[방법] 학생들은 그들의 교육과 학교교육에 적극적인 역할을 하는 데, 이는 학생들이 그들의 학습 경험과 학교생활을 말하는 것에 대해 교사들이 지속적이고 일상적인 방식으로 주의를 기울인 직접적인 결과이다. Hargreaves, D., 2004

학생 의견에 대한 이 개념은 작은학교 리더십 연구에 흥미로운 가능성을 제시한다. 로저 하트Roger Hart의 '참여 사다리ladder of participation'와 같이 학생의 의견을 정의하도록 돕는 분석 틀들은 학생들이 작은학교 환경에서 학습 과정을 통제하는 정도를 식별하고 이해하는 데 있어 '작은학교를 이끄는 공동체의 힘collective act: leading a small school'에 전념하는 사람들에게 도움이 될 수 있다. Hargreaves, D., 2004 로저 하트Roger Hart의 '참여 사다리'에는 8단계[28]가 있다. 이 사다리의 가장 낮은 단계에는 무참여 조작manipulation, 장식적 조작decoration, 명목참여tokenism가 있다. 즉, 정보나 상담의 원천인 어른들의 메시지를 실천하는 학생들을 주로 의미한다. 사다리의 다른 쪽 끝에는 어떤 문제에 대한 의사결정에 있어 학생들의 영향력 행사를 반영한 다양한 활동들이 있다. 가령, 성인주도-아동인지assigned but informed, 성인주도-아동협의consulted and informed, 성인주도-성인 의사결정adult-initiated and adult-directed, 아동주도-성인 의사결정 공유child-initiated shared decisions 등이다.

---

28. 역자 주: 로저 하트는 아동 참여가 성인의 참여에 비하여 열등하거나 성인의 참여보다 더 제한되어야 한다는 인식을 일축한 인물로, 아동 참여의 실질적인 보장을 위한 여러 사례를 분석, 종합하여 '참여 사다리'를 구안하였다(양현주, 2013). 하트는 참여의 여덟 가지 단계를 크게 '의사참여 수준', '준 참여 수준', '실질참여 수준'으로 구분하였다. 여기에서는 양현주(2013)가 번역한 용어를 사용하였다.

참고문헌

양현주(2013). 로저 하트(Roger Hart)의 '참여 사다리'를 통해 본 유아 참여의 수준과 한계에 대한 교사의 인식. 석사학위논문. 부산교육대학교 교육대학원.

Ainley, J., & McKenzie, P. (2000). School governance: Research on educational and management issues. International Education Journal, 1(3), 139-151.

Anderson, M., Gronn, P., Ingvarson, L., Jackson, A., Kleinhenz, E., McKenzie, P., Mulford, B., Thornton, N. (2008). Australia: Country Background Report, OECD Improving School Leadership Activity, Report prepared for the Australian Government Department of Education, Science and Training, ACER, Camberwell, Victoria, available at ⟨www.dest.gov.au/sectors/school_education/publications_resources/profiles/OECD_improving_school_leadership.htm⟩.

Angus, M., Olney, H., & Ainley, J. (2007). In the balance: The future of Australia's primary schools, Australian Primary Principals Association, ACT.

Bartholomaeus, P. (2009). The potential of place-based education to enhance rural students' educational experience. Innovation for Equity in Rural Education Symposium Proceedings, International Symposium for Innovation in Rural Education (ISFIRE), 11-14 February, University of New England, Armidale, NSW, pp. 68-75.

Clarke, S. (2002). Understanding small school leadership: Listening to the practitioners. The Practising Administrator, 24(3), 28-29, 32.

Clarke, S., & Stevens, E. (2008). Sustainable leadership in small rural schools: Selected Australian vignettes. Journal of Educational Change, Springer.

Clarke, S., & Wildy, H. (2004). Context counts: Viewing small school leadership from the inside out. Journal of Educational Administration, 42(5), 555-72.

Clarke, S., & Wildy, H. (2006). Leading for sustainable school improvement: Teaching principals in rural communities engaging with complexity. Perspectives on Educational Leadership, 3.

Cornish, L. (2009). Innovation for Equity in Rural Education Symposium Proceedings, International Symposium for Innovation in Rural Education (ISFIRE), 11-14 February, University of New England, Armidale, NSW, pp. 117-26.

Dunning, G. (1993) Managing the small primary school: The problem role of the teaching head. Educational Management & Administration, 21(2), 79-89.

Dwyer, S. (2002). Benefits of community involvement at the school level. The Australian Journal of Indigenous Education, 30(2), 1-7.

Enever, RD. (1997). Stress and burnout: A comparative study involving teaching and non-teaching primary school principals. Unpublished doctoral thesis, University of Sydney, NSW.

Ewington, J., Mulford, B., Kendall, D., Edmunds, B., Kendall, L., & Silins, H. (2008). Successful school principalship in small schools. Journal of Educational Administration, 46(5), 545-61.

Gamage, D. (1998). Teaching principals: Their problems and concerns. The Practising Administrator, 20(2), 38-44.

Gamage, D. (2002). Management of smaller schools and teaching principals: An Australian case study. Educational Practice and Theory, 24(1), 77-91.

Gilbert CC., Skinner, J., & Dempster, N. (2008). Expectations of successful female small school principals. Leading & Managing, 14(1), 72-91.

Hargreaves, D. (2004). in G. Whitty & E. Wisby, (2007). Whose voice?. International Studies in Sociology of Education, 17(3), 303-19.

Kaloaja, E., & Pietarinen, J. (2009). Small rural primary schools in Finland: A pedagogically valuable part of the school network. International Journal of Educational Research, 48, 109-16.

Kvalsund, R. (2009). Centralized decentralization or decentralized centralization? A review of newer Norwegian research on schools and their communities. International Journal of Educational Research, 48, 89-99.

Lacey, K. (2002). Factors that impact on principal-level leadership aspirations. Unpublished doctoral thesis, University of Melbourne.

Lester, NC. (2003). Primary leadership in small rural school communities. Leading & Managing, 9(1), 85-99.

Mohr, N. (2000). 'Small schools are not just miniature large schools', in A simple justice: The challenge of small schools, ch. 12, pp. 139-58, Teachers College, US.

Murdoch, D., & Schiller, J. (2002). 'Teaching principals in smaller primary schools: Their issues, challenges and concerns', Refereed paper presented at the AARE Conference, Brisbane.

Pont, B., Nusche, D., & Moorman, H. (2008). Improving school leadership policy and practice, International comparative report from the OECD Improving School Leadership Activity, OECD, Paris.

Organisation for Economic Co-operation and Development. (2007). PISA 2006: Science competencies for tomorrow's world: Volume 1-Analysis, OECD, Paris.

Sharplin, E. (2009). Quality of worklife for rural and remote teachers: A model of protective and risk factors. Innovation for Equity in Rural Education Symposium Proceedings, International Symposium for Innovation in Rural Education (ISFIRE), 11-14 February, University of New England, Armidale, NSW, pp. 205-14.

Wildy, H. (2004). Small schools leadership study, Murdoch University, Perth, WA.

제5장
리더십 학습 및 지원 네트워크
Networks of leadership learning and support

대부분의 국가는 전문적 학습을 학교 리더십의 발전과 향상을 위한 핵심 지렛대로 보고 있다. 그러나 작은학교 리더십 연구[예를 들면, Lester, NC., 2003; Clarke, S., & Wildy, H., 2004; Wilson, V., 2007]의 일관된 결론 가운데 하나가 작은학교의 교장을 위한 전문적 학습의 질과 지원이 다소 부족하다는 것이다.

더 광범위하게는 기존 현직 교육 체제에 있어 다음과 같은 많은 약점이 지적되고 있다.[Ingvarson, L., & Anderson, M., 2007)

① 학교장이 장기적으로 무엇을 더 잘해야 하는지에 대한 명확한 근거의 부족
② 대부분의 학교장들이 지속적인 발전에 참여할 만큼의 강력한 외재적 보상의 부족
③ 현직 교육 체제에 대한 학교장들의 낮은 수준의 주인의식

대조적으로, 좋은 전문적 학습의 특징은 장기적으로 명백해질 것이다.[Ingvarson, L., & Anderson, M., 2007] 이 진술의 이면에 있는 주장을 보면 효과적인 리더십은 단지 혼자 가르치는 행위나 자격에서 나오는 것이 아니라는 점이다. 우수한 전문적 학습의 특징은 다음과 같다.

① 지도자가 배워야 할 것에 더 많은 관심을 기울인다.

② 아는 것과 하는 것 사이의 명시적인 관계성을 높인다.

③ 학습의 장으로서의 실천의 활용을 늘린다.

④ 전문적인 학습을 지도하는 틀로서 전문적인 학교의 리더십 표준과 진정한 평가의 활용을 높인다.

이러한 좋은 전문적 학습의 특징들이 작은학교 교장들에게 어떤 이슈들을 제시할 수 있을까? 이 이슈들이 모든 교장에게 동일한가? 많은 연구가 이러한 주제들을 다루고 있으며, 이제 나는 이 주제들에 주목하고자 한다.

1. 작은학교 교장을 위한 학습의 필요성

현재 많은 교장의 퇴임이 임박했다는 것은 수많은 새로운 교장들이 다음 10년 안에 그 역할을 시작해야 한다는 것을 의미한다. 호주와 해외[29]에서의 학교 리더십 준비는 핵심적인 과제 가운데 하나다. 호주의 최근 연구[McKenzie, P. et al., 2008]에 따르면, 초등학교 교장(55%)과 중등학교 교장(52%)들은 첫 교장 발령에 대한 준비가 약간 덜 되어 있었거나 미흡하다고 느끼는 것으로 나타났다.

작은학교의 교장들에게는 그들의 요구의 본질과 강조에 영향을 미치는 특정한 상황적 요소들이 있다. 여기에는 공동체 개념에 대한 높은 중요성과 많은 작은학교들이 수업교장teaching principals을 두고 있다는 사실이 포함된다. 12명의 초임 1년차 여자 수업교장과 17명의 교사, 학부모

---

29. '해외(overseas)'는 '학교 리더십 개선 활동(the Improving School Leadership Activity)에 참여한 OECD 22개국을 포함한다.

와 시민Parents and Citizens; P&C 대표들을 대상으로 인터뷰를 실시한 퀸 즐랜드주 연구Gilbert, CC.et al., 2008에서는 초심자의 경우 관리 및 조직 과제를 완료하는 데 있어 사전에 계획을 수립해야 할 필요성이 과소평가될 수 있다는 것을 발견했다. 연구에 참여한 여자 교장 중 9명은 학생 수가 12~68명 사이인 학교의 교장이었고, 3명은 학생이 55~85명 사이인 학교의 교장이었다. 4개교는 학교가 주변에 있는 유일한 건물이었던 지역에 자리하고 있었다. 또 8개교는 인구 70~500명 사이의 마을에 위치해 있었다. 이처럼 어떤 사람들에게는 학교가 가장 가까운 상업 지구로부터 적어도 200km 떨어져 있을 수도 있다.

퀸즐랜드 연구Gilbert, CC.et al., 2008에 따르면, 수업에 대한 책임과 거리로 인한 시간 부족은 여자 교장들의 학습 욕구를 형성하는 핵심 요소였다. 이러한 상황에서 수업교장과 이해관계자 모두 좋은 의사소통과 양질의 교수 능력이 필요하다고 가장 많이 언급했다. 교장에게 있어 좋은 의사소통은 뉴스레터를 사용하는 것을 의미했지만, 이해당사자들에게는 대화를 통한 더 많은 접촉을 의미했다. 교장들과 이해당사자들 모두 양질의 교육은 수업교장이 하는 방식이 모든 학년과 모든 학생들에게 효과적임을 의미한다고 보았다. 이 연구에 참여한 교장의 3분의 1은 여러 연령대의 학생들을 가르친 경험이나 소규모 지역사회에서 생활한 경험이 없었다. 앞 절에서 언급한 바와 같이, 공동체의 개념은 작은학교 교장들에게 개인과 직업 간 경계의 모호함과 같은 독특한 시사점을 제공한다.

다른 연구자들은 작은학교의 교장(즉, 교사 역할을 겸하는 교장)이 일하는 환경에서는 높은 수준의 감성 지능이 요구된다고 결론짓고 있다.Clarke, S., & Wildy, H, 2004 즉, 이 연구의 교장들은 그들의 감정을 관리하는 방법에 주의를 기울일 필요가 있다는 것을 알고 있었다. 이러한 역량은 모든 학교의 교장들에게도 중요하지만, 클라크와 와일디Clarke, S., & Wildy, H,

2004는 관계의 발전과 지속이 시골 지역사회의 작은학교들의 리더십에 필수적이기 때문에 그들에게 훨씬 더 큰 중요성을 지닌다고 강조한다.

2. 아는 것과 하는 것 사이의 명시적 관계

다른 연구 결과와 일관되게, 레스터[Lester, NC., 2003]는 '학교 공동체와의 신뢰성을 확립하기 위해서는 교육과정 영역에 대한 확고한 이해가 필수적이'라고 결론지었다. 학교 교장은 최대 7년까지 근무할 수 있는데, 레스터[Lester, NC., 2003]의 연구에서는 8명의 교장이 다연령 교수에 대한 경험이 있었으며, 4명은 초임 첫해 동안 자신들을 지도할 수 있는, 다연령 교육 경험이 있는 멘토나 비판적 동료를 만날 수 있는 경험이 없었다는 것을 발견했다. 그러한 지원이 없었다면 아는 것과 하는 것 사이의 명시적인 연결고리를 만드는 것이 훨씬 더 어려웠을 것이다.

3. 학습을 위한 장으로서 수업의 활용

수업을 배움을 위한 장으로 만드는 것은 선생님들이 서로 이야기하고, 공유하고, 서로의 수업을 관찰하기 위해 함께 모일 것을 요구한다. 하지만 시간과 거리의 악조건이 이러한 목표들에 반하여 작용할 때, 교장은 어떻게 동료들과 의견을 교환하고 수업하면서 살아남을 수 있을까?

많은 단체 및 교육을 제공하는 사람들이 이러한 과제를 떠안고 있거나 머지않아 떠안을 것이다. 예를 들어, 30년 이상 빅토리아주 전역에 교육을 제공해 온 '(주)지역교육 프로젝트Country Education Project Inc., 이하 CEP'[30]를 예로 들 수 있다. 리더십 계획은 이 사업의 일부이며, CEP는

3개의 주요 프로그램에 참여해 왔거나 계획하고 있다. 3개의 주요 프로그램은 유아교육에서부터 초중등교육에서의 리더십 계획, 효과적인 작은학교 이끌기(디킨 대학교Deakin University와 빅토리아주의 교육 및 유아발달부서DEECE와의 파트너십 프로젝트, 이하 LAESS), 시골 지역의 새로운 리더십 프로그램이다.

예를 들어, LAESS 프로젝트를 살펴보자.

> 디킨 대학교Deakin University의 LAESS 프로젝트 연구원인 시몬 화이트Simone White는 이 프로젝트에서 공동 이슈를 창의적으로 해결하기 위해 함께 노력하는 작은학교들에 초점을 맞췄다고 설명했다. 이 프로젝트로부터 작은학교 교장들을 위한 3가지 주요 주제가 확인되었다.
> 1. 소규모 시골학교의 새로운 리더십 모델로서 협력과 네트워크의 중요성
> 2. 작은학교 교장들이 효과적인 전문적 관계를 구축하기 위해 창의적이고 혁신적인 방법으로 기술을 활용해야 하는 '필요성'
> 3. 작은학교 교장들이 다양한 네트워크에서 자신을 학습자로서 인식하고 자리 잡는 방법.White, S., 2009
> 이 프로젝트에서 학교장들은 사례 연구를 통해 그들 리더십의 공동의 경험과 작은학교 교장의 '전형적인' 일상에 대한 창작물을 작성하도록 초대받았다.

전반적으로 이러한 프로그램은 다양한 학습 모드(예: 코칭, 온라인 토론 초대)를 통해 주요 그룹(예: 리더십 역할에 새로 임명된 그룹)과 이슈

---

30. (주)지역 교육 프로젝트(Country Education Project Inc)는 홈페이지(http://cep.org.au/) 참고.

(예: 교수학습)를 대상으로 한다.

최근 호주의 한 연구[McKenzie et al., 2008]에 따르면 1999년 이후 전체적으로 교사들이 전문적 학습에 참여하는 날이 아래와 같이 증가하고 있다.

- 교사: 평균 9~10일
- 학교장(교장 및 부교장): 평균 12~13일

학교 지역 및 위치별 분석 결과, 교사들이 전문적 학습활동에 투입한 평균 일수에는 차이가 거의 또는 전혀 없는 것으로 나타났다. 대부분의 응답은 5-15일 범위로 그룹화되었다.

그러나 많은 연구자가 작은학교에서 교직원 연수를 조직하고 이를 위한 자금을 마련하는 것이 어렵다는 점에 주목하고 있다.[Gamage, D., 2002] 학교장들의 협업이 바람직하고 가치 있는 일로 여겨지지만, 그것이 단기적으로나 중기적으로나 '그들의 부담을 덜어준다'고 생각하는 것은 잘못이다. 이 문제를 더 복잡하게 만드는 것은 비록 전문적 학습 기회가 발견되더라도, 실제로 학교 위치 때문에 그날의 대체 교사를 찾는 것이 문제가 될 수 있다.

4. 전문적 학교 리더십 기준의 활용

호주에는 학교 리더십의 틀이 많다. 이는 전문협회(예: 호주교육리더십협회Australian Council for Educational Leadership, 이하 ACEL)의 리더십 표준틀)와 고용단체(예: 뉴사우스웨일스주의 교육 및 훈련부New South Wales Department of Education and Training, 이하 NSW DE&T)의 학교 리더십 역량 틀, 학교장 및 리더십 틀을 위한 웨스턴오스트레일리아 리더십 센터 수행 표준Western Australian Leadership Centre Performance Standards for School Principals and Leadership Framework에 의해 개발되었다.

학교 리더십 틀은 학교장의 상황적 요소를 고려해야 하며, 리더십의 개념과 실천뿐만 아니라 교장의 지속적인 전문적 학습을 지원하기 위해 시스템이 어떻게 구성되어야 하는지에 대한 문제까지 제기한다. 작은학교 리더십에 대한 연구와 관련하여, 윌슨Wilson, V., 2005은 스코틀랜드 교장 자격Scottish Qualification for Headship의 기준이 작은학교의 지원자들에게 문제가 될 수 있음을 확인하는데, 그 이유는 그들이 그 기준을 충족하는 데 필요한 모든 범위의 리더십과 관리에 대해 증명할 기회가 거의 없었기 때문이다.

머독과 실러Murdoch, D., & Schiller, J., 2002는 교장들이 초임교장을 위한 안내 프로그램이 없거나 프로그램이 너무 일반적이고 작은학교의 상황과 맞지 않기 때문에 한계가 있음을 일관되게 지적하고 있다고 밝혔다. 그러나 일단 그 역할을 맡으면, 3명의 가톨릭 교장은 다른 두 코호트 그룹(제7일 재림교도와 주)보다 그들의 교구 이사들과 지역 컨설턴트들로부터 받은 지원에 대해 훨씬 더 긍정적으로 말했다.

일반적으로 호주 학교 직원 설문조사the Staff in Australia's Schools survey에 참여한 응답자들(교장·감)은 서로 다른 제공자로부터 받은 여러 가지 전문적 학습 경험이 리더십 준비에 매우 도움이 되었다고 하였다.[표 5.1] 참조, McKenzie et al., 2008 설문조사의 데이터는 작은학교 교장들의 응답을 구체적으로 나타내지는 않지만, 호주에서 보이는 다양한 유형의 전문적 학습에 대한 일반적인 분위기를 알려준다.

레스터Lester, NC., 2003에서 여자 교장들은 초임교장을 위한 안내 워크숍을 '가치 없는' 것으로 보았지만, 그들 중 대부분이 임명 전이나 임명 초기에 워크숍에 참석했을 경우에만 그랬다.

호주 전역과 OECD 국가들의 많은 리더십 프로그램의 공통점은 코칭

[표 5.1] 학교 지도자 준비

특성	지도자(교장/교감)
학교 지도자로서의 초기 경력을 준비하거나 돕기 위해 착수: 고용주가 조직한 리더십 개발 프로그램	초등학교 지도자: 67% 중등학교 지도자: 59% (대부분 매우 도움이 된다고 생각함)
학교 지도자로서의 초기 경력을 준비하거나 돕기 위해 착수: 다른 새로운 지도자들과 함께하는 지역 프로그램	초등학교 지도자: 57% 중등학교 지도자: 49% (대부분 매우 도움이 되지만 고용주가 조직한 프로그램보다는 덜 도움이 된다고 생각함)
학교 지도자로서의 초기 경력을 준비하거나 돕기 위해 착수: 전문 단체에 의해 조직된 리더십 프로그램	초등학교 지도자: 48% 중등학교 지도자: 47% (대부분 매우 도움이 된다고 생각함)
학교 지도자로서의 초기 경력을 준비하거나 돕기 위해 착수: 경험 많은 동료의 체계적인 멘토링	초등학교 지도자: 47% 중등학교 지도자: 43% (대부분 매우 도움이 된다고 생각함)
리더 역할에 대한 준비 교육 없음	초등학교 지도자 = 16% 중등학교 지도자 = 16%

과 멘토링에 초점을 맞추고 있다는 것이다.[Anderson, M., & Cawsey, C., 2008] 레스터[Lester, NC., 2003]에서 멘토링은 더 경험 많은 동료로부터 조금씩 장기간 배우는 접근법을 사용했기 때문에 교장들에게 특히 도움이 되었고, 이는 보통 초임 여자 교장의 멘토로서 이전 교장의 실천을 의미했다. 다른 연구자들은 가르치는 교장들이 멘토 관계를 공식화하고 작은학교를 위한 특정한 전문적 발달을 제공하며, 교육과정과 경영정책 개발을 따라잡고 전문성을 회복할 수 있도록 주기적인 안식년을 권고하고 있음에 주목한다.[Murdoch, D., & Schiller, J., 2002]

[표 5.1]을 다시 보면, 리더십을 위한 준비 교육을 받지 않은 사람들의 수가 우려된다. 이로 인해 일부 프로그램의 적용 범위에 대한 문제가 제기된다. OECD 비교 보고서에서 주목할 만한 점은 전문적 학습 프로그램의 경계 밖에서 전문가가 참여하는 학습에 대한 최소한의 언급이다. 그러나 이러한 학습 중 일부는 실천에 대한 점진적인 수집 및 성찰

을 위한 포트폴리오를 사용하여 추론할 수 있다.

호주의 많은 교육 시스템은 전문적 학습이 작은학교의 교장과 교사들에게 중요한 문제라는 것을 인식하고 있으며, 작은학교 및 교장의 요구와 상황적 문제를 구체적으로 해결하기 위한 다양한 프로그램을 시행하고 있다. 예를 들어, 뉴사우스웨일스주의 교육훈련부에는 모든 학교장이 이용할 수 있는 일련의 리더십 프로그램 외에도 경험이 많은 작은학교의 교장들을 위한 주 전체 프로그램인 수업교장 프로그램Teaching Principals Program이 있다.

5. 다양한 모델의 교장직과 교장직 지원

종종 업무 증가 문제를 다루기 위한 전략이 허용되고 예상되는 표준보다 앞서거나 상충될 수 있다. 콜린스와 코트Collins, G., & Court, M., 2003는 뉴질랜드의 작은 도시에 소재한 초등학교 대상 인터뷰에서 리더십 실천과 정책의 복잡성 및 모순을 탐구했다. 뉴질랜드의 '2001년 교육심의국 보고서2001 Education Review Office Report'에서는 공동교장직co-principalship에 대해 매우 긍정적으로 기술하였고, 공동교장직 수행 학교는 2003년 올해의 학교상을 수상하기도 하였다. 하지만, 한 작은학교가 직무 분담을 위해 교대로 교장을 번갈아 배치하는 방식으로 공동교장 임명을 원했을 때, 교육부는 그들의 제안이 너무 어렵다고 인식하여 거절하였다. 주 법률은 한 번에 한 명의 교장만 자금을 지원받는다고 명시하고 있다. 연구원들은 교육부가 협력적 거버넌스 협정을 지지하지만, 여전히 학교 리더십의 협력 모델을 제한한다고 결론지었다.

공동교장직은 공유된 학교 리더십의 사고와 실천을 반영하는 한 가지 방법을 제공했지만, 학교 클러스터에 대한 경쟁적인 아이디어는 뉴질랜드 교육부에 의해 더 호의적으로 여겨졌다. 두 모델 모두 역량 개발, 자원 확보, 중복 제거, 업무량 공유, 지역 환경 및 요구에 대한 대응이라는 유사한 목적을 가진다. 그러나 선호하는 집단 전략은 기존 법률이 문제없이 변화되지 않게 유지될 수 있도록 하는 것이었다.

비공식적·공식적 협업을 위한 아이디어와 전략(앞 부분에서 제시한 빅토리아주 LAESS 프로젝트의 클러스터링과 네트워킹 포함)은 작은학교와 관련한 광범위한 학교 리더십 문헌에서 두드러지게 나타난다. 학교 집단 배치(유기적이고, 가상적이며, 외부 촉진자가 있든 없든)가 성공적이라는 인식과 관련된 공통적인 요인은 다음과 같다.[Jones, J., 2009]

① 멘토링(최근 퇴임한 교장들의 도움 내에서 종종 '구입buying'을 통해)
② 사회적 관계(협업을 위한 신뢰 구축에 필요한 것으로 간주됨)
③ 클러스터에 대한 분명한 근거와 참여 학교의 독립성에 대한 명시적 인정

클러스터링의 이점은 다음과 같다.[Jones, J., 2009]

① 더 광범위한 자원(예: 기자재, 재정, 지식, 전문성)에 대한 접근 향상
② 클러스터 학교 직원들의 헌신 향상(직원 유치 및 유지 측면에서 부차적인 혜택과 미래 리더와 직원의 잠재력 개발 포함)
③ 공동체의 유대감에 대한 더 강한 인식(고립감 극복에 도움이 됨)
④ 학교 폐쇄 가능성에 대한 대안 제시

호주는 학교 지도자(작은학교에서 교장 및 리더십 역할을 하는 사람들)에 대한 준비와 지속적인 학습, 그들에 대한 지원이 정리되었다고 결론지을 수 있을까? 단도직입적으로 말하면 대답은 '아니오'이다. 이 영역에

서는 훨씬 더 많은 것이 가능하고 또 필요하다. 특히 더 광범위한 정책 맥락과 호주의 학교 인력 배치의 실제적 의미를 고려할 때 그렇다.^{4장 참조} 이는 OECD가 '학교 리더십 개선 활동'을 시작한 시점부터 우리가 이 책을 위해 연구를 진행한 시점까지 학교 지도자들이 이용할 수 있는 프로그램과 지원이 점진적이지만 긍정적인 변화가 있었던 것을 의미한다. 한 주의 (주)지역 교육위원회Country Education Project Inc의 계획들은 소규모 및 시골과 외딴 지역의 학교에 제공되는 호주의 많은 다른 사례에서 나온 한 예에 불과하다.

프로그램의 규모, 비용, 범위 및 '시의성'은 이러한 프로그램이 지원하고자 하는 사람들의 접근성, 시간, 비용의 제약과 마찬가지로 지속되는 긴장이다. 이 책의 집필에 참여한 교장들과 대화하면서, 교사와 교장이 함께할 수 있는 '공간'을 만드는 도전은 계속되는 투쟁임을 알 수 있었다. 2부에서 제시한 각각의 교장 사례들은 교사들과 교장들이 함께 모이는 것(예를 들어, 다른 학교들과 함께 자원을 확보하는 것)을 방해하는 장애물을 어떻게 극복하려고 했는지, 그리고 교장으로서 동료들을 지지하고 또 동료들의 지지를 받는 '가장 알맞은 때'의 실제적인 방법을 보여준다.

참고문헌

Anderson, M., & Cawsey, C. (2008). Learning for leadership: Building a school of professional practice. ACER, Camberwell, Victoria.

Clarke, S., & Wildy, H. (2004). Context counts: Viewing small school leadership from the inside out, Journal of Educational Administration, 42(5), 555-72.

Collins, G., & Court, M. (2003). Small school principalship: Is Section 76 still adequate?. Paper presented at the NZARE/AARE Conference, Educational Research, Risks and Dilemmas, 29 November-3 December, Auckland.

Gamage, D. (2002) Management of smaller schools and teaching principals: An Australian case study. Educational Practice and Theory, 24(1), 77-91.

Gilbert, CC., Skinner, J., & Dempster, N. (2008). Expectations of successful female small school principals. Leading & Managing, 14(1), 72-91.

Ingvarson, L., & Anderson, M. (2007). Standards for school leadership: Gateway to a stronger profession?. The Leadership Challenge: Improving learning in schools, Research Conference Proceedings, 12-14 August, ACER Press, Camberwell, Victoria, available at 〈www.acer.edu.au〉.

Jones, J. (2009). The development of leadership capacity through collaboration in small schools. School Leadership and Management, 29(2), 129-56.

Lester, NC. (2003). Primary leadership in small rural school communities, Leading & Managing, 9(1), 85-99.

McKenzie, P., Kos, J., Walker, M., & Hong, J. (2008). Staff in Australia's Schools 2007, Department of Education, Employment and Workplace Relations (DEEWR), Canberra, ICT.

Murdoch, D., & Schiller, J. (2002). Teaching Principals in smaller primary schools: Their issues, challenges and concerns. Refereed paper presented at the AARE Conference, Brisbane.

White, S. (2009). Learning to lead by listening to rural stories, in K. Starr, & S. White (eds), Leadership and learning in small rural schools. Department of Education and Early Childhood Development. Victoria.

Wilson, V. (2005). Leadership in small Scottish primary schools: Scottish Government Social Research, Information, Analysis and Communication Division. Scottish Government, Edinburgh, Scotland; Wilson, V. (2009). The role of the teaching headteacher: A question of support?. Teaching and Teacher Education, 25, 482-89.

Wilson, V. (2007). Leadership in small Scottish primary schools. Sponsored Research Report, Scottish Government Social Research, Edinburgh, UK.

Part II.

작은학교 사례검토[*]

소개글

    학교 리더십에 대한 도전은 교장의 역할(많은 사람들이 산업 시대에 설계된 것으로 간주)과 학교 리더(교장에게만 국한된 것이 아닌)가 미래에 알아야 하고 할 수 있어야 하는 것에 대한 기대치의 불일치를 이끌었습니다. 이러한 문제는 작은학교의 리더들이 더 많이 느끼고 경험합니다.

    다음 장에서는 작은학교의 선도적인 학습 사례 다섯 가지를 소개합니다. 각 사례는 호주의 작은학교에서 생활하고, 가르치고, 이끌고, 배운다는 것이 무엇을 의미하는지에 대한 더 깊은 이해를 발전시키는 데 특별한 도움을 줍니다. 이번 파트의 사례 검토를 통하여 각자의 상황과 조건과 관련하여 특정 문제를 도출하고, 때로는 작은학교 리더십에 대한 경험을 바탕으로 일부 도전장을 내밀기도 합니다. 제가 교장들과 함께 사례를 개발하면서 그랬던 것처럼, 여러분도 그들의 경험을 보면서 함께 즐기고 아울러 그를 통해 배울 수 있는 기회가 되길 바랍니다.

제6장
웡가 비치Wonga Beach 주립학교, 퀸즐랜드Queensland

미셸 데이비스(Michelle Davis), 교장

우리 학교는 해변에서 한 블록 떨어져 있어 바람이 많이 부는 날에는 파도가 부서지는 소리가 들립니다.

2009년 웡가 비치 스쿨의 주요 특징
- 재학생 120명
- 5세~12세(예비~7학년)
- 케언즈에서 1시간 30분, 모스맨 지역 중심지에서 20분 거리에 있습니다.
- 교장 및 약 50시간의 교사 보조원 지원을 포함한 5명의 정규직 교직원(3명은 정규직, 4명은 파트 타임)
- 교장은 준비 과정을 가르치고 다른 교사와 이 역할을 분담합니다.
- 문해력, 수리력, 교육학, 형성 평가 및 지속가능성에 중점을 둡니다.

퀸즐랜드에 있는 대부분의 작은학교와 달리 우리 학교는 비교적 최근에 설립되었습니다. 1999년에 로키 포인트Rocky Point의 낡고 오래된 학교에서 웡가 비치의 새로운 부지로 이전했습니다. 당시에는 학교의 수가

늘어날 것이라는 믿음이 있었지만 지금까지는 그렇지 않았습니다. 저희는 현대적인 시설을 갖춘 시골 학교입니다. 시설이 잘 갖춰진 도서관, 자료실, 네트워크가 연결된 교실, 덕트형 에어컨을 갖추고 있습니다. 이러한 것들은 '사치스러운 것'이 아니라 더위와 습도가 매우 높아질 수 있으므로 학습에 도움이 되는 환경을 조성하기 위해 제공되는 것입니다.

우리 학교의 실제 물리적 거리는 정말 넓게 펴져 있습니다. 이는 장단점을 모두 가져왔습니다. 긍정적인 측면은 연령대별로 명확하게 정의된 교육 블록 구역을 설정할 수 있었다는 점입니다. 즉, 모든 학생이 학교에서 자신만의 '공간'과 '정체성'을 갖게 되었습니다. 부정적인 측면은 교육 및 행정적 관점에서 볼 때 서로 가까이 있지 않다는 것입니다. 하루 종일 다른 사람을 보지 않을 수 있으며, 이는 매우 고립된 교육 경험을 초래할 수 있습니다.

1. 우리의 문화와 주요 우선순위

우리 학교의 강력한 문화적 특징은 우리가 '가족'이라는 관점입니다. 여기서 '가족'이란 모든 교사가 학교의 모든 학생을 책임진다는 뜻입니다. 웡가 비치에서 실제로 '가족'이 무엇을 의미하는지 이해하는 데는 몇 가지 방법이 있습니다. 그것은 우리 모두 모든 학생들의 성공을 축하한다는 것을 의미합니다. 또한 모든 학생이 모든 문제 해결에 참여한다는 의미이기도 합니다. 점심시간에 교무실에 들어와서 '학생이 난동을 부린다'라고 말하는 사람은 아무도 없습니다. 누군가의 교실에서 대단한 일이 일어나고 있다면, 교사들이 학생들에게 다가가 잘하고 있다고 말하는 것이 드문 일은 아닙니다. 우리는 모든 학생들과 함께 축하해 줄니다!

시간표 작성, 예산 편성, 아동 보호 등 제가 교장이기 때문에 내려야 하는 결정이 가끔 있다는 것을 사람들은 알고 있습니다. 하지만 나머지 시간에는 모두의 의견을 동등하게 듣고 함께 결정을 내립니다. 보조교사의 시간표부터 행동 관리까지 모든 것에 대해 함께 앉아서 이야기합니다. 이런 의미에서 저는 팀의 또 다른 구성원일 뿐입니다. 매달 소수의 학부모 그룹(우리 학교 학부모 및 시민 그룹: "학교운영위원회" 역자 주)이 관심 있는 교직원들과 함께 학교의 다양한 측면, 내년도 계획, 그리고 이 것이 제가 교실 밖에서 얼마나 많은 시간을 할애해야 하는지에 대해, 그리고 그 영향이 어떻게 작용할 것인지에 대해 논의하러 옵니다.

우리 학교의 규모와 교직원으로서 문제 해결에 참여하는 방식이 학교 가족과의 관계를 발전시키는 데 정말 도움이 된다는 것은 의심의 여지가 없습니다. 이 점이 제가 학교에서 일하는 가장 큰 매력 중 하나입니다. 저는 교문을 들어오는 모든 사람을 알고 있습니다. 어떤 아이들이 어느 가족에 속해 있는지 알고 있습니다. 어느 거리나 집에 사는지, 주변에 누가 사는지, 각 가정의 상황은 어떤지 다 알고 있습니다. 이러한 친밀감은 제가 작은학교에서 가르치고 이끄는 데 있어 정말 소중하게 여기는 것입니다. 하지만 어려움이 없는 것은 아닙니다. 웡가 비치가 위치한 지역은 인구 조사 자료를 통해 더글러스 클러스터의 가장 낮은 사회-경제적 지역 중 하나로 확인되었습니다.

학교 재학생들의 학업적 성공을 보장하는 것은 모든 학교 커뮤니티의 목표일 것입니다. 웡가 비치도 마찬가지며, 호주의 다른 학교들과 마찬가지로 수리력과 문해력에 명확한 초점을 삼고 있습니다. '성공'이라는 특정 관점에서 보면 웡가 비치에는 매우 '성공적인' 학생들이 있지만, 퀸즐랜드 교육청과 국가시험의 데이터에 따르면 성적이 좋지 않아 꼬리 같은 역할을 하는 학생들도 있음을 보여줍니다. 우리는 현재 이 학생들의 학습 결과를 개선하기 위해 매우 열심히 집중하고 있습니다. 학생들이 '따라잡기'를 바라며 기다릴 여유가 없습니다.

전문적 학습팀을 통해 모든 수업에 대한 명시적인 학습 의도를 제공하고, 학급의 각 학생에게 구체적인 학습 목표(일반적인 전체 학급 목표가 아닌)와 피드백을 제공하고, 명시적인 성공 기준을 보장하고, 효과적인 질문을 사용하는 데 중점을 두었습니다. 웡가 비치 스쿨에서는 우리가 원하는 것의 성공을 증명할 수 있는 데이터와 연구가 없다면 새로운 것을 시도하지 않는다는 점에서 업무방식에 실제로 변화가 있습니다. 실험은 없습니다. 좋은 교육은 명확하고 시도와 테스트를 거쳐 결과를 보장하는 기술을 사용하는 것입니다. 초기에는 퀸즐랜드의 마운트 이사 스피치 프로그램Mount Isa Speech Program을 포함한 구두 언어 및 음운 인식 프로그램에 중점을 두고, 중기에는 명시적이며 목표를 설정하고 적시에 피드백을 제공하는 것(모든 4~7학년 교사에게 제공되는 문해력 교육 패키지를 사용)입니다. 우리는 함께 모여 도전 과제를 논의하고 팀으로서 가능성을 탐구하며 함께 일합니다.

교직원들로부터 받은 피드백은 도전적 환경과 전문적인 대화가 즐겁다는 것입니다. 매 학기 초, 학생이 없는 날에만 진행되던 이런 종류의 '일'이 이제는 매주 교직원 회의에서 이루어지고 있습니다. 이런 새로운 변화는 가르치는 학생들만큼이나 교사들에게도 소중한 일입니다. 그리고 작년에 1학년 학생들이 첫 학년을 마칠 때 단 한 명의 아이도 뒤처지지 않았으며, 올해도 이를 본받기 위해 열심히 노력하고 있습니다. 지금 교실을 돌아다닐 때(물론 이 일을 하려면 시간을 내야 하므로 스케줄을 짜야 하지만) 목표 시트에 명시된 학습 의도를 볼 수 있고, 학생들이 무엇을 하고 있는지, 수업의 목표가 무엇인지에 대해 이야기할 수 있으며, 학생들의 개인 목표도 보고 그것에 대해 이야기할 수 있습니다. 교직원 회의에서 교사들은 계속해서 아이디어를 공유하고, 전문적인 독서에 참여하고, 교실에서 사용하는 것과 동일한 협력적인 그룹 전략을 사용하여 전문적인 대화에 참여하고 현재의 사고에 도전합니다(Joan Dalton과 David Anderson의 PLoT 도구 사용은 매우 유용했습니다).

이 책을 집필할 당시 다른 큰 초점은 퀸즐랜드 교육부의 지속가능성에 대한 정책인 '모두를 위한 충분함Enough for all forever'이었습니다. 웡가 비치에서 우리는 이 주정부의 정책을 받아들여 학교의 지속가능성과 환경에 대한 우리만의 초점을 개발하여 우리만의 것을 만들었습니다. 사람들이 우리를 '트리 허거tree huggers, 환경운동가(역자 주)'라고 부르는 것을 알고 있지만, 우리 학교에 대한 이러한 초점은 실제로 모든 사람을 통합하고 동기를 부여하고 있습니다. 처음에 이 문제에 대해 무언가를 해야겠다고 생각하게 된 계기는 웡가 비치의 학교 운동장이 너무 넓다는 사실에서 비롯되었습니다. 잔디를 잘 자라게 하려고 물을 주느라 많은 시간과 돈을 소비하고 있었기 때문에 땅을 어떻게든 해결해야만 했습니다. 이 문제에 대한 한 가지 해결책은 땅의 일부에 거대한 나무 미로를 만드는 것이었습니다. 학생들은 인터넷에서 디자인을 검색하고 디자인을 고안한 후 나무를 미로 형태로 심었습니다. 하나의 정원으로 자리 잡은 이곳은 더 이상 물을 전혀 줄 필요가 없는 나무로 덮인 거대한 땅입니다. 또한 물을 절약하고 아이들을 위한 아름다운 '학습장'이 되었습니다!

우리 학교는 많은 상을 받았으며 학생들은 정말 놀라운 일을 많이 해냈습니다. 하지만 우리가 하고자 하는 일에 대한 인정을 받는 것만이 중요한 것은 아닙니다. 진정한 혜택은 보다 지속가능한 미래를 구축하고 학교에 대한 이러한 집중이 학생들의 자존감을 높이는 방식을 보는 것입니다.

학생들은 진정으로 자신을 학교가 인정받는 데 기여한 사람으로 여깁니다. 이 문제에 진정성 있게 참여하고 이를 학교의 정신과 커리큘럼에 포함시키기 위해 선택한 방식은 물론 하루아침에 이루어지지 않았습니다. 우리가 하고 있는 일에 대해 어느 정도의 불안과 흥분을 동시에 느끼지 않고는 할 수 없었습니다. 제가 교장직을 수행하면서 '중요한 순간'으로 이 문제를 선택해 글을 쓰기로 했습니다. 제가 직면했거나 직면하게 될 유일한 '중요한' 문제는 아니지만, 이 문제에 대해 글을 쓰기로 선택한 이유는 지역사회 참여, 관계 발전, 위험을 감수하고 우리 학생들을 돌보는 일과 관련이 있기 때문입니다.

나중에 자세히 설명하겠지만, 먼저 제가 웡가 비치의 교장이자 교사가 된 이유와 배경에 대해 말씀드리겠습니다.

2. 교장이 되기까지의 나의 길

웡가 비치 스쿨의 '공식' 교장직은 2001년 말에 시작되었습니다. 하지만 저는 그해부터 내내 이 역할을 맡고 있었습니다. 진부하게 들릴지 모르지만 저는 항상 교사가 되고 싶었고, 2학년 때부터 제가 가르치게 될 것을 알고 있었습니다. 몇 년이 지나고 1년 동안 교사로 일하면서 학교를 이끌면 더 많은 아이들과 지역사회에 더 큰 변화를 가져올 수 있을 것 같아서 교장이 되고 싶다는 분명한 결정을 내렸습니다. 당시 교장 선생님이 저에게 이렇게 말씀하셨던 기억이 납니다.

'모두가 작은학교에서 시작하기 때문에 미개척지로 가라'. 이 책의 1부 연구 결과와 마찬가지로, 작은학교는 '도제식 교육'을 받기 위해 가는 곳이라는 관점을 처음 접한 것이었습니다. 돌이켜보면 '아니, 난 서쪽 어딘가로 가고 싶지 않아'라고 말했던 기억이 납니다. 서부로 나가고 싶지 않았고 그러면 교장이 될 수 없다는 사실에 체념하고 모든 생각을 보류했습니다. 어떤 면에서 웡가 비치에 오게 된 것은 우연이었습니다. 대도시를 떠나지 않겠다고 말했지만, 가족 사정으로 인해 그쪽으로 가게 되었습니다. 이사한 곳 근처에서 저는 로키 포인트 학교Rocky Point School에 교사로 발령을 받았는데, 그 학교는 결국 문을 닫았고, 그 여파로 도로에서 조금 올라가 있는 웡가 비치 학교가 문을 열게 되었습니다.

제가 웡가 비치의 교장이 된 것은 어떤 면에서는 '우연'이었다고 할 수 있습니다. 전임 교장이 병가를 냈고 저는 교장이 돌아올 때까지 교장직을 맡아도 괜찮다고 말했지만, 결과적으로 그렇게 되지 않았습니다. 이 시점에서 학교는 일반적인 선발 절차를 거쳤고 그중에서 제가 교장으로 임명되었습니다. 어떤 면에서는 낯선 공간이었죠. 임명되기 전에는 모두 동료 교사였는데 교장이 되면서 제 역할이 바뀌고 범위가 넓어졌습니다. 교사의 역할을 그만둔 것은 아니었지만 새로운 직책이 추가되면서 새로운 기대와 책임, 의무가 생겼습니다. 이러한 변화를 이해하고 받아들이는 데 시간이 좀 걸렸습니다. 저는 교직원 중 한 명에서 관리자로, 교무실에서 성가신 결정에 대해 이야기하는 사람에서 그러한 결정을 내리는 사람으로, 일부 동료들과 친밀한 우정을 나누던 사람에서 잘못된 말을 하지 않도록 거리를 두어야 하는 사람으로 바뀌었습니다. 제 관리 스타일을 시도해 볼 수 있는 기회가 생겨서 좋았지만, 사람들이 저를 너무 잘 알고 있어서 적응하는 데 시간이 좀 걸렸습니다.

교장 '대행' 기간 동안 큰 도움이 된 것은 작은학교 클러스터의 일원이 된 것이었습니다. 이러한 지원은 교장 대행직을 시작할 때 특히 중요했습니다. 저는 정말 막막했습니다. 솔직히 정확한 사안은 기억나지 않지만, 제가 처음 참석했던 클러스터 회의에서 매우 친절하고 반갑게 맞아 주었던 다른 교장 중 한 명에게 전화를 걸었던 기억이 납니다. 물론 클러스터에 속한 모든 학교가 단축 다이얼로 연결되었기 때문에 어느 학교로든 전화를 걸 수 있었습니다.

제가 전화를 걸었던 크리스 카프라Chris Capra 교장은 제가 웡가 비치에서 직무대행 생활을 할 때 훌륭한 멘토였습니다. 저는 그분에게서 진정한 추진력을 발견했고, 그 에너지와 집중력을 교장 직무대행으로서 제가 학교에서 다음과 같은 일을 하기 위해 노력하는 방식에 적용했습니다. 학생들이 스스로에 대해 좋은 느낌을 갖도록 하고, 교장직 공고가 나왔을 때 제가 준비되어 있는지 확인하는 등 해야 할 일이 많았습니다.

크리스가 상당히 추진력이 있었다는 말은 그가 여러 작은학교에서 일했기 때문에 작은학교가 어떻게 운영되는지 잘 이해하고 있었다는 뜻입니다. 그는 제가 힘든 하루를 보낸 후 전화를 걸 수 있는 그런 사람이었고, 답을 모르는 경우에는 아는 사람을 연결해 주는 그런 사람이었습니다. 어떤 때는 도와줄 수 있는지 알아보기 위해 그냥 차에 올라타 웡가 비치까지 30분이나 운전하여 오기도 했습니다. 그는 '지원'이 가상의 것이 아니라 직접 대면하는 것일 수도 있다는 생각을 몸소 보여주었습니다. 때때로 그는 저를 초대하여 학교 운영 방식을 살펴보고 함께 교장직에 대한 접근 방식과 몇 가지 일을 수행하는 방식을 살펴보곤 했습니다. 그 접근 방식과 아이디어가 웡가 비치의 상황과 관련이 있다고 생각되면 이곳에서도 시도해 보곤 했습니다. 이러한 '적시 적소'의 상황별 학습은 매우 귀중한 것이었고, 지금도 마찬가지입니다.

3. 수업교장 되기

퀸즐랜드 교육청의 공식에 따라 교장으로서 저는 2주에 한 번 행정 업무를 보고 나머지 시간은 수업을 진행합니다. 흥미롭게도 학생이 5명만 더 늘어나면 제 행정 시간은 0.08시간에서 0.5시간으로 대폭 늘어납니다. 지금처럼 학교가 시간과 돈을 조금 더 투입하면 2주에 4일은 비대면 수업 시간을 가질 수 있습니다. 제가 수요일과 금요일에 수업하지 않는다는 것을 사람들이 알고 있다는 뜻입니다. 덕분에 교육과정 리더십(교육과정 기획, 전문성 개발/지원 조직, 교실 근무, 교실 순회, 클러스터 교장 회의 참석(교장 관리일에 일정을 잡아달라고 요청하여 교실에서 하루를 더 보내지 않아도 됩니다) 및 행정 등 리더십 역할)의 핵심적인 측면을 수행할 수 있습니다. 저는 윙가 비치 스쿨의 '조력자'로서 일을 완수할 수 있는 시간, 자원(인적, 물리적, 물질적), 이해를 확보하는 역할을 합니다. 제게 할당된 나머지 시간은 예비반 수업을 가르치는 데 쓰입니다.

때때로 저는 제 역할의 이중성에 갈등을 느낍니다. 파트 1의 연구 결과를 읽어보니 이런 일이 드물지 않다는 것을 알 수 있었습니다. 제가 가장 갈등을 느끼는 부분은 교실에서 교사들을 지원하고 도움을 줄 수 있는 역량입니다(특히 현재 학교에서 운영 중인 5개 학급 중 1학년 교사가 두 명이기 때문에). 이것은 제가 생각하는 주도적 학습자라는 의미의 핵심이며, 때때로 저는 제 학급에 헌신해야 하기 때문에 실현 가능성에 대해 꽤 긴장감을 느낍니다.

4. 새 역할을 만들어서 업무 과부하를 분산시키기

이러한 긴장감을 해소하기 위해 우리가 시도한 한 가지 전략은 학교 내에 다른 리더십 역할을 만들어 교장 외에 다른 사람들을 지원할 수 있는 선택의 폭을 넓히는 것이었습니다. 이 전략을 실현하기 위해 클러스터에 속한 학교 중 4개 학교는 가용 시간을 모아 '교육과정 책임자 Head of Curriculum'라는 직책을 클러스터 전체에 제공했습니다. 이 직책의 주요 목적은 교실에서 교사들이 외부 커리큘럼 책임을 다룰 수 있도록 지원하는 것입니다. 여기에는 수업 중 학교 수업 보넬링, 교사들의 자유 시간 및 공동 문제 해결을 위한 협력 등이 포함됩니다. 또한, 우리가 고용한 사람은 문해력에 대한 진정한 강점과 열정을 가지고 있으며, 방과 후, 교직원 회의 및 학생이 없는 날에 교사를 위한 세션을 운영하므로 클러스터에 도움이 됩니다.

이 직책을 맡았다고 해서 제 업무량이 줄어든 것은 아니며, 오히려 역할이 제대로 설정되었는지 확인해야 하는 모든 작업 때문에 처음에는 업무량이 더 늘어났습니다. 하지만 사람이 있다는 것은 우리 교육과정을 심사숙고하여 부족한 부분을 파악할 수 있으며, 저와 다른 사람들이 아이디어를 주고받을 수 있고, 교육과정 회의를 진행할 수 있어 실제로는 리더십 부담이 분산되었습니다.

아직은 초기 단계이며, 다른 클러스터에서 이러한 체계를 구축한 동료들의 경험을 통해 배우고 있습니다. 아마도 지금까지 우리가 배운 가장 큰 교훈은 4개 학교 클러스터에 직책을 너무 넓게 분산시키지 말아야 한다는 것입니다. 우리는 네 곳의 학교 각각에서 일주일에 하루를 보내는 모델을 포함하는 다양한 모델을 시도했습니다. 하지만 이런 식으로 순회 근무를 하면 무언가를 시작하자마자 짐을 싸서 다른 학교로 옮겨야 했습니다. 이 모델로는 추진력을 키울 수 없었고, 그 결과 각 학교에서 특정 초점을 맞춰 시간을 쪼개서 진행하게 되었습니다. 우리 학교에서는 학업에 뒤처지는 학생들의 요구에 더욱 적극적인 해결을 해야 해서 '교육과정 책임자'를 통해 하위 학교와 함께 문해력 향상을 위해 협력하고 있습니다. 그 사람이 우리 학교에 있는 4주 동안, 우리는 프로그램이 목표화되고 교실 수업에 대해 매우 명확해질 수 있도록 필요한 만큼의 학습 시간과 휴식 시간을 할애하였습니다. 이를 통해 연구 문헌과 교사 및 리더로서의 경험을 바탕으로 양질의 교육에 대한 해석과 이해를 얻게 되었습니다.

5. 양질의 교육

양질의 교육에 대한 최고의 전략과 이론을 가질 수는 있지만, 실제로는 무엇보다도 학생들과 학습자로서 그리고 사람으로서 긍정적인 관계를 형성하지 않는 한 이론은 단지 이론으로만 남을 수 있다는 것이 저의 견해이자 저와 함께 일한 사람들의 견해입니다.

파트 1에 언급된 딘햄Dinham의 글에서 학생을 중심에 두고 있는 것은 우연이 아닙니다. 학생들과 좋은 관계를 맺고 그들이 당신을 배움에 관심이 있는 사람으로 본다면 전투의 절반은 이미 승리한 것입니다. 물론 이와 함께 학생들의 성공과 성취를 도울 수 있는 지식과 기술을 갖춘 교사가 필요합니다. 양질의 교육에 대한 이러한 관점은 학생들이 성취하지 못하는 이유에 대해 변명하지 않는다는 것을 의미합니다. 우리는 '학교 공동체'로서 이를 우리의 책임으로 받아들입니다. 우리는 학생의 결핍을 혼자 극복해야 할 것으로만 보지 않습니다.

학생이 우리의 초점이라는 신호는 여러 가지로 다양합니다. 우리 모두는 우리의 실행이나 교실에서 일어나는 일에 대해 사람들이 의견을 제시하는 데 열려 있습니다. 항상 배우고 지속적으로 개선하려는 의지가 있습니다. 이는 직원회의 운영 방식에서도 분명하게 드러납니다. 이미 설명했듯이, 우리는 함께 시간을 보내며 가르치는 기술, 훌륭한 실무자가 되려면 필요한 지식과 기술, 데이터와 연구가 학생과 프로그램에 대해 알려주는 내용을 활용합니다. 올해는 단순히 'B' 학점이라고 말하지 않고 학생들에게 피드백을 제공하는 등 형성평가에 큰 중점을 두었습니다. 그러나 이러한 접근 방식은 잠재적으로 문제가 있을 수 있으며, 피드백을 제공하는 방식이 피드백을 제공한다는 그 개념만큼이나 중요하다는 것을 보장하기 위해 수년 동안 열심히 노력해 왔으며 앞으로도 계속 노력해야 합니다.

우리는 교실에서 일어나는 일에 대해 교사를 비난하기보다는 발생하는 상황을 문제 해결의 기회로 삼고 학생을 돕기 위해 무엇을 할 수 있는지 살펴봅니다. 이는 제가 처음 이곳에서 일하기 시작했을 때와는 확연히 달라진 접근 방식입니다. 이전에는 '아이들이 사회경제적 수준이 낮은 가정에서 왔고, 많은 부모가 실직 상태이며, '그냥' 노동자인데 더 이상 무엇을 기대할 수 있겠느냐'는 식의 정서를 흔히 들을 수 있었습니다. 이러한 정서는 차별적이며, 개별 아동이 '갖지 못한' 것으로 추정되면 그것에 책임을 전가하는 것입니다. 이미 언급했듯이 이러한 사고는 결핍 모형을 조장하고 우리 자신의 무능함에 대한 변명을 가능하게 합니다. 이 말은 이러한 문제를 쉽게 해결하거나 일회성으로 해결할 수 있다는 뜻이 아니며, 이러한 종류의 사회경제적 요인을 교육만으로 극복할 수 있다는 뜻도 아닙니다.

양질의 교육에 대한 우리의 비전에서 학생과 학부모는 중요한 요소입니다. 학생들과 돈독한 관계를 구축하려면 학생의 가족들과도 그러한 관계를 구축해야 합니다. 교육과정 책임자가 하는 다른 일 중 하나는 학부모를 위한 설명회를 개최하는 것입니다. 이 세션에 대해 제가 받는 피드백 중 일부는 다음과 같습니다.

'이제 아이가 단어를 이해하지 못할 때 어떻게 해야 할지 알겠어요', '아이가 책을 읽을 때 그림을 가리지 않고 모르는 부분을 어떻게 해결하려고 노력하는지 아이와 함께 이야기하는 것이 얼마나 중요한지 알겠어요' 등의 반응이었습니다. 우리는 아이의 삶에서 '중요한 사람'과의 이러한 작은 모임을 위험하지 않은 방법을 사용하여 '중요한 사람'과 함께 아이를 돕기 위해 가정에서 할 수 있는 일을 확인하려고 노력합니다. 이를 통해 가정에서의 도움을 소중히 여기고, 가정에서의 기여가 전업주부인 엄마나 아빠가 학교에 와서 수업에 도움을 주는 것만큼이나 중요하다는 메시지를 전달할 수 있기를 바랍니다.

부모가 가정에서 자녀와 소통하는 방식에 영향을 주려고 노력하는 것처럼, 부모는 학교에서 가르치는 방식에도 영향을 미칩니다. 부모보다 자녀를 더 잘 아는 사람은 없으므로 부모는 자녀에 대한 훌륭한 피드백을 제공하는 경우가 많습니다.

학부모들의 피드백을 반영하여 변경된 사항 중 하나는 '준비하는 아침 시간Prep mornings'을 신설한 것입니다. 과거에는 이 아침 세션을 단 한 번만 진행했지만, 이제는 11월 매주 금요일마다 시리즈로 운영합니다. 곧 예비 고3이 될 학생들은 할머니든 누구든 인생에서 중요한 사람과 함께 두 시간 동안 시간을 보내게 됩니다. 세션이 진행되는 동안 우리는 '중요한' 사람과 여러 가지 이야기를 나눌 기회를 얻습니다. 처음에는 제가 '교장 선생님'이라는 이유로 가까이 오지 않으려는 부모님들도 계셨어요. 어떤 학부모는 자신의 학교교육 경험 때문에 교장에 대한 두려움을 갖고 있기도 합니다. 또, '교장'은 귀찮게 하기에는 너무 중요한 사람이라는 오래된 관념 때문에 저에게 말을 걸지 않으려는 분들도 계셨습니다. 마지막 주에는 이러한 장벽이 극복되고 자녀의 학습 방법, 좋아하는 것과 싫어하는 것 등 자녀에 대해 함께 논의합니다. 이러한 세션이 없었다면 필요한 정보에 대해서도 너무 오랫동안 침묵했을 수 있습니다. '교장'에 대한 이러한 관점을 극복하는 것은 학부모에게 다가가 저를 자녀에게 소개하는 것만큼이나 쉬울 수 있습니다. 제 경험에 따르면 그렇게 간단한 행동만으로도 관계를 시작할 수 있습니다.

학부모가 학교에 영향을 미치는 또 다른 방법은 올해부터 학기 첫 6주 동안 학부모-교사 회의를 도입한 것입니다. 이 회의는 모든 교사가 학생을 제대로 파악한 다음 내년도 계획과 함께 개별 학생에 대한 계획을 학부모와 공유하는 시간을 가질 수 있는 좋은 방법입니다. 아울러 가정과 학교 간의 중요한 관계를 구축하기 시작하는 좋은 방법입니다. 새로운 콘퍼런스에 대한 학부모님들의 피드백은 압도적으로 긍정적이었으며 우리 모두 같은 생각을 하는 것을 확인할 수 있었습니다.

윙가 비치에서 실행하는 양질의 교육은 각 학생에 대한 교육을 모니터링하고 비판적으로 반영하는 데 사용하는 '도구'에 관한 것이기도 합니다. 우리는 각 학생에 대한 커리큘럼과 관찰 기록 등 학생에 대한 모든 정보를 캡처한 디지털 포트폴리오를 보유하고 있습니다. 교사는 교육과정을 진행하면서 포트폴리오를 작성합니다. 현재 이 접근 방식은 학교에서 자발적으로 시행하고 있으며, 점차 모든 교사에게 이 학습 방식을 도입할 예정입니다. 디지털 포트폴리오에 대한 초기 아이디어는 케언즈Cairns의 원격 교육에서 나왔습니다. 저는 그곳의 교직원에게 이 접근 방식을 물어보고 그 저작권에 대해 300달러의 비용을 지불하였으며, 그들은 포트폴리오를 디스크에 담아 보내주었습니다. 저는 매년 새로운 수업을 위해 파일을 불러오기만 하면 됩니다. 또 다른 역할로, 우리 학교는 퀸즐랜드에서 정보 기술을 선도하는 연합학교 중 하나이며, 디지털 포트폴리오에 대한 이러한 접근 방식은 퀸즐랜드 교육부가 모든 학생에게 사용할 새로운 원스쿨 포털One School portal에서 채택될 것입니다. 이것이 실제로 의미하는 바는 학교 간 전학 여부에 관계없이 모든 학생의 요구와 상황을 이해하고 소통하는 데 훨씬 더 통합된 접근 방식을 갖게 될 것이라는 점입니다.

6. 리더십 학습 및 지원

이미 언급했듯이 윙가 비치는 더 큰 학교 클러스터의 일부입니다. 퀸즐랜드 교육부는 이러한 학교 클러스터를 조직했습니다. 우리 클러스터에는 윙가 비치 외에도 약 8개의 작은학교가 있습니다. 가장 멀리 떨어진 학교는 차로 한 시간 거리에 있습니다. 전체적으로 우리는 하나의 고등학교에 속해 있습니다. 우리 클러스터에는 많은 경험이 있기 때문에 교사들이 우리 학교의 전문성 이상의 것을 배우기 위해 멀리 갈 필요가 없습니다. 다른 학교의 교사들이 자신의 수업에 대해 이야기할 수 있는 시간을 만드는 것이 우리 학교 클러스터의 핵심 우선순위입니다. 예비 교사들은 한 학기에 한 번 이상 만나 문해력, 음운 인식 프로그램 또는 다른 사람이 사용하고 있는 주요 접근 방식에 대한 아이디어를 논의합니다. 또한 클러스터로서 우리는 자원을 모아 사람들을 초대하여 이러한 종류의 문제에 관해 이야기합니다. 회의는 방과 후 교실에서 예비 교사 중 한 명이 주최합니다. 이를 통해 교사는 다른 교사가 무엇을 하고 있는지, 다른 교실이 어떻게 구성되어 있는지 파악할 수 있습니다. 앞으로의 우선순위는 교사들이 실제로 다른 교사들이 그 자리에서 바로 가르치고 문제를 해결하는 것을 볼 수 있는 학교에서의 시간 동안 이러한 세션을 어떻게 진행할 수 있는지, 그리고 교사들이 일상적인 연습의 일부로 포트폴리오와 성찰을 어떻게 사용하는지에 관한 것입니다.

우리 클러스터의 교장 그룹은 학습 및 지원 기회가 부족하지 않습니다. 이는 앞서 언급했듯이 멘토와 코칭 관계 같은 형태로 이루어질 수 있습니다. 또한 우리 모두가 구독하고 사용하는 토론 목록을 설정했습니다. 하루 종일 이메일이 수시로 도착합니다. 이메일의 내용은 때때로 우스갯소리일 수도 있고, 다른 사람의 도움이 필요한 심각한 문제를 제기할 수도 있습니다. 또 우리는 함께 문제를 해결합니다. 서로 자주 만나지는 못하지만, 우리 중 누구도 업무에서 단절되거나 지원을 받지 못한다고 느끼지는 않습니다. 누구든 전화를 들고 다른 교장에게 전화를 걸기만 하면 되고, 그 교장이 전화로 도움을 줄 수 없다면 사람들은 필요한 지원을 받기 위해 기꺼이 차를 타고 먼 거리를 이동합니다.

7. 끊임없는 긴장에 대처하기

교장에게 있어 두 가지 중요한 고질적인 긴장은 시간에 쫓기는 느낌과 '양질의' 직원 관계를 지속적으로 발전시키고 유지해야 한다는 것입니다. 이러한 문제는 작은학교만의 고유한 문제는 아니지만, 학교의 규모에 따라 다른 방식으로 심화될 수 있습니다.

시간 압박

중요한 과제는 제 시간에 대한 다양한 요구를 관리하는 것입니다. 이는 제가 교장직을 맡으면서 가장 큰 체득 곡선을 그리는 일이었습니다. 가족이 생기기 전에는 시간 관리가 더 쉬웠습니다. 제가 대처하는 방법은 오전 7시까지 학교에 일찍 출근하여 오전 7시 30분에서 8시 사이에 도착하는 직원들을 맞을 수 있도록 하는 것입니다. 어린아이들은 훌륭한 알람 시계입니다. 좋은 점은 학교에 가기 전에 아이들과 시간을 보내며 아이들이 옷을 입고 아침을 먹었는지 확인할 수 있다는 것입니다. 오전 7시에서 7시 30분 사이에는 제가 해야 할 일을 합니다. 교직원들이 도착하면 하던 일을 멈추고 오전 8시 40분에 모두 각자의 교실로 들어가기 전에는 이야기를 나누고자 하는 직원들을 위해 주위에 머물러 있습니다. '이용 가능하다'는 것은 실질적으로 여러 가지를 의미합니다. 단순히 교실에 앉아 그다지 행복해 보이지 않는 사람과 커피를 마시는 것을 의미할 수도 있습니다. 때로는 학부모 면담에 응하는 직원들과 이야기를 나누거나 일부 학생에게 무슨 일이 일어나고 있는지에 대해 이야기하는 것을 의미할 수도 있습니다.

시간에 쫓기는 것은 특별한 일이 아니지만 교장과 교사의 이중 역할은 다양한 요구 사항을 처리하는 것을 더 어렵게 만들 수 있으며, 이 문제를 이해하는 직원이 있으면 큰 차이를 만듭니다. 저는 일찍 도착하는 전략 외에도 몇 가지 조치를 함으로써 이 고질적인 문제에 대처하기로 결정했습니다: 교실에 전임 교사 조교를 배치하고, 교실에 전화기가 있어 긴급한 상황에서도 연락할 수 있으며, 다른 직원들과 달리 야근을 하지 않는데, 이는 하루 중 다른 시간대에 제 가용성을 높이기 위해 직원들의 결정에 따른 것입니다.

하지만 사용 가능한 시간을 공유하는 것이 저에게만 유리하게 작용하는 것은 아닙니다. 제가 추가 행정 업무가 있는 날에는 다른 직원들에게도 이를 알려 제가 직원들을 위해 일할 수 있고 그들이 하는 일을 지원하고 있다는 것을 알릴 것입니다. 제가 도울 방법이나 다른 사람을 찾을 수 있다면 그렇게 할 것입니다.

긍정적인 직원 관계 개발 및 유지

교직원들은 고립되기 쉽고 그 결과 학교가 문화적, 사회적으로 상당히 분열될 수 있습니다. 이런 일이 발생할 수 있는 한 가지 요인은 앞서 언급했듯이 교실 사이의 거리가 멀다는 점입니다. 또 다른 요인은 시간제 및 순회 근무 교직원이 많은 현실입니다. 즉, 일주일 내내 사람들의 왕래가 많다는 뜻입니다. 여기서 성공의 열쇠는 바로 소통입니다. 저는 이메일을 자주 사용하여 직원들과 소통하고, 이메일을 정기적으로 확인하지 않는 직원들과는 채팅을 통해 후속 조치를 합니다. 또한 학기 플래너를 통해 교사부터 지도 담당관, 청소부, 운동장 관리인까지 모든 교직원에게 선달합니다. 모두가 존중받는 역할을 맡고 있으며 모든 사람이 항상 무슨 일이 일어나고 있는지 알아야 합니다. 그리고 다른 모든 방법이 실패하면 메모를 써서 교직원실 테이블에 붙여두면 모두가 읽습니다.

8. 나의 리더십의 중요한 순간

'업무 수행 방식'에 실질적인 변화 만들기

우리 학교는 명확하고 긍정적인 정체성이 필요했습니다. 학교 의견 조사에서 볼 수 있던 것처럼 5학년과 7학년 학생들은 웡가 비치가 반드시 좋은 학교라고 생각하지 않았습니다. 지역사회에서는 다른 학교가 학문적, 문화적으로 '더 낫다'라는 인식이 수년 동안 형성되어 있었습니다. 학교교육 중기에 관한 연구에 따르면 이 연령대의 아이들은 '실습' 유형의 프로젝트 기반 학습에 정말 잘 반응한다는 것을 알았습니다.

지속가능성 프로그램 운영에 집중하기로 한 것은 학생들의 관심과 이 분야에 전문성을 가진 한 교사의 주도적인 노력에서 비롯되었습니다. 본질적으로 우리는 지역사회의 조건, 관심사 및 전문지식을 더 잘 이해하는 것부터 시작했습니다. 이곳 학생들은 투망과 낚시, 수로에 큰 관심을 보입니다. 학교 뒤에 습지가 있다는 사실을 알게 되었고, 산호 표백이 어류 자원에 미치는 영향과 습지와 수로를 깨끗하고 건강하게 유지하면 물고기가 번식하여 어족 자원이 풍부해진다는 사실을 학생들에게 가르칠 수 있는 좋은 방법이라고 생각했습니다. 첫해에 전문 교사인 릭 바이마는 자신의 그룹과 함께 이 아이디어로 '놀이'하기 시작했습니다.

학생들이 이런 활동과 접근 방식에 매우 긍정적으로 반응하는 것을 보았습니다. 학생들은 인터넷을 사용하여 습지의 디자인 모델을 직접 조사하고 고안한 후 나무 미로를 만들었습니다.

거기서부터 지속가능성에 대한 우리의 초점은 점점 더 커지고 다양해지기 시작했습니다. 우리는 학부모들의 기술과 역량을 파악하고 활용했습니다. 굴삭기를 가지고 있고 땅을 준비하는 데 도움을 줄 수 있는 학부모가 있었고, 의회는 국립 유산 신탁과 마찬가지로 습지 복원에 중점을 두었습니다. 덕분에 지역사회 물 보조금과 같은 추가 자금과 지원을 받을 수 있는 길이 열렸습니다.

학생들은 학교에 자신의 흔적을 남겼습니다. 그 결과, 지금은 학생들이 직접 만든 물고기가 있는 연못(7m×7m 크기)과 거대한 폭포가 생겼습니다. 학생들은 습지가 복원된 모습과 습지가 어떻게 기능하고 있는지 볼 수 있었습니다. 또한 학생들은 나무 미로를 조사하고 설계하고 심었으며, 고학년 그룹은 미취학 아동을 위해 타이어와 모래로 놀이터를 설계하고 만들었습니다. 이는 학교에 오래도록 남을 흔적입니다.

이 모든 활동이 학교에서 진정으로 가치 있는 것으로 여겨질 수 있도록 시간을 내는 것은 쉽지 않았고 지금도 쉽지 않습니다. 저는 릭이 학생들과 더 집중해서 프로그램을 진행할 수 있도록 다시 교실로 돌아갔습니다. 솔직히 말해서 늪지대를 돌아다닌다는 생각은 별로 매력적이지 않았습니다. 하지만 현실은 릭이 전문성을 갖춘 사람이었고, 그들이 하는 일이 학교의 외형뿐만이 아니라 학생들의 학습 방식과 학교에 대한 느낌에 변화를 가져오고 있다는 것이었습니다. 학교가 이러한 초점을 개발하는 데 재정적인 이점도 있었습니다. 추가 자금을 유치할 수 있었던 것 외에도 전기 소비량을 크게 줄일 수 있었습니다.

가끔 '아, 이런 시간이 더 있었으면 좋겠다'라는 생각이 들기도 하지만, 학교가 얼마나 발전했는지, 그리고 모든 교직원이 이 초점을 어떻게 받아들였는지를 보면 그런 생각은 사라집니다. 이제 그것은 우리 커리큘럼 계획의 확고한 일부이며 학교로서의 기대와 정체성의 일부가 됩니다. 2007년에는 퀸즐랜드에서 가장 친환경적이고 건강한 학교로 선정되었고, 이 프로그램 덕분에 우수교육 쇼케이스 어워드에 참가하기도 했습니다. 5학년 학생들은 훨씬 더 잘하고 있으며, 이러한 엄청난 혜택에 비추어 볼 때 작은 시간 희생은 희미해집니다. 최근 데이터에 따르면 우리 아이들은 정말 행복하고 부모님들도 행복합니다. 이런 결과로 케언즈 지역에서 가장 우수한 성과를 내는 학교 중 하나로 선정되었습니다

(학교 의견 데이터).

돌이켜보면 제가 다르게 했으면 좋았을 한 가지는 조금 더 천천히 진행했었으면 하는 것입니다. 모두가 아이디어를 받아들이고 새로운 것을 시도하고 싶어 했기 때문에 한동안은 너무 압도적이었습니다. 모든 교사가 동참했고 모든 학급이 지렁이 양식, 쓰레기 없는 점심, 채소밭 등 프로젝트를 진행하고 있습니다. 이는 학교에 좋은 학습 과정이었으며 교직원들 간의 유대감 형성에도 도움이 되었습니다. 때로는 정말 답답해서 교사들이 '또 지속가능성을 생각해야 하느냐'고 탄식하기도 했습니다. 하지만 이러한 좌절감은 교직원들이 필요한 기술과 지식, 그리고 앞으로 나아가는 데 필요한 이해를 갖추지 못한 데서 비롯된 경우가 많았습니다. 우리 반에 지렁이 농장이 있던 해가 기억나는데, 무슨 일이 일어나고 있는지, 왜 지렁이가 모두 떠났는지 전혀 몰랐습니다. 저는 그저 더 많은 것을 배워야 했고, 이는 전혀 나쁜 일이 아니었습니다. 지금은 모두 웃으며 지렁이 농장에 가는 것이 정말 '징그럽다'고 말하지만 그래도 아이들은 좋아합니다!

9. 내가 배운 주요 교훈

저는 이제 17년 동안 교사로, 9년 동안 교장으로 일하고 있습니다. 이 기간 동안 저는 학생들이 학교에서 의미 있는 무언가에 소속되어 있다고 느끼는 것이 중요하다는 것을 알게 되었습니다. 지속가능성과 환경에 초점을 맞춘 우리는 학생들이 학교의 정체성에 중요하고 의미 있게 기여할 수 있는 다양한 공간을 제공했습니다. 이는 단순히 기분을 좋게 만드는 것이 아니라 학교의 여건에서 '진정한' 학습을 할 수 있도록 돕는 것입니다.

교장으로서 저는 제가 항상 리더가 될 필요는 없다는 것을 배웠습니다. 당연한 말처럼 들릴지 모르지만, 일반적으로 교장을 리더로 보는 시각이 너무 확고해서 저와 다른 사람들이 대안이 있다는 것을 깨닫는 데 시간이 좀 걸렸습니다. 저는 다른 누군가가 우리의 우선순위 중 하나를 이끌고 있거나 리더십 지식과 기술을 개발할 기회를 갖는다는 것을 알기 때문에 일주일에 하루 더 교실로 돌아가는 것이 매우 편안하고 행복합니다.

가르치고 이끌었던 경험에서 얻은 세 번째 핵심 교훈은 도움을 요청하는 것을 두려워하지 말라는 것입니다. 좋은 네트워크를 구축하는 것이 정말 중요한 이유입니다. 제가 발견한 것처럼, 주변에 전문지식이나 아이디어를 가지고 있거나 이전에 해본 적이 있어 이미 해답을 알고 있는 사람들이 많으며, 우리 직업은 남을 배려하는 직업이기 때문입니다.

최근 주말에 비극적인 사고로 학생 한 명을 잃었는데, 전화나 이메일을 통해 '괜찮아요? 무슨 일이에요? 얘기하고 싶으면 나 여기 있어…'라고 말해주는 교장 선생님들의 모습은 정말 놀랍고 감동적이었습니다. 때때로 그 일이 나를 사로잡기 시작할 때 누군가로부터 기다리고 있다는 이메일이나 전화가 오기도 하고, 상황이 안정되기 시작하면 사람들은 잊지 않았다고, 저와 제 직원들을 잘 돌보라며 다시 전화를 하곤 했습니다. 작은학교에서 일한다는 것은 가족들을 개인적으로 잘 알고, 제가 가르쳤던 아이, 함께 농담하고 웃었던 어머니, 함께 대화하고 가르쳤던 형제가 가까이 있다는 것을 의미하기 때문에 힘든 일이었습니다.

마지막으로, 자신의 열정이 무엇인지 스스로에게 물어봐야 합니다. 결국 열정은 작은학교에서 리더십의 도전을 견뎌낼 수 있는 원동력이기 때문입니다. 저는 제가 하는 일을 사랑하고 항상 제게 최고의 직원이 있다고 말합니다. 이는 퀸즐랜드 교육청의 연례 교직원 및 학생 설문조사를 통해 재확인되었습니다. 이 설문조사 결과에 따르면 케언즈 지역에서 두 번째로 행복한 교직원으로 선정되었습니다.

웡가 비치가 더 큰 학교를 위한 디딤돌로 보이나요? 그렇기도 하고 아니기도 합니다. 네, 저는 놀라운 경험을 많이 했고 이력서에 사용할 수 있는 많은 것을 배웠습니다. 이 점에 대해서는 의심의 여지가 없습니다. 웡가 비치에 있는 동안 제 역량은 엄청나게 성장했습니다. 저는 학교와 지역사회를 이끌 수 있는 제 능력에 대해 확신을 갖고 있으며, 더 이상 사기꾼처럼 느껴지지 않습니다. 저는 커뮤니티와 좋은 관계를 쌓았고 사람들을 이끌고 변화를 관리하고 갈등을 다루는 것에 대해 많은 것을 배웠습니다. 저는 연결된(네트워킹된) 학습공동체의 일원이 되는 것에 대해 많은 것을 배웠고, 이 클러스터와 케언즈 및 더 멀리 떨어진 곳의 훌륭한 교장 선생님들로부터 많은 것을 배웠습니다.

하지만 웡가 비치를 단순히 앞으로 나아가기 위한 디딤돌로 생각하지도 않습니다. 저는 제 이중 역할에 만족합니다. 물론 자원, 유지보수/시설, 직원 배치, 예산 책정, '행정'의 요구, 끝없는 데이터 요청, 예산, 운영 계획, 목표, 직원 배치 예측, 시설 점검, 작업장 건강 및 안전 점검 등 매주, 때로는 매일 마감 기한을 맞추기 위해 고군분투하지만, 매일 학교에 출근하여 앞으로 어떤 일이 벌어질지 보는 것이 좋습니다. 그리고 제가 직접 가르치는 수업이 즐겁습니다. 어려운 시기나 학교에서 일어나는 일, 즉 가르치는 일, 배우는 일, 눈앞에 놓인 데이터에 도전해야 할 때 제게 신뢰감을 준다고 믿습니다. 저도 다른 교직원들과 마찬가지로 석탄광에서 가르치면서 제 의도를 명확히 밝히고, 진정성 있고 시의적절한 피드백을 제공합니다. 저는 이 점이 마음에 듭니다. 직원회의에서 공유할 나만의 이야기가 있고, 학부모와 학습 및 교육 프로그램에 대해 이야기할 수 있으며, 매일 수업에 빠져들 수 있기 때문입니다.

지난 1년 동안 저는 학령기 자녀가 생기면 미리 계획을 세우고 싶어서 생각해 보니 향후 몇 년 동안 제가 어디에 있고 싶은지 기대해 왔고, 지금이 마음에 든다고 결론내렸습니다. 교장이 되는 것은 훌륭한 커리어 경로입니다. 교장은 편안하고 쉬운 직업이 아닙니다. 오히려 저에게 도전하고 활력을 불어넣고 배우고 발전할 충분한 기회가 주어져야 합니다. 큰 학교나 그곳의 교직원들이 그렇게 할 수 있는 것처럼 말이죠. 크리스를 비롯한 제 동료들이 다른 학교에서 직면하는 어려움은 저 역시 마찬가지입니다. 때로는 제가 이끌고 있는 일에 대해 전문가처럼 느껴지기도 하고, 때로는 초보자처럼 느껴져 직원들에게 저도 배우고 있으며 함께 이 길을 가고 있다는 것을 설명해야 할 때도 있습니다. 이런 과정이 저를 계속 도전하고 집중하게 합니다. 그리고 모든 아이들이 결승선을 통과하고 윙가 비치 스쿨에서 그 흔적이 없어질 때까지 제 일은 끝나지 않습니다. 이것이 제가 매일 학교에 오는 이유입니다!

제7장
세인트 패트릭 스쿨St Patrick's School, 태즈메이니아Tasmania

피터 더글러스(Peter Douglas), 교장

… 1990년대에는 태즈메이니아에서 본토로 이주하는 거대한 움직임이 있었습니다. 부모님들이 일자리를 찾아 떠나면서 학교는 거의 매주 이별하는 가족들을 맞이했습니다. 모두에게 힘든 시기였고 2000년대 초반에는 등록률을 높이거나 다른 옵션을 고려해야 한다는 상당한 압박을 받았으며, 이러한 다른 옵션은 아마도 (그리고 감정적으로) 합병, 폐쇄 또는 통합이었을 것입니다.

2009년 세인트 패트릭 스쿨의 주요 특징

- 150명의 학생 등록
- 유치원~6학년
- 5세~12세(예비~7학년)
- 7개 학급(유치원, 예비반, 1학년, 2학년, 3학년, 4/5학년, 5/6학년)
- 평균 8.24명의 정규직 동급 교사 수
- 신앙 차원, '삶을 위한 복음Good News for Living' 커리큘럼
- 교회 소유의 지역사회 기반 보육 센터가 학교 운동장에서 연중 52주(방학 기간 포함) 오전 7시 30분부터 오후 6시까지 일과 중 및 방과 후 시간에 운영됩니다.

- 100명의 어린이가 보육 센터 프로그램에 등록했습니다.
- 23명의 보육 교사 중 대다수가 파트타임으로 근무하고 있습니다.

세인트 패트릭 가톨릭 학교는 태즈메이니아의 라트로브Latrobe 도시 및 자치구에 위치하고 있습니다. 이 학교는 이 지방의 자치단체에서 최초로 설립된 학교 중 하나이며, 그 이전에는 주립학교만 있었습니다.

현재의 세인트 패트릭 학교는 자비의 수녀회the Sisters of Mercy가 처음 설립한 이래 117년의 역사를 지니고 있지만, 1863년부터 지역 교회의 부속 건물을 빌려 작은 교회학교가 지역사회의 젊은이들을 위한 교육을 제공했습니다. 세인트 패트릭 학교는 교구 공동체에 의해 세워지고 유지되고 지원되었으며, 이는 오늘날에도 마찬가지입니다.

작은 지방자치단체(2007년에는 6,151명의 주민이 거주)의 경우 교육 제공자가 많기 때문에 본질적으로 이 지역의 등록 경쟁이 치열해집니다. 세인트 패트릭 학교는 가톨릭 학교 1개, 사립학교 1개, 주립학교 4개가 있는 지방자치단체의 6개 초등교육기관 중 하나입니다. 세인트 패트릭 학교가 위치한 지역 인구는 약 4,650명입니다. 인근에는 라트로브 Latrobe 초등학교(약 274명), 웨슬리 베일Wesley Vale 초등학교(약 297명), 모리아티Moriarty 초등학교(약 80명)와 사사프라스Sassafras 초등학교(약 50명)가 있으며, 서로 몇 킬로미터 떨어져 있습니다.

학생들은 일반적으로 중등학교 옵션을 선택할 수 있습니다. 가톨릭 교육을 계속 받고자 하는 학생들은 데본포트Devonport에 있는 7~12학년 대학인 세인트 브렌단 쇼 칼리지St. Brendan Shaw College에 진학할 수 있습니다. 일반적으로 학생의 50~60%가 이 경로를 선택합니다. 가장 중요한 대안은 학교에서 한 블록 떨어져 있는 라트로브 고등학교Latrobe

High School입니다. 그 외에도 도시의 다른 고등학교, 즉 데본포트 고등학교Devonport High나 리스 고등학교Reece High에 진학하는 학생들도 있지만 소수에 불과합니다. 간혹 리랜드 크리스천 스쿨Leighland Christian School에 진학하는 학생들도 있습니다.

우리 학교는 가톨릭 학교이지만 가족들의 교회 생활 참여도는 매우 낮습니다. 교회와 학교 사이의 연결고리가 강하지 않습니다. 이것은 확실히 역사적으로 그랬던 것이 아니라 시간이 지남에 따라 변화한 것입니다. 한 가지 가능한 설명은 이 학교에 가톨릭 신자가 아닌 학생의 등록률이 높다는 점인데, 태즈메이니아에서는 드문 일이 아니지만 본토와 비교하면 뚜렷한 차이가 있습니다. 이 학교 학생의 약 절반은 가톨릭 세례를 받았습니다. 교회 공동체가 강한 곳에서는 학생들이 조부모와 연결되어 있기 때문에 손자 손녀와 함께 교회 생활에 참여하는 경우가 많습니다.

라트로브 지역은 상당히 시골 지역입니다. 많은 가족이 농업을 직업으로 삼고 있습니다. 하지만 데본포트까지 아주 짧은 거리를 이동해 운송업, 데본포트와 멜버른을 오가는 스피릿 오브 태즈메이니아 페리Spirit of Tasmania ferries, 은행 및 소매업과 같은 지역 산업에 종사하는 가족도 상당수 있습니다. 이 지역의 사회-경제적 지위SES는 낮은 편에 속합니다. 연방 정부가 정의한 SES에 따르면 라트로브는 88로 분류되며, 113(호바트의 허친스 스쿨: Hutchins School, Hobart)은 높은 SES로, 82(로즈베리의 세인트 조셉스: St Joseph's, Rosebery)는 낮은 것으로 간주됩니다.

스포츠 참여는 매우 중요하게 여겨집니다. 지역 인구가 150명에 불과함에도 7개의 축구팀이 있는 것만 봐도 스포츠에 대한 열정을 알 수 있습니다. 축구 외에도 상당수의 학생이 네트볼, 소프트볼, 축구, 하키에 참여하고 있습니다. 따라서 학부모의 참여도도 매우 높은 편입니다.

세인트 패트릭 가톨릭 학교의 독특한 특징은 교회 소유이지만 지역사회에 기반을 둔 보육 서비스가 학교 안에 있다는 점입니다. 이 서비스의 설립 덕분에 세인트 패트릭 학교가 살아남을 수 있었습니다(이에 대해서는 나중에 자세히 설명하겠습니다). 지난 3~4년 동안 우리 학교의 학생 수는 매우 안정적이었습니다. 이는 성장 측면에서 정점을 찍었다는 것을 의미하지만 등록을 늘려야 한다는 압박은 계속되고 있습니다. 대주교 헌장은 학교에 가톨릭 아동의 등록을 늘리도록 요구하고 있습니다. 상당수의 가톨릭 어린이(50% 이상)가 지역 주립학교에 재학 중이며, 이 어린이들을 우리 학교로 데려오면 당연히 우리의 '가톨릭성'이 높아질 것입니다.

1. 가톨릭 학교체제의 우선순위

태즈메이니아에 있는 가톨릭 학교의 총합은 많지 않습니다. 가톨릭 시스템에는 현재 27개의 교구 학교가 있습니다. 이 학교들은 태즈메이니아 가톨릭 교육청에서 관리합니다. 가톨릭 학교의 총수는 약 36개입니다.

교직원의 전문적 학습부터 교실의 교육과정 개발에 이르기까지 우리 학교의 자금, 계획 및 개발의 대부분은 가톨릭 교육청 태즈메이니아의 우선순위에 의해 영향을 받습니다. '삶을 위한 복음'은 태즈메이니아 가톨릭 학교 교육과정의 핵심 특징입니다. 이 교육과정은 캔버라 및 파라마타 교구 모델Canberra and Parramatta Diocese model을 기반으로 하며, 소속 교단과 관계 없이 세인트 패트릭의 모든 학생이 이 프로그램에 참여합니다. 좀 더 광범위하게는 호주 국가교육과정Australian Curriculum의 도입이 새로운 이슈로 떠오르고 있습니다. 이 교육과정이 어떻게 도입될지, 그리고 학생들에게 '잘 맞는' 교육과정이 될지는 우리가 면밀히 모니터링하고 있는 국가적 개발 과제입니다. 저희 시스템은 2000년대 중반에 21세기 교육학을 검토, 연구 및 구현하는 데 상당한 투자를 했습니다. 새로운 커리큘럼의 도입을 관리하고, 전문적인 학습에 접근하고, 자금을 지원하고, 전문적이고 잘 훈련되고 체계적인 지원을 받는 것은 이러한 변화를 지원하는 데 매우 중요할 것입니다. 저와 리더십 팀의 역량은 이를 성공적으로 달성하기 위해 도전할 것입니다. 그런데 우리 학교와 같은 학교는 적절성을 검토할 수 있는 충분한 규모의 코호트를 찾는 데 어려움을 겪고 있습니다. 따라서 인근 및 지역 가톨릭 학교와의 네트워킹이 절대적으로 필요합니다.

2. 가톨릭 학교 교장에 대한 뚜렷한 기대

가톨릭 교구장에게 요구되는 것은 본당 생활에 참여하는 것이며, 일반적으로 이는 교회에 출석하는 것 이상의 의미를 갖습니다. 이것이 제도의 기대이기는 하지만, 저 역시 이러한 기대에 공감하며 수년 동안 가능한 한 교회 생활에 온전히 참여하기 위해 노력해 왔습니다.

교장은 본당과 사목 협의회에서 역할을 하는 경우가 많습니다. 제 경우에는 대규모 본당 네트워크와 사목협의회의 일원이기도 합니다. 이렇게 교장의 역할이 확대된 것은 사제 수가 감소했기 때문입니다. 저희 교구인 머지 레벤Mersey Leven에는 초등학교 세 곳과 중등학교 한 곳, 그리고 여섯 개의 교회가 있습니다. 지난 7년 동안 저는 머지 레벤 사목회의 월례 모임에 참여해 왔습니다. 지역적으로 저는 이웃 교회 목회 팀의 일원이기도 합니다. 이 역할의 임무로 저는 교구에 정착하는 사람들을 돕고 있습니다. 교구에 있는 모든 단체가 수록된 교구 디렉토리는 사목 및 기타 교회 문제에 대해 서로 소통하는 데 도움이 됩니다. 또한 저는 교구 전례 준비팀을 조율하고, 제 아내(지역 내 대형 주립학교 교장)는 주일마다 교구 내 최대 세 곳의 교회 공동체에서 음악을 담당하고 있습니다.

이러한 모든 참여는 제가 지역사회의 흐름을 파악하는 데 도움이 됩니다. 지역 성당의 미사에 참석하고, 지역 문제에 관심을 가지고, 참여하는 모습을 보이는 등 작은 지역사회의 교구민들과 소통하는 것은 매우 중요합니다. 이러한 지역사회의 이야기와 역사에 대한 감각은 매우 중요하며, 이를 위해서는 학교 내 연결망과 연결이 필요하며, 이를 통해 정보를 제공하고 가능하게 하며, 지역사회와 교회의 삶에서 학교의 역할에 대해 자각하게 합니다.

3. 교장이 되기까지의 과정

예를 들어 소규모 학교에서 대규모 학교로 이동하는 경우가 있지만, 36개 정도의 학교만 있는 지역에서는 공석인 교장직에 지원할 기회가 지역 내에서 자주 발생하지 않습니다. 저는 2000년부터 세인트 패트릭 가톨릭 학교의 교장으로 재직하고 있습니다. 이 학교로 부임하기 전에는 태즈메이니아 델로레인Deloraine에 있는 시골 학교인 성모 마리아 학교에서 5년 동안 교장으로 근무했습니다. 작은학교 리더십에 관한 연구 결과를 고려할 때, 저는 다른 작은학교의 교장들보다 재임 기간이 더 긴 것이 분명합니다.

수년에 걸쳐 교장 임용 절차가 바뀌었습니다. 제가 세인트 패트릭 학교의 교장이 되었을 당시에는 가톨릭 학교의 교장(5년 계약을 마친)은 거의 우선적으로 임용될 수 있는 자격이 주어졌습니다. 그에 관한 두 차례의 광고가 있었는데, 한 차례는 내부 공모였습니다. 즉, 현재 교장직에서 5년을 마친 가톨릭 학교의 교장들이 공석인 교장 자리를 확보할 수 있는 첫 번째 기회를 얻기 위해 지원했습니다. 그렇다고 해서 지원자가 반드시 합격한다는 의미는 아니었지만, 현직에서 5년 미만 근무한 다른 지원자들에 비해 뚜렷한 이점을 제공했습니다. 이 1차 모집에 지원자가 없거나 적합한 지원자가 없는 경우, 2차 공개 모집을 실시합니다.

내부 임용 경로를 통해 지원자는 여전히 엄격한 면접 과정을 거쳐야 했습니다. 제 인터뷰 패널에는 부국장, 동료 교장, 학교 이사회 의장, 가톨릭 교육청의 수석 컨설턴트가 있었던 것으로 기억합니다. 요즘은 교장이 학교에서 5년 계약을 마친 경우 공고를 내지 않고도 5년 재임용을 신청할 수 있습니다. 이 과정이 저의 임용 시 일어난 일입니다.

저는 여러 가지 개인적, 직업적 이유로 세인트 패트릭 학교에 지원하게 되었습니다. 가족들이 이 학교에 지원하게 된 동기 중 하나는 학교의 위치 때문이었습니다. 당시 제가 근무하던 곳은 위치 면에서 저에게는 매우 편리했지만(제가 교장으로 있던 본당에 거주하고 있었습니다), 다른 가족 구성원들은 매일 100킬로미터를 왕복하여 직장과 고등학교에 다니고 있었습니다. 직업적으로 저는 교장직에 지원했을 때 세인트 패트릭의 학생 수 감소 상황에 대해 알고 있었습니다. 이 학교는 태즈메이니아 가톨릭 학교 전체가 겪고 있는 것과 같은 트라우마, 즉 본토로의 이주가 가져오는 학생 수 감소라는 문제를 겪고 있었죠. 이전에 시도한 적이 없었던 전략에 대한 목록은 없었지만, 학생 수 감소가 학교에 미치는 불안과 취약성을 잘 알고 있었기에 저는 눈을 크게 뜨고 학교로 들어갔습니다. 경제적인 이유로 가족이 이사 가는 상황에서 학교 공동체는 스스로를 지나치게 점검하고 자기비판적일 수 있으며, 그로 인해 학교, 즉 우리 학교가 제공하는 것에 대한 신뢰가 무너질 수 있습니다. 시골 작은학교 교장으로서 경험은 저에게 귀중한 자산이었습니다.

작은학교는 진정한 공동체의식을 가지고 있는 것처럼 보이며, 그들의 이야기는 지역 내 개인이 운영하는 슈퍼마켓이든 과일 가게이든 학교를 지원하는 사람들의 일상생활에 뿌리를 내리고 있습니다. 지역사회는 학교가 하는 일에 관심이 많습니다. 저는 제가 봉사하는 지역사회의 개인적, 공동체적 이야기를 알아가고, 학교와 교회, 더 넓은 지역사회 사이의 연결고리를 발견하고 회복하려고 노력하는 것을 즐깁니다. 작은학교의 교장으로서 이 즐거움의 유지가 가능합니다.

4. 교장 선생님 되기

델로레인에서 교장으로 재직할 때 저는 최대 0.65명의 전임교원fte; full-time equivalent을 가르치곤 했는데, 아주 작은학교의 교장 중에는 다소 막대한 수업 부담이 있을 것입니다. 저는 세인트 페트릭 학교에서 0.2 fte 시간당 수업량을 배정받았습니다. 실제로는 2학년 수업은 반나절, 4/5학년 수업은 반나절에 해당합니다. 두 반 모두에서 저는 수학과 종교교육 분야를 가르치고, 2학년 학생들과는 문해력 영역도 가르칩니다.

수업교장은 가장 어려운 역할이며, 수업 준비를 철저히 하는 것은 매우 중요하여 끊임없는 긴장감도 동반합니다. 연구에 따르면 '좋은 수업'의 중요한 특징은 '좋은 교육학'을 모델링하는 것이라고 하는데, 제 수업경험을 통해서도 확인할 수 있습니다. 대부분의 교사들이 그렇듯이, 저는 학교에서 하루를 보내거나 수업이 끝난 후 (사무실에서) 필요한 생각과 계획을 세울 시간을 찾을 수 없으므로 모든 수업 준비를 집에서 합니다.

실제로 제 수업 배정은 0.4이어야 하지만, 돌봄 서비스가 포함된 확장된 학교의 수요는 엄청납니다. 이 서비스는 제 주당 시간 중 0.2를 요구합니다. 즉, 하루 동안 교실에서 다른 사람을 고용할 수 있다는 뜻입니다.

이 지원금이 없었다면 저는 0.4만 일했을 겁니다. 대부분의 전문 수업(도서관, 체육, 일본어, 음악)은 45분 이하입니다. 2.5에서 3.5의 시간 동안 수업하는 것은 다릅니다. 학생들과 소통할 수 있는 시간이 더 많아서 학생들과의 관계의 질에 영향을 미치고, 학생의 필요를 더 친밀하고 전문적으로 이해할 수 있으며, 학생들도 확실히 저에게 더 편안하게 다가옵니다. 그러나 부정적인 측면은 협회, 지역 및 주 전체 및 학교 이외의 위원회 회의에 계속 결석하기 때문에 제 뒤에는 임시 교사의 흔적이 남아있고 영향을 미칩니다. 또한 교육과정에서 손실되는 시간도 의미합니다.

5. 양질의 교육

세인트 패트릭 학교에서 교사에게 기대하는 뚜렷한 특징은 가톨릭 정신에 대한 이해와 헌신입니다. 이는 우리 학교의 사명, 즉 예수님의 복음을 선포하는 것이 무엇인지 이해하는 것을 의미합니다. 이러한 입장으로부터 인간에 대한 이해, 아동의 존엄성, 학습자로의 권리에 대한 이해가 흘러나옵니다. 이러한 자세와 여기에서 흘러나오는 모든 것이 학교에서 가르치고 배우는 접근 방식의 핵심입니다.

6. 함께 일하고 배우기

또한 우리가 교사에게 기대하는 것은 서로 협력하려는 의지와 역량입니다. 학생들의 학습에 지장이 없도록 하기 위해서는 학교 환경에서 교사가 ICT를 능숙하게 사용하고 팀으로 함께 일합니다. 진정한 협업을 피할 수 없습니다. 우리 학교에는 다양한 연령대의 학급이 있을 뿐만 아니라 파트타임으로 일하는 교사도 많습니다. 이러한 조건에서 교사들이 협업할 수 있는 시간을 찾는 것은 어려운 일이지만, 특히 여러 명의 교사가 같은 학년을 가르치거나 다른 학교에서도 가르치는 경우에는 더욱 더 해결하기 위해 노력하고 있습니다. 이메일을 통한 소통, 학급(교사)기록을 보존하며 정보 전달을 보장하고 전화를 신중하게 사용하는 것이 도움이 된다는 것을 알게 되었습니다. 저희는 소통을 원활하게 하려고 시간이 겹치지 않도록 하며, 대부분의 교직원이 참석할 수 있도록 교직원 회의를 재배치하기 위해 최선을 다했습니다.

작은학교의 맥락에서 이러한 공동 협력의 개념은 학교 교문을 넘어서는 것이 필요합니다. 필수는 아니지만 소규모 커뮤니티의 사람들은 무언가에 소속되고 싶어 하는 욕구가 매우 강합니다. 아래는 세인트 패트릭 학교에서 교육과정, 커뮤니티, 학습이 만나는 지점에 대한 두 가지 예입니다.

역사 및 현대 벽화

태즈메이니아 셰필드에서는 매년 벽화 그리기 대회가 열립니다. 마을 전체가 벽화로 뒤덮여 있어 아름답게 보일 뿐만 아니라 셰필드 사람들에게 역사와 소속감을 보여줄 수 있는 확실한 수단이 됩니다.

이 마을에서 영감을 받아 학교 정면에 대형 벽화 세트를 제작했습니다. 이 이미지들은 교회에서 시작된 소박한 학교의 시작부터 지역사회의 현대적인 삶의 모습에 이르기까지 우리 학교의 이야기를 담고 있습니다. 이와 관련하여 가장 최근의 패널에는 축구 장비를 입은 소년들이 그려져 있는데, 이는 우리 커뮤니티의 스포츠에 대한 사랑을 잘 보여줍니다.

우리 지역인 라트로브 주변의 중요한 예술 커뮤니티는 많은 학생들이 지역 예술 대회에 참가하여 '수상'하는 등 학생들의 예술 분야 참여를 응원하고 지속하는 데 도움이 됩니다.

스포츠를 통한 문해력 개발

특히 우리 학교 남학생들의 소근육 및 대근육 운동 능력이 더 좋을 수 있다는 점을 발견했습니다. 전반적으로 남학생들의 대근육 운동 능력은 우리 학교 여학생들보다 덜 발달했고 발달하는 데 더 오래 걸렸으며, 이는 문해력 학습과 관련이 있습니다. 우리가 추구한 것이 상황을 바꿀 방법을 찾다가 2009년에 브라질에서 개발한 축구 프로그램을 도입했습니다. 이 문제에 대해 자문받은 다른 학교에서도 이 프로그램을 사용하고 있었고, 칭찬을 아끼지 않았습니다. 3, 4, 5, 6학년 남학생과 여학생이 모두 참여했습니다. 학생들은 자격을 갖춘 강사의 지도 아래 10주 동안 일주일에 45분씩 수업을 받았습니다. 이 프로그램은 운동 능력과 조정력, 눈과 발의 협응력 및 균형 감각을 향상하는 데 도움이 되는 기술 개발 도구입니다. 따라서 이를 통해 집중력 향상과 양질의 결과물을 얻을 수 있기를 기대했습니다.

시간이 지남에 따라 우리는 이 프로그램이 소근육 및 대근육 운동 능력 향상에 미치는 영향을 관찰했습니다. 의심할 여지 없이 학생들은 열정적이었습니다. 관찰 결과 일부 행동 변화와 총체적 운동 능력이 확실히 개선된 것으로 나타났습니다. 이러한 개선을 확인하려면 장기적인 관찰이 필요하며, 훨씬 더 어린 아이들을 포함하는 것이 더 적절할 수 있습니다. 우리가 사용하는 유일한 전략은 아니지만, 학생들이 소근육 및 대근육 운동 능력을 개발하는 데 도움이 되는 프로그램 외에도 학생들이 팀으로, 서로, 어른들과 함께 일하는 방법을 배우는 것도 중요한 의미를 가집니다. 이러한 사회적 관계형 기술의 성장과 발달은 우리 학교의 핵심 가치 및 가톨릭 정신과 아름답게 연결됩니다.

7. 리더십 학습 및 지원

회의 및 모임

태즈메이니아의 모든 가톨릭 학교에는 규모와 관계 없이 교장 한 명과 교감 두 명이 있습니다. 세인트 패트릭 학교에는 교육 및 학습 교감, 종교 교육 교감이 있습니다. 우리는 함께 학교의 핵심 리더십 팀을 구성합니다. 매주 월요일마다 상당한 시간 동안 만나 학생과 교직원과 관련된 다양한 문제를 논의합니다. 지난 몇 년 동안 이러한 지속적인 소통과 토론의 기회는 우리 모두가 같은 날에 수업을 쉬도록 함으로써 도움이 되었습니다.

보육 담당자들은 한 달에 한 번 저녁에 모이는데, 그때가 모두가 함께 모일 수 있는 유일한 시간이기 때문입니다. 종교 교육 교감의 역할에는 두 직원 그룹 간의 관계를 유지하고 발전시키는 것도 포함됩니다. 적어도 한 학기에 한 번은 두 그룹이 사교적으로 함께할 기회를 찾습니다. 우리는 차이점보다 공통점이 훨씬 더 많습니다.

교직원으로서 우리는 매주 모임을 가지며 이러한 모임은 전문적인 학습 요구에 의해 주도됩니다. 즉, 함께 모일 때 팀으로서 함께 작업하고자 하는 특정한 과제들이 있다는 것을 의미합니다. 또한 저녁 외식을 하거나 학교에서 함께 식사하는 모임 일정도 정해져 있습니다.

과거에는 시니어 컨설턴트가 지원해 주는 핵심 자원이었습니다. 이 컨설턴트들은 전문 학습 또는 신흥 리더십과 같은 시스템 전반의 책임 포트폴리오를 담당했습니다. 책임 영역이 너무 넓다 보니 컨설턴트들은 수도인 호바트Hobart에서 더 많은 시간을 보내야 했고, 현장의 학교에 대한 지원 수준은 전화와 이메일에 머물러야 하는 경우가 많았습니다. 최근에는 지역 책임자를 두어 관료주의의 또 다른 층을 만들었지만, 이러한 임명의 긍정적인 측면은 학교를 정기적으로 대면 방문한다는 점입니다.

직원 학습 및 지원

지난 4년 동안 우리 학교에서 개발한 전문적 학습 모델은 상당히 성공적이었습니다. 우리는 특정 교육 및 학습 분야에서 교직원의 전문성과 네트워크를 개발하는 데 더 많은 시간과 비용을 투자했습니다. 종종 교직원 중에서 전문적 학습 세션을 진행할 수 있는 사람을 섭외할 수 있습니다. 예를 들어, 원주민 담당 교사는 한 학기에 한 번씩 다른 원주민 담당 교사와 만나 네트워크를 형성하고, ICT 코디네이터는 북서부에 있는 다른 코디네이터와 한 학기에 한두 번씩 만납니다. 심지어 사무실 관리자도 다른 관리자들과 네트워크를 형성하여 문제에 관해 이야기할 수 있습니다.

네트워크

작은학교의 리더에게는 강력한 지원과 정보 네트워크를 확보하는 것이 매우 중요합니다. 제 경우에는 호주 가톨릭 초등학교 교장 협회ACPPA의 전국 임원직을 6년째 맡고 있습니다. 덕분에 전국 단위의 동료 네트워크와 이슈에 노출되어 있으며, 정기적으로 전화로 만나고 대면하는 횟수는 적습니다. 이 역할과 더불어 저는 한 달에 한 번 호바트에서 열리는 가톨릭 교육 예산위원회에서 활동하고 있습니다. 때때로 이러한 외부 네트워크 책임과 교육 리더로서의 핵심 업무 사이의 균형을 찾는 것이 어렵고 학교에 너무 자주 결석하는 것에 대해 불안감을 느끼기도 합니다. 저는 학교 리더십 팀의 자질에 대한 강한 신념으로 이러한 불안을 해소합니다.

14년 전 처음 교장으로 임명되었을 때만 해도 제 직업의 형태는 매우 달랐습니다. 더 좋은 표현이 필요하겠지만 저는 '세상의 왕'이었습니다. 작은 시골 마을 학교에는 방문객이 거의 없었습니다. 저에게는 예산과 인력, 전문 학습에 대한 통제권이 주어졌습니다. 그 당시에는 학교 등록제를 도입하는 것 외에는 큰 의무나 규제가 없었습니다. 하지만 그것 말고는 저희는 꽤 독립적이었습니다.

하지만 리더십의 조건과 리더십이 실제로 의미하는 바는 달라졌습니다. 이제는 협력적인 리더십 모델과 보다 포용적인 리더십의 사회적, 문화적 관계가 필요합니다. 저는 이러한 변화를 인정하고 리더십을 내려놓을 뿐만 아니라 리더십 책임을 맡은 다른 사람들의 능력과 신뢰를 개발하는 데 몇 년이 걸렸습니다. 세인트 패트릭에서 우리 모두는 교장 역할의 복잡성, 서류작업, 설문조사, 그리고 시스템, 중앙 및 주정부 부처, 지역 커뮤니티로부터의 기타 외부 정보 요구사항 등을 공유합니다.

8. 리더십의 중요한 순간

P-6 학교에서 K-6 학교로 확장하기

2000년 세인트 패트릭 가톨릭 학교(당시에는 예비반부터 6학년까지 있는 학교)의 교장직에 지원했을 때부터 학생 수 감소가 문제라는 것을 알고 있었습니다. 이전 몇 년 동안 이 학교의 등록 학생 수는 160명 정도였지만 제가 교장으로 부임한 해에는 94명까지 떨어졌습니다. 많은 가족이 본토에서 일자리를 구하기 위해 태즈메이니아를 떠나거나 자녀를 지역 주립학교에 입학시키는 것을 선택하는 등의 일이 많던 힘든 몇 년이었습니다.

과거에는 부모가 자녀를 지역 유치원에 등록한 다음 그 지역의 가톨릭 학교나 사립학교 중 한 곳에 등록하는 것이 일반적인 관행이었습니다. 하지만 경제적으로 어려워지면서 많은 가정에서 더 이상 이 방법을 실행 가능한 옵션으로 생각하지 않게 되었습니다. 과거에는 예비반에 최소 20명 이상의 학생이 등록했지만, 시간이 지남에 따라 연간 9명, 10

명 또는 11명만 등록하는 것으로 크게 줄었습니다. 몇 년 안에 최악의 경우 학교가 문을 닫을 수도 있다는 것이 분명해졌습니다. 우리는 학교에 유치원을 도입하는 방법을 고려하기 시작했습니다.

어느 날 라디오를 듣다가 라트로브의 한 여성 그룹이 보육 서비스 부족에 대해 우려하며 이 문제를 어떻게 해결할 수 있을지 고민하고 있다는 이야기를 들었습니다. 이 여성 그룹은 시의원들과 미팅을 협의했고, 시의원들은 라트로브의 보육 문제에 대한 공개회의를 개최하겠다고 말했습니다. 당시 가톨릭 교육국장도 같은 프로그램을 듣고 있었는데 여성들이 말한 내용에 대해 논의하기 위해 저에게 전화를 걸었습니다. 공개회의에 참석하는 것은 이 문제에 대해 공통의 관심을 가진 사람들과 이야기할 완벽한 기회였습니다. 민간 서비스 제공자부터 시의원, 학부모, 주립 및 가톨릭 학교 대표에 이르기까지 다양한 사람들이 회의에 참석했습니다. 우리는 우리 마을에서 무엇이 가능한지에 대해 오랫동안 이야기했습니다. 사람들이 이 문제를 해결하기 위해 무언가 빨리 일어나기를 열망하고 있다는 것이 분명했습니다.

회의가 끝난 후 저는 당시 교장 선생님께 돌아가 세인트 패트릭 학교가 새로운 보육 시설의 장소가 될 수 있도록 제안했습니다. 학교의 학생 수가 줄어든 것은 좋은 일이 아니었지만, 이 상황에서는 이전할 수 있는 빈 교실 두 개와 도서관이 준비되어 있었기 때문입니다. 우리는 가톨릭 교육청과 호바트 대교구에서 제안받아 그룹 테이블에 올렸습니다. 기본적으로 우리가 보육 서비스를 제공할 책임을 기꺼이 맡겠다는 것이 제안의 핵심이었습니다. 우리가 해결해야 할 문제는 우리가 운영하는 보육 서비스가 지역사회의 의견과 참여에 대해 '문 닫은 가게'가 될 것이라는 인식이었습니다. 이는 사실과 거리가 멀지만, 그럼에도 불구하고 커뮤니티의 일부 사람들이 가지고 있는 인식이었습니다. 우리는 이러한 우려를 극복하기 위해 운영위원회를 설립했습니다.

학교로서 생존을 위해 보육을 포함해야 한다는 것을 알고 있었지만, 우리가 시작하려는 일에 대한 불안과 두려움이 있었던 것은 분명합니다. 가톨릭 발전 기금에서 학교에 빌려준 기금으로 교실 세 개를 개조했는데, 이 기금이 없었다면 학교 자체적으로 변화를 시도할 수 없었을 것입니다. 가족 아동 서비스, 호바트 대교구, 교육청 등 여러 기관의 고위 인사들로 구성된 임시 위원회가 개발을 감독했습니다. 첫 회의부터 이듬해 2월에 보육 시설을 개원하기까지 9~10개월이 걸렸습니다. 꽤 긴 시간이었습니다.

가장 먼저 한 일 중 하나는 가톨릭 정신을 함양하고 학교가 추구하는 바를 이해하는 동시에 보육 서비스가 단순히 가톨릭 공동체 자원이 아니라 '지역사회' 자원이라는 점을 이해하는 감독자를 임명하는 것이었습니다. 우리는 처음부터 보육 시설이 세인트 패트릭 학교와 함께 있지만 부모가 자녀를 학교에 등록할 의무가 없다는 점을 명확히 해야 했습니다.

어려움은 끊이지 않았습니다. 예상치 못한 문제는 공간의 크기와 보육 장소의 수 사이의 관계였습니다. 보육 공간은 아이들이 사용할 수 있고 방해받지 않는 공간의 크기와 관련이 있습니다. 업계 관계자를 포함한 많은 사람들이 계획을 면밀히 검토한 결과 벽이 잘못된 위치에 있다는 것이 분명해졌습니다. 종일제 보육에 등록한 45명을 수용할 수 있는 충분한 공간을 확보하려고 했지만, 벽면 배치 때문에 최대 35명까지만 등록할 수 있었습니다. 저희의 비전은 유치원과 보육이 한 공간에 통합되는 것이었지만, 벽 배치로 인해 10개의 자리가 없어지면서 유치원이 보육원에 최적화된 자리와 공간을 빼앗아가는 상황이었습니다. 첫해에는 유치원에 17명이 있었는데, 이는 보육원에 최대 18명까지 수용할 수 있다는 것을 의미했습니다. 유치원생이 없을 때는 35명을 보육할 수 있었습니다. 이는 일반 대중이 이용할 수 있는 보육 시설의 수에 분명히 영향을 미쳤습니다. 접근성은 분명히 문제였고 이 문제를 해결해야 했습니다. 우리는 유치원을 홀 안으로 옮기고 별도의 유치원을 짓기 위해 자금을 신청했습니다.

또 다른 문제는 자금이었습니다. 현재와 마찬가지로 유치원에 대한 대부분의 자금은 학교와 반복되는 예산에서 나옵니다. 결론은 유치원을 운영하는 데 비용이 많이 든다는 것입니다. 비용을 절약하기 위해 유치원 교사와 함께 일할 보육 교사를 고용했습니다. 이를 통해 시간당 5~6달러를 절약할 수 있었지만, 교사 보조원도 필요했기 때문에 단기간에 그쳤습니다.

세인트 패트릭의 유치원과 보육 센터는 호바트 대교구의 로마 가톨릭 교회 신탁 공사the Roman Catholic Church Trust Corporation가 소유하고 있습니다. 학교는 호바트 대주교의 승인을 받아 3년 임기로 임명된 운영위원회가 관리하며, 운영 위원은 호바트 대주교가 임명합니다. 새 헌법에 따라 이 위원들은 일반 시민, 학교 또는 본당 출신 등 지역사회로부터 임명될 수 있습니다. 이사회는 학교의 재정, 보육을 포함한 학교 건물에 대한 물리적 계획과 같은 문제에 대한 책임과 결정을 내립니다. 일상적으로 이사회는 가톨릭 교육국장의 위임을 받아 제가 관리합니다. 센터의 일상적인 업무를 관리할 책임자를 임명하는 것은 저의 책임입니다. 전문적 학습 및 기타 직원 또는 어린이 문제와 같은 문제에 대해 매일 연락을 취합니다.

마찬가지로 별도의 보육위원회가 있습니다. 교구 헌법에는 교구 대표, 두 명의 지역 대표, 본당 신부, 학교 교장(저), 보육 서비스 책임자, 지역 라트로브 의회의 의원으로 구성된다는 조항이 있습니다. 따라서 학교와 보육 서비스의 이사회는 서로 다르지만 그들이 다루는 문제는 때때로 겹칩니다. 예를 들어, 놀이 공간 경계를 확장하고 유치원 공간을 보육에 활용하고자 할 때 교육위원회와 협상을 해야 했습니다.

새로운 유치원 공간은 다용도로 사용할 수 있는 공간입니다. 최근까지만 해도 종일제 유치원이 도입되면서 이 공간은 또한 놀이 그룹과 일주일에 이틀 동안 최대 20명의 어린이를 돌보는 데 사용됩니다. 놀이 그룹과 탁아소의 많은 어린이들이 학교에 더 익숙하다는 장점이 있습니다.

제가 교장으로 부임했을 때 한 자릿수였던 예비반 등록자 수는 유치원 첫해에 17명으로 늘어났고, 그 이후로 유치원 등록자 수는 평균 20명 정도입니다. 하지만 등록자 수가 160명이 넘던 시절로 돌아갈 수 있을까요? 저는 그렇게 생각하지 않으며, 이렇게 말하는 이유는 가족들이 주州를 넘어 이주해야 하는 지속적인 압박 때문입니다.

만약 지금 알고 있는 지식을 바탕으로 교장으로서 14년을 다시 보낸다면, 보육 센터와 유치원이 학교와 연계된 시스템을 만들고 싶습니다. 저는 운이 좋게도 머지 레븐 아동 서비스Mersey Leven Children's Services 관리자로부터 보육 제공에 대한 엄청난 경험과 조언을 구할 수 있었습니다. 그녀의 비판적이고 지식이 풍부한 지원이 없었다면 보육 센터와 유치원에 대한 아이디어를 실현하는 것이 훨씬 더 어려웠을 것입니다. 보육 센터 설립에 필요한 정책 요건을 충족하기 위해 첫해에 '씹어 먹어야' 했던 서류 작업의 양은 상당히 많았습니다. 조사를 잘하고 인구 조사 및 지역 의회에서 해당 지역의 현재 서비스에 대한 데이터에 액세스할 수 있어야 합니다. '이 센터를 설립하면 우리 지역의 유일한 제공자가 될 것인가, 아니면 다른 제공자와 경쟁하게 될 것인가'와 같은 핵심적인 질문을 던져야 했습니다. 실제로 자격을 갖춘 직원을 구하고 임명할 수 있을까? 이런 종류의 질문은 아이디어에 대한 우리의 열정이나 믿음을 약화하려는 것이 아니라, 인프라 비용을 지불하기 위해 수십만 달러를 빌리려고 할 때 추측에 의존하여 결정을 내리고 싶지 않기 때문입니다. 추정치가 틀렸다면 여러모로 비용이 많이 드는 실수입니다.

예측하기 가장 어려웠던 것 중 하나는 서비스가 자립할 수 있을지에 관한 것이었습니다. 서비스가 계속 성장하고 발전할 수 있을까? 라는 것이죠. 돌이켜보면 처음에 내린 중요한 결정은 학교 시간 외에 돌봄 서비스를 제공하기로 한 것이었습니다. 처음에는 이러한 요구를 충족하기 위해 민간 제공업체를 고용했지만, 시간이 지남에 따라 우리가 직접 서비스를 제공하면 더 저렴하고 나은 서비스를 제공하고 지역사회와의 관계를 강화할 수 있다고 생각했기 때문에 이 서비스를 인수했습니다.

이 모든 활동의 소용돌이 속에서 기존 직원들도 영향을 받았습니다. 리모델링한 지 7~8년밖에 되지 않은 도서관이 작은 거북이 등 같은 작고 불편한 공간에 다시 입주해야 했기 때문에 공간도 좁아지고 외부에 있어 불편한 점이 많았죠. 그 점이 마음에 들지 않아서 마침내 작년에 우리는 도서관을 안으로 들여올 수 있는 위치에 자리를 잡았고, 도서관은 학교생활의 중심이 되었습니다.

공용 공간 사용, 청소 비용 부담 주체, 적절한 청소 기준 등을 둘러싸고 여전히 긴장감이 감돌고 있습니다. 그러나 우리는 또한 보육 서비스를 통해 지역의 다른 학교와 차별화되는 독특한 서비스를 제공하기 때문에 서로 뗄 수 없는 관계라는 것을 알고 있습니다. 저는 우리가 성장하는 것이 아니라 살아남을 수 있게 해 주는 것이 바로 이러한 것이며, 우리 모두는 센터의 역할을 이해하고 있으며 때로는 우리가 지원하는 아이들이 손해를 보지 않도록 양측 모두에 협상, 타협 및 희생이 필요하다는 것에는 의심의 여지가 없습니다.

9. 내가 배운 주요 교훈

일반적인 작은학교의 교장이 되고자 하는 다른 동료들에게 해 줄 수 있는 조언이 있다면, 학교생활의 '외부'에서 무언가를 찾으라는 것입니다. 이런 조언은 교육계나 다른 사회 각계각층에 종사하는 모든 사람에게 해당할 수 있지만, 특히 작은학교의 리더에게는 매우 중요합니다. 작은학교는 종종 지역사회의 '삶'의 중심입니다. 이는 다른 학교에서는 볼 수 없는 방식으로 학교와 지역사회가 하나가 될 좋은 기회를 제공하지만, 교장으로서 일과 가족, 지역사회 사이의 구분이 모호해져 교장으로서 업무모드가 '켜져 있을 때'와 '꺼져 있을 때'를 잊어버릴 수 있다는 것을 의미하기도 합니다.

제 경우에는 학교나 교회와 무관한 일을 찾으려고 노력합니다. 그래서 저는 데본포트 시티 축구 클럽Devonport City Soccer Club의 회원이 되어 주간 뉴스레터를 만들고 토요일에는 클럽 입구에서 일하고 있습니다. 축구에 대한 관심 외에도 일주일에 4~5번은 체육관에 가서 신체 건강과 웰빙을 유지하는 데 도움을 받습니다. 무엇보다 삶의 균형이 중요합니다. 그러나 저는 이와 관련하여 어떤 주는 다른 주보다 낫다는 것을 처음으로 인정합니다.

---

* 2009년 9월, 피터는 세인트 레오나드(론체스톤)에 있는 리르메니에 가톨릭 학교 Larmenier Catholic School의 교장으로 임명되었습니다.

제8장
버크 고등학교Bourke High School,
뉴사우스웨일스New South Wales

데이비드 로이드(David Lloyd), 교장

··· 시골, 고립된 곳, 덥고 건조한 곳··· 겉모습을 벗겨내고 선입견에
도전하면 극한의 환경에서의 회복력에 대한 놀라운 깊이와 삶의 다양
성을 발견하게 됩니다. ··· 이것은 커뮤니티 그 자체에 대한 은유입니다.

2009년 버크 고등학교의 주요 특징

- 약 16개의 서로 다른 원주민 부족으로 구성된 복잡한 공
  동체로, 일반적으로 응엠바Ngemba 부족이 이 땅의 원래 관
  리인으로 인정받고 있습니다.
- 농업, 정부 서비스 및 관광 커뮤니티
- 170명의 재학생
- 7~12학년 학생들로 구성된 시골 학교
- 원주민 교육, 연결된 학습, 문해력, 수리력, 출석 및 유지에
  중점을 둡니다.
- 교직원 21명: 풀타임 20명, 파트타임 1명
- 교장, 교감 및 5명의 수석교사(교직원 리더)로 구성됩니다.

버크 고등학교는 시드니에서 약 700킬로미터, 인구 약 4만 명의 주요
지역 도시인 더보Dubbo에서 360킬로미터 정도 떨어진 외딴 중등학교

입니다. 호주 통계청ABS: Australian Bureau of Statistics에 따르면 버크는 사회경제적으로 낙후된 지역이며, 수년 동안 그렇게 확인됐습니다. 버크는 약 2,500명(원주민 45%)이 거주하는 농촌 지역으로, 원주민 직업과 원주민 문화에 대한 오랜 자랑스러운 역사를 간직하고 있습니다. 현재 원주민 인구의 약 60%가 왕쿠마라 부족Wangkumarra Nation의 후손이며, 응엠바 부족Ngemba Nation의 사람들은 버크가 위치한 땅의 원래 관리인으로 인정받고 있습니다.

유럽인들의 정착은 농업, 특히 1800년대 후반 양모 산업의 급속한 확장을 통해 시작되었습니다. 달링강Darling River을 따라 양모를 운반하던 외륜 증기선은 마을 중심가 근처의 강에 있는 대형 복제 부두에서 알 수 있듯이 버크의 역사에서 특이한 측면을 형성하고 있습니다. 흥미롭게도 버크는 호주 내륙 도시 중 유일하게 해사 법원이 있었던 곳입니다. 약 30년 전, 양모 산업이 지배적인 경제 농업 활동으로서 쇠퇴하고, 면화와 포도, 오렌지 등 관개 작물로 대체되었습니다. 관개에 의존하는 이러한 발전은 댐, 수로, 펌프 등 대규모 인프라의 건설로 촉진되었습니다. 관개 농업의 발전은 경제적 보상을 기대하며 그에 대한 위험을 감수할 의향이 있는 진취적인 사람들이 주도했습니다. 강우량이 극히 적고 가변적이어서 연간 생산량의 대부분이 달링강Darling Rive을 따라 흐르는 물의 흐름에 의존했기 때문에 위험성이 높았습니다.

강력한 원주민 유산과 문화와 함께 버크에 새로 이주한 많은 사람들, 즉 꿈을 좇아 가족과 친구들을 떠난 사람들의 기업가적 성향은 이 마을을 정의하는 데 도움이 되는 특징이라고 생각합니다. 위험을 감수할 준비가 되어 있다는 느낌은 이곳에 살기로 선택한 사람들의 철학을 잘 보여줍니다. 이 철학은 버크 고등학교의 문화에 스며들어 있습니다.

위의 맥락은 학교의 문화적 배경을 보여줍니다. 이 학교에는 자신의 교육 전문성과 함께 학생들의 지식과 기술을 쌓기 위해 기꺼이 위험을 감수하는 젊은 교사들이 주로 근무하지만 전적으로 그런 것은 아닙니다. 두 번째 기여 요인은 학교가 상대적으로 고립되어 있고 규모가 작기 때문에 대규모 학교나 센터에서는 불가능할 수 있는 여러 일을 할 기회가 많다는 점입니다. 그 예로는 전교생이 함께 참여하는 문해력 향상 계획과 혁신적인 학생 중심 교육 및 학습 프로그램 등이 있습니다.

이 글을 쓰는 현재로서는 지속적인 가뭄, 영구적으로 보이는 물 제한, 달링강 유역에서 정부가 지속적으로 물을 '매수'할 높은 가능성으로 인해 주로 농업에 의존하는 경제 구조를 보이는 미래는 장기적인 전망이 되지는 않을 듯합니다. 농업 부진의 여파로 새로운 기회가 생겨나고 있습니다. 뉴사우스웨일스 북서부에 위치한 버크는 교육, 보건, 국립공원, 경찰 및 기타 정부 부처의 중심지입니다. 여러 기관이 이곳에 있어 공공 서비스 종사자가 필요하고, 이는 곧 지속적인 수입을 가져다줍니다. 또 다른 기회는 급성장하는 관광 산업입니다. 버크는 많은 사람이 은퇴 초기에 전통적인 '그레이 노마드grey nomad'[1] 여행을 떠나는 상징적인 장소입니다. 이 여행객들은 보통 일 년 중 서늘한 계절인 3월부터 8월 또는 9월까지 일주일 정도 버크에서 지냅니다. 관광 공원 중 한 곳에는 한 번에 100대 정도의 캐러밴이 머물기도 합니다.

1. 버크 고등학교에서 가르치는 것의 '매력'

버크는 물리적 특성에 의해 정의됩니다. 시골이고 고립되어 있으며 덥고 건조합니다. 물리적 환경이 '매력적이지 않다'고 말하는 사람들도 있지만, 표면적인 것 너머를 보는 사람들은 평평하고 건조한 풍경과 함께

---

1. (역자 주) 레저 차량 등을 이용해 여러 지역을 여행하는 은퇴자들을 의미한다.

제 경험상 다른 곳에서는 재현되지 않는 웅장한 색채를 높이 평가합니다. 나무와 풀이 살아남는 방식은 실제로 지역사회 자체에 대한 은유입니다. 많은 사람이 대부분의 메인 거리 상점에 있는 '철제 커튼'이나 롤러 셔터 때문에 불안해합니다. 옥슬리가Oxley Street가 상당히 위압적이어서 대부분은 '와, 여긴 다른 세상이야'라고 생각하며 어떤 면에서는 실제로도 그렇습니다. 하지만 겉모습을 걷어보면 삭막하고 건조한 환경 아래에는 이곳을 터전으로 삼고 살기를 선택한 멋진 사람들이 살고 있습니다. 버크와 같은 마을에 비가 오면 풍경은 빠르게 회복됩니다. 마찬가지로 사람들도 역경에서 매우 빠르게 회복합니다.

버크 고등학교는 호주 전역에서 교직원을 모집합니다. 주로 시드니나 뉴캐슬에서 온 교직원이 많지만 노던Northern주, 울릉공Wollongong에서 온 교직원과 뉴사우스웨일스주의 시골 전역에서 온 교직원도 일부 있습니다. 초임 교사에게는 영구적인 교사 직책이 주는 매력이 있습니다. 일반적으로 사람들은 버크에 대해 알고 있습니다. 고립된 시골 지역이며 생활하고 일하기 어려운 지역이라는 것을 알고 있습니다. 신규 교사들은 원주민 인구가 상대적으로 많다는 것을 알기 때문에 이런 환경에서 일하고 싶어 합니다. 많은 이는 강한 사회적 양심과 학생들의 잠재력을 최대한 끌어내고자 하는 열망에 이끌립니다. 일부 교사는 학교가 제공하는 승진 기회 때문에 버크에 매력을 느끼기도 합니다. 이 사례를 작성할 당시 학교 경영진의 절반 이상이 학교 외부에서 현재 직책으로 영입되었습니다. 마지막으로, 어떤 사람들에게는 마을 출신과 결혼하여 시골에서 계속 살면서 일하고 싶다는 열망에서 이 교직의 매력적 면모가 발휘됩니다.

2. 직원 이직률

이 책의 1부에서는 작은학교의 특징 중 하나가 '높은 교직원 이탈률'이라고 밝히고 있습니다. 버크 고등학교는 그런 점에서 흥미롭습니다. 2005년에 이 학교는 약 18명의 교사가 학교를 옮기는 등 교직원 이직률이 매우 높았습니다. 그 이후로 교직원은 비교적 안정적으로 유지되고 있습니다. 이러한 안정성에는 부분적으로 교직원이 우선 전근 자격을 얻기 위해 3년의 근속을 완료해야 한다는 요건이 도움이 되었습니다.

이 글을 쓰는 시점에 학교에서는 또 다른 교직원 교체 시기가 다가오고 있었습니다. 교장직을 맡고 있는 저를 포함한 경영진의 절반 정도가 이직할 예정이며, 전체 30명에 가까운 교직원 중 10명이 2009년에 새로운 학교로 자리를 옮길 예정입니다. 겉으로 보기에는 교사들이 버크에 와서 '일만 하고' 떠나는 것처럼 보일 수 있지만, 이는 너무 단면만 보는 것입니다.

2007년 한 해 동안 11명의 교직원이 우선 전근을 받을 수 있는 자격이 있었지만 정년을 넘겨서까지 근무하기로 했습니다. 제가 보기에 이러한 안정성은 학교가 높은 직원 사기와 학생 학업 성취도 측면에서 성공을 거둔 이유 중 하나였습니다. 안정적인 교직원 수는 학교와 지역사회 간의 강력한 유대관계의 발전으로 더욱 뒷받침되었습니다.

하지만 현실의 문제는 버크의 교사 대부분이 친구, 가족, 지원 네트워크에서 수백 킬로미터 떨어진 곳에 살고 있다는 것입니다. 시간이 지남에 따라 이러한 지리적, 개인적 고립감은 더욱 커집니다. 일반적으로 3년 차, 4년 차, 5년 차가 되면 사람들은 약간 고갈된 느낌을 받기 시작합니다. 이 커뮤니티에 대한 비난이 아닙니다. 제가 경험하고 다른 사람들도 이해하듯이 문제는 업무와 더 넓은 커뮤니티에 완전히 몰입하고 헌신하는 것이 사람들을 서서히 지치게 만든다는 것입니다. 가족 및 친구들과의 유대감이 약해지고 교육만으로는 사회의 모든 병을 치료할 수 없다는 냉엄한 현실이 다가옵니다.

앞서 언급했듯이 경제적 측면에서 볼 때, 버크는 상대적으로 빈곤한 커뮤니티입니다. 빈곤의 징후를 직면할 수도 있는데 이는 고통스러울 수 있습니다. 교사들은 헌신과 끈기를 통해 학생들과 더 넓은 지역사회의 삶에 놀라운 변화를 만들어 냅니다. 하지만 시간이 지남에 따라 아무리 좋은 수업을 해도 빈곤과 관련된 문제는 때때로 학교의 손이 닿지 않는 곳에 있다는 것이 분명해집니다.

3. 주요 시스템 우선순위

수년 동안 뉴사우스웨일스주 교육의 우선순위는 문해력, 수리력, 출석률 및 유지율이었습니다. 버크 고등학교에서는 원주민 교육과 양질의 교육 및 리더십에 대한 '연결된 학습connected learning' 접근 방식이 추가로 우선순위에 포함되었습니다. 위의 모든 우선순위가 중요하지만, 이 책의 핵심 초점은 학습과 리더십이 발달하는 맥락에서 학습과 리더십의 조건을 더 잘 파악하고 이해하는 것이므로, 저는 연결된 학습과 원주민 교육이라는 두 가지 우선순위를 확장하고 자세히 설명하기로 했습니다. 이 중 첫 번째를 아래에서 설명하겠습니다. 두 번째 문제는 이후 제 리더십의 중요한 순간에 대한 이야기에서 말하겠습니다.

4. 연결된 학습Connected learning-'버크 그룹 학교'

교사를 위한 지속적이고 맥락에 맞으며 의미 있는 전문적 학습이 양질의 사고와 실천을 개발하는 데 핵심이라는 말에 이의를 제기하는 사람은 거의 없을 것입니다. 이를 위해 코바Cobar, 뉴간Nyngan, 브루아리나Brewarrina, 월겟Walgett, 라이트닝 리지Lightning Ridge의 중등교육기관을 포함한 버크 그룹 학교BGoS는 '연결된 학습' 접근 방식을 개발했습니다. 연결된 학습을 추구하기 위한 토대는 BGoS 교장들 사이에서의 강한 유대감과 정기적인 커뮤니케이션이었습니다. 이러한 연결은 상대적 고립과 규모를 포함하여 학교의 유사한 맥락 때문에 발전했습니다. 교장들 사이의 관계는 소셜 네트워크를 넘어 지원 네트워크로 발전했습니다. 교장들 대부분은 정기적으로 서로 소통하며 조언을 구하고, 지원을 제공하기도 하고, 때로는 짐을 내려놓기도 했습니다. 서로 다른 수준에서 다른 사람들과 소통할 수 있다는 것은 매우 중요한 일입니다. 모든 교장들이 비슷한 상황을 공유하고 있었기 때문에 관계에 더 높은 수준의 의미가 부여되었습니다.

BGoS 교장들은 이러한 지원 네트워크의 가치를 직접 경험했으며, 각 핵심 학습 영역KLAs: key learning areas의 직원들에게 동일 개념을 확장하는 이점을 확인할 수 있었습니다. 실제로 이는 인맥과 관계를 구축하는 데 시간을 투자할 준비가 되어 있어야 함을 의미했습니다. 대부분의 학교에서는 대면 방식의 전문적 학습 기회와 더불어 가상 회의를 촉진하는 물리적 정보 통신 기술ICT 인프라가 구축되었습니다.

2008년에 중등학교는 전문적 학습에 초점을 맞춘 통합 교육 방식을 도입했습니다. 학교마다 한두 명, 또는 세 명의 KLA가 독립적으로 일하는 대신 전문적인 학습 및 지원을 위해 교수진이 함께 모이도록 장려했습니다. 처음에 KLA 팀은 함께 모여 양질의 교육, 프로그래밍 및 평가와 같은 사항을 실제로 조사했습니다. 그런 다음 방문은 화상 회의로 진행했습니다. 회의 시기는 교수진에 따라 다양했습니다. 몇 주에 한 번씩 모이는 경우도 있었고, 한 학기에 한 번씩 모이는 경우도 있었습니다. 연결된 학습은 모든 교사, 특히 신규 교사를 위한 전문적인 학습과 지원을 개선하기 위한 시도였습니다. 이 접근 방식은 아이디어, 피드백 및 지원의 증가를 통해 교사와 궁극적으로 학생들에게 도움이 되었으며, 이는 결국 동기 부여와 사기 문제에도 도움이 되었습니다. 일부 교수진은 빠르게 유대감을 형성했습니다; 새로운 업무방식에 적응하는 데 더 오랜 시간이 걸렸습니다.

논리적인 진행 방식은 화상 회의를 사용하여 학교 전체에 걸쳐 고학년 학생을 위한 교육과정을 제공하는 것입니다. 이 그룹의 모든 학교는 280명 미만의 학생을 개별적으로 수용하므로 고학년 교육과정 제공이 제한적입니다. 규모가 작기 때문에 BGoS의 어떤 학교도 고3 학생들에게 과학, 수학, 역사 및 직업교육 선택과목을 모두 제공할 수 없었습니다. 이 분야의 혁신은 학생들에게 더 많은 혜택을 줄 것입니다. 이제 ICT 인프라가 구축되었으므로 학교는 실제로 수사를 넘어 현실로 나아갈 수 있습니다. ICT 사용에 대한 전문적 학습은 이 계획의 성공에 있어 매우 중요하며 앞으로도 계속 중요할 것입니다. 이러한 방식이 성공하려면 교사가 대화형 화이트보드와 소프트웨어를 포함한 기술에 익숙하고 자신감을 가져야 합니다. 기술을 현명하게 사용함으로써 이 문제를 해결할 수 있으며, 이는 학생과 교사 모두에게 불이익을 주지 않는다는 것을 의미합니다.

일부 학생들은 원격 교육을 통해 선택과목을 이수합니다. 원격 교육 센터의 직원들이 온라인 환경으로 전환하기 위해 열심히 노력하고 있지만, 이 작업은 주로 여전히 텍스트 기반입니다. 원격 교육은 멘토링과 동기 부여를 위해 학생과 교사가 정기적으로(매일) 접촉해야 한다는 점에서 한계가 있습니다. 몇 주에 한 번씩 전화로 연락하는데 그사이에는 학생들의 독립적인 학습 능력에 의존할 수밖에 없는데 그것은 아무리 좋은 시기에도 어려운 일입니다. 현재 버크의 많은 학생은 가족 중 처음으로 중등학교를 졸업하여 학교 졸업장 또는 고등학교 졸업장을 취득한 세대입니다. 일반적으로 다른 교육 환경에서 볼 수 있는 것처럼 가족 안에서 배움의 문화가 깊지 않습니다. 심화 학습에 필요한 것이 무엇인지에 대한 직접적인 이해가 부족하기에 교사는 학생의 독립적인 학습 능력을 개발해야 하는 부담이 가중됩니다. 또한 학생들은 교육적 성취를 극대화하기 위해 같은 생각을 가진 학생들로부터 개인적인 지원 네트워크를 개발해야 합니다. 커리큘럼을 위한 기술을 통해 학생들을 연결하면 다른 커뮤니티에 있는 학생들의 독립적 학습 기술에 대한 인사이트와 개인 네트워크를 구축하는 데 도움이 될 것입니다.

5. 교장이 되기까지의 과정

저는 평생을 시골 학교에서 일해 왔고 이는 신중한 결정으로 이뤄졌습니다. 저는 지방 도시에서 태어나고 자랐으며 시골 지역사회, 사람들, 학생들과 친밀감을 느낍니다. 이러한 성향을 뒷받침하는 가장 큰 이유는 학생들이 어디에 살든, 사회경제적 환경과 상관없이 자신의 삶에 의미를 부여할 모든 기회를 가질 자격이 있으며, 실제로 자신의 삶을 통제하고 스스로 결정할 수 있는 권한을 갖도록 하려는 열정입니다.

다른 동료들과 달리 교사 연수를 마친 후 저는 뉴사우스웨일스주 시골 어디에서든 가르칠 의향이 있음을 나타내는 서류에 체크 표시를 했습니다. 처음 교사로서 발령받은 곳은 산이 많고 지형이 험준한 중서부의 오베론 고등학교Oberon High School였습니다. 여기서는 저의 모든 경력을 보는 것보다 향후 경력과 관련하여 이 첫 번째 임용의 중요성을 강조합니다.

모든 신규 교사가 그렇듯이 저는 과학 교실에서 다른 두 분과 함께

'기술'을 배우는 첫해를 보냈습니다. 저는 매우 운이 좋게도 교직 생활을 훌륭하게 시작할 수 있었으며, 다른 신규 교사들에게도 이러한 경험을 전수하고자 합니다. 경험이 풍부한 과학부 부장 선생님은 '새내기' 교사인 저와 긴밀히 협력했습니다. 저는 지원과 멘토링을 받으면서 동시에 새로운 아이디어와 학생 참여를 유도하고 과학을 흥미롭게 만드는 방법을 만들도록 독려받았습니다. 또한 팀의 두 번째 과학 교사와는 강한 유대감이 형성되었고, 다양한 경력 이동으로 인해 물리적인 거리를 극복했어야 했음에도 오늘날 우리는 가장 친한 동료가 되어 지속적으로 긴밀한 관계를 유지하고 있습니다.

첫해가 끝날 무렵 저는 7학년 어드바이저 역할을 맡았고 이듬해에는 학교 전체의 학생 복지를 감독하는 고급 숙련 교사로 선정되었습니다. 이때 한 박사 과정 학생이 교수 실습이 학생 참여와 학습을 어떻게 지원하는지에 대한 연구 제안의 포커스그룹이 되어달라고 우리 교수진에게 연락을 해왔습니다. 우리는 친밀한 그룹이었기 때문에 당시처럼 도전적인 수업 방식에 대해 위험을 감수하고 도전을 받을 자신이 있었습니다. 당시 박사 과정 중이던 개리 호반Garry Hoban은 8학년과 9학년 학생들을 인터뷰하여 무엇이 학습에 도움이 되었는지 조사했습니다. 인터뷰에는 학생들이 과학 수업을 어떻게 즐겼는지, 과학 선생님이 학습에 도움이 된 점과 도움이 되지 않은 점 등의 질문이 포함되었습니다. 인터뷰는 학부모와 학생의 허락을 받아 녹음했습니다. 그런 다음 모든 학생의 의견을 종합하여 실습, 교사와 학생의 관계, 글쓰기, 개별 학습 등의 주제로 정리했습니다. 이 녹음 내용을 재생하여 전문적 학습 활동에 활용했습니다. 일부 녹취는 매우 직설적이었고, 그 결과 우리의 교육 관행에 대한 깊은 토론과 비판적 성찰이 이루어졌습니다.

이 과정을 통해 제가 학교에서 배웠던 방식, 즉 매우 안전하고 체계적이며 교사 중심적인 방식으로 혼합 능력 학급의 학생들을 가르치고 있다는 것이 분명해졌습니다. 모든 학생의 요구를 충족시키기 위해서는 분명히 이러한 접근 방식을 바꿔야 했습니다. 다른 두 명의 교사 동료들도 비슷한 경험을 했습니다. 이 경험은 제 교사 경력에서 중요한 전환점이 되었습니다. 제 수업 방식을 바꾸고 학생들의 개별적인 필요와 요구를 훨씬 더 잘 알게 되었죠. 맞춤식 교육에 대해 훨씬 더 많이 인식하게 되었고, 때로는 다른 아이들이 다른 방식으로 학습하고 다른 그룹이 다른 시간에 다른 일을 하는 '무질서한 교실'이 존재하게 되었습니다. 하지만 그 모든 과정에서 학생, 학생의 배경, 역사, 이해도, 학습 스타일에 초점을 맞추었습니다. 학습 결과, 과학팀은 학생들이 과학을 인식하는 방식에 변화를 보았습니다. 일부 학생들은 과학이 두려운 과목에서 가장 좋아하는 과목이 될 정도로 바뀌었습니다. 학생들의 열정은 전염되어 성적이 눈에 띄게 향상되었고, 더 많은 학생들이 고등학교 과학 과목을 선택과목으로 정했습니다.

그 5년은 훌륭한 배움의 시간이었고, 오늘날 제가 비교적 젊은 교장이 된 이유 중 하나입니다. 오베론에서 근무하는 동안 저는 운이 좋게도 교직원들의 리더십을 보좌할 기회를 얻었습니다. 이 기회는 제가 이 일을 영구적으로 할 수 있다는 자신감을 주었습니다. 모리Moree에서도 마찬가지로 신입 과학 교사들을 이끌고 교감으로 일한 후 더니두 센트럴 학교Dunedoo Central School에 영구적으로 부임하게 되었습니다. 교장직에서 물러날 기회는 있었지만, 다시 한번 운이 좋게도 그 학교에서 실질적인 교장직을 맡게 되었습니다. 저는 전체 학교 스펙트럼과 초중고 환경에서 일하는 것이 즐거웠고, 유아부터 초등학교를 거쳐 중고등학교에 이르는 교육 연속체에 대해 훨씬 더 깊이 이해할 수 있었습니다. 하지만 서부의 매력과 도전을 이끄는 힘은 대단했고 더니두에서 4년간 근무한 후 저는 더 복잡한 학교에서 리더십 역할을 맡을 수 있다는 자신감을 얻었습니다. 마침 버크의 교장직에 채용 공고가 났고, 이후의 일은 모두

역사가 되었습니다.

6. 수업교장 되기

처음 교장직을 맡았을 때 저는 훈련받은 대로 상급 학년 화학을 계속 가르치려고 했습니다. 하지만 이것이 학생들과 자신에게 적절하지 않다는 것을 금방 깨달았습니다. 제 관심을 요구하는 중요한 일은 반드시 화학 수업 시간표에 명시된 그 시간에 일어났습니다. 이 경험을 통해, 25명의 교직원이 있는 바쁜 학교에서는 제 의도가 아무리 좋더라도 학생들을 효과적이고 적절하게 가르치는 것이 불가능하다는 것을 배웠습니다. 이제 저는 필요할 때 임시 수업을 맡으려고 노력합니다. 또한 쉬는 시간과 점심시간에 학교를 돌아다니고 수업 중에는 일부러 학급을 방문하려고 노력합니다. 이를 통해 학생들과 긍정적인 관계를 맺는 가장 좋은 방법은 학생들이 참여하는 곳에서 학생들과 함께하는 것임을 배웠습니다. 뒤뜰에서 핸드볼을 하거나 스포츠, 댄스, 연극 공연 중에 학생들을 격려하는 것이 그 예가 될 수 있습니다.

7. 버크 고등학교 이끌기

버크에게 변화는 '일회성' 이벤트가 아닙니다. 교육 리더로서 직면하는 도전적인 조건을 끊임없이 상기시키는 끊임없는 긴장이 존재합니다. 개인적 이야기를 잠시 하자면, 지난 3년 동안 버크 고등학교에서 보낸 시간은 정말 놀라운 경험이었으며 그 어떤 것과도 바꿀 수 없을 것입니다. 이곳에서의 시간과 경험은 의심할 여지 없이 개인적인 성장과 세상에 대한 이해라는 측면에서 제 인생에서 가장 중요한 시간이었으며, 다른 사람들과 진정으로 소통하고 그들의 관점에서 더 깊이 이해할 수 있는 시간이었습니다.

끊임없는 책임감으로 인한 압박은 에너지의 지속적 소모를 가져올 수 있습니다. 모든 교장 선생님들은 서류 작업과 계속되는 업무 요구로 인한 압박이 때때로 지칠 지경에 이르게 한다고 말씀하실 것입니다. 하지만 대부분 이러한 압박이 오히려 우리를 강하게 만든다고 확신합니다. 끊임없는 분석과 평가, 미래 계획을 세우려면 우리가 하는 일과 그 이유에 대한 깊은 이해가 필요합니다. 이러한 과정을 통해 우리의 성과는 좋아지고 더 높은 수준의 성과도 달성할 수 있다고 생각합니다.

8. 사생활과 업무의 경계 균형 맞추기

위에서 언급했듯이 저는 교실에 들어가서 학교와 주변에 물리적으로 존재감을 드러내는 것을 좋아합니다. 각 교직원과 개인적인 관계를 맺는 것도 물론입니다. 그러나 학교의 성공 요인 중 하나는 학교를 넘는 지역사회와의 연결입니다. 실제로 이를 위해서는 단순히 지역사회에 '거주'하는 것이 아니라 그 안에서 '생활'해야 합니다. 버크의 경우, 이 말은 버크 원주민 커뮤니티Bourke Aboriginal Community 워킹 파티, 다양한 사업체, 로터리Rotary와 같은 지역사회 봉사 단체, 지역 의회, 기관 간 회의, 보건 기관 및 경찰과의 관계 등 학교 밖의 많은 일들에 참여해야 한다는 것을 의미합니다.

작은 지역사회에서는 학부모들이 교장을 만나고 싶다면 업무 시간 중 원할 때 언제든지 대화할 수 있습니다. 운영 측면에서 보면 이 방식은 좋은 측면과 나쁜 측면이 있습니다. 한편으로는 일상적인 활동을 예측

할 수 없게 만드는 반면, 다른 한편으로는 긴밀한 커뮤니케이션을 보장하고 문제가 빠르게 커지기 전에 해결할 수 있게 해 줍니다.

교직원과 지역 공동체는 교장을 교사와 다르게 인식합니다. 때때로 그것은 미세한 균형을 요구합니다. 저는 '그냥 친구'가 될 수 없습니다: 교장은 다양한 상황에서 효과적이고 윤리적인 실천을 보장하기 위해 '전문인으로서의 거리두기'를 유지해야 하기 때문입니다. 동시에 학교의 방향, 비전, 문화에 대한 강한 유대감이 있어야 하며, 특히 학교의 경영진 전체가 이에 공감해야 합니다.

더 넓은 농촌 지역사회의 학부모와 주민들 사이에서는 교장이 마을에서 가장 중요한 리더십 역할을 맡고 있다는 인식이 있습니다. 동시에 교장으로서 지역사회의 일원이 될 것이라는 일종의 기대감도 품습니다. 이 기대에는 다양한 수준의 사람들과 연결하고 수영 클럽, 축구 단체, 기관 간 회의와 같은 조직에 기여하는 것이 포함됩니다. 이 역할의 다양한 측면을 관리해야 하는 압박감은 리더를 '지치게' 만들 수 있습니다. 때로는 작은학교 문제의 반복적인 해결에서 오는 피로의 압박이 이 모든 것을 포함할 정도로 힘들 수 있습니다.

버크에서는 교장 관저가 학교 바로 앞에 자리 잡고 있어 매우 눈에 잘 띕니다. 최근에 울타리가 세워지기 전까지는 학교 운동장 3면 모두에서 교장 관사에 완전히 접근할 수 있었습니다. 그러나 학생들과 지역사회 구성원들은 전문적이라 할 만큼 경계를 유지했습니다. 우리 집 앞에 와서 문제나 이슈를 이야기하는 사람은 거의 없었고, 이는 우리가 물리적으로 가까이 있었지만 집은 우리 가족의 공간으로 남아 있었다는 것을 의미합니다. 하지만 교장이 사회적으로 인정받기를 바라는 기대가 있었습니다. 이것은 훌륭하지만, 개인적으로는 상당히 부담스러운 일이었습니다. 시골 마을에서 교장 역할을 맡은 사람은 때로는 미묘하기도, 또는 미묘하지 않기도 한 기대에 대해 충분히 알고 기회를 최대한 활용하겠다는 결심을 하고 교장 역할을 수행해야 합니다.

9. 기금 마련 및 임시 교사 찾기

연구에서도 잘 나와 있듯이, 시골 학교의 임시 교사를 구하고 자금을 조달하는 것은 아무리 좋은 시기에도 까다로운 일입니다. 버크에서 성공적으로 사용한 전략 중 하나는 기간제(12개월) 기금으로 임시 교사를 추가로 고용하는 것이었습니다. 이러한 직책의 매력도를 높이기 위해, 교사들의 업무량 중 일부를 실질적인 것으로 만들었습니다. 즉, 정규 수업 한두 개를 배정하고 나머지 업무량은 임시적인 요소로 구성했습니다. 반대로 정규직 교사의 업무 일부를 임시 수업으로 할당했습니다. 특정 날에 임시 수업이 필요하지 않은 경우, 해당 교사는 학교 전반에 걸쳐 팀 티칭과 학습 촉진을 돕기 위해 시간표상에 적절히 배치되었습니다. 그 결과 '임시 교사'라는 개념이 사라졌습니다. 모든 교사는 자신의 기술과 경험을 개발할 수 있도록 최소한, 지속적인 수업을 담당했습니다. 또한 모든 교사가 학교 팀의 일원이 되기를 원했기 때문에 교직에 대한 헌신과 근속 기간을 늘릴 수 있었습니다.

학교는 교직원 외에도 학생들의 학습을 지원하기 위해 여러 명의 문해력 및 수리력 튜터를 고용했습니다. 튜터들은 교사와 학생들과 함께 읽기 학습 접근법이나 소그룹 수리 학습과 같은 특정 프로그램을 진행했습니다. 때로는 튜터가 학생과 일대일로, 때로는 학생 그룹과 함께 작업하기도 했습니다. 또한 교장 선생님(교수진 리더)과 행정 임원 직원이 학교 곳곳에서 눈에 띄고 수업에 자주 들락날락하는 등 학교 내 가시적인 문화가 형성되어 있었습니다.

10. 학습 자금 조달

제한된 자금은 제한된 옵션과 같습니다. 버크 고등학교는 사회경제적 지위가 낮았기 때문에 우선순위 조치 학교 기금을 받을 자격이 있었으며, 연간 추가 기금에도 해당했습니다. 이 자금은 학교의 학습 계획을 통해 특히 문해력, 수리력, 출석률 및 유지율을 중심으로 학생의 성취도를 향상시키는 프로그램에 할당되었습니다. 또한 버크의 지리상 위치 덕분에 농촌 지역 프로그램CAP: Country Areas Program을 통해 추가 기금을 받을 자격을 얻게 되었습니다.

지역 학교에서 지원서와 보고서를 작성하는 것은 빈번한 활동입니다. 매년 주정부 원주민 교육훈련청Aboriginal Education and Training Directorate과 연방 원주민 교육훈련청federal DEEWR agency을 통해 특정 원주민 교육 프로그램에 대한 기금을 신청해야 합니다. 버크 고등학교의 학생들은 성공적인 기금 신청을 통해 수년 동안 선배 학생 멘토링 및 출석 장려 프로그램과 같은 활동을 통해 지원을 받아왔습니다.

추가 자금의 장점은 학교 커뮤니티 내에서 주요 우선순위를 개발할 수 있다는 것입니다. 단점은 모든 자금이 학교 계획 및 연례 학교 보고서에 따라 조정되고 회계 처리되지만, 자금을 제공하는 각 조직이 자금 흐름에 따라 별도의 책임 프로세스가 필요한 경우가 많다는 것입니다. 즉, 각 자금에 대해 서로 다른 보고서와 보고 체계가 필요했습니다. 결과적으로 더 많은 관리가 필요하고 여러 보고서를 준비하는 데 많은 시간이 소요되었습니다. 자금 사용에 대한 보고가 중요한 핵심 책임이 아니라고 말하는 것은 아닙니다. 하지만 때때로 중복되고 약간씩 다른 보고 요건으로 인해 일의 초점이 학생 교육에서 서류 관리로 옮겨가게 됩니다.

자금 지원과 관련하여 어려움을 겪는 또 다른 측면은 할당 시기입니다. 예를 들어, 문해력 및 수리력 튜터를 고용하는 데 필요한 자금은 종종 서류 제출이 완료된 후 연간 단위로만 제공됩니다. 우리 상황에서는 튜터와 멘토를 지역 커뮤니티에서 구해야 하는데, 안타깝게도 연간 자금 지원 주기로는 12개월 이상 고용 안정성이 거의 보장되지 않습니다. 좀 더 지속적이며 예측 가능한 자금 지원 체제로 전환하면 학교는 지역 주민들에게 영구적이거나 최소한 장기적인 고용을 제공할 수 있으며, 선의와 지역사회 연결 강화, 더 높은 수준의 전문성 개발 및 소유권을 포함한 다양한 부수적인 효과가 가능합니다. 그리고 정규직 또는 3년 계약을 통해 얻을 수 있는 가장 큰 이득은 교직원 개인에게 돌아갈 것입니다. 교직원들은 주택이나 기타 자본을 구매할 가능성과 같은 중기적인 재정 결정을 내릴 수 있는 강력한 권한을 갖게 됩니다. 이는 결과적으로 지역사회 전체에 이익이 됩니다.

11. 리더십의 중요한 순간

원주민 언어 소개 및 유지 관리

새로운 리더십 직책에서 성공하기 위한 두 가지 중요한 토대는 새로운 직책을 둘러싼 지배적인 문화에 대한 이해와 학교 안팎의 관계 구축입니다. 신임 교장들 대부분은 새로운 환경에서 지역사회 단체와의 관계를 발전시키는 것을 최우선 과제로 삼습니다. 버크에 부임한 초기에 무다 원주민 코퍼레이션Muda Aboriginal Corporation을 처음 방문한 것은 여러 가지 의미에서 매우 뜻깊은 일이었고 기억에 남습니다. 무다 원주민 코퍼레이션은 원주민 고용, 사회복지 및 교육을 성공적으로 발전시키고 있는 단체로, 라디오 방송국 2CUZ FM 106.5의 프로그램 개발 및 송출과 왕쿠마라Wangkumarra 언어의 전통을 통해 원주민 유산과 문화를 개발 및 연구하는 언어 센터를 운영하고 있습니다. 무다 원주민 코퍼레이션의 리더인 그렉Greg과 클랜시 맥켈러Clancy mckellar는 첫 방문에서 저를 따뜻하게 맞이해 주었고, 그들의 개방성과 왕쿠마라 언어에 대한 열정에 감탄했습니다.

버크에서 리더십을 발휘하는 동안 가장 중요하고 유익한 순간 중 하나는 변화에 관한 것이었습니다. 가장 중요한 업무는 버크 고등학교에 원주민 언어를 도입한 것이었습니다. 학교의 모든 학생(원주민 및 비원주민) 교육의 일부로 현지 원주민 언어를 도입하기 위해 해결해야 할 어려움이 많았기 때문에 이 일은 매우 중요했습니다. 우리는 자신의 역사, 문화, 언어의 렌즈를 통해 자신을 이해합니다. 교육의 근본적인 부분은 학생들이 자신에 대해 더 깊이 이해할 기회를 제공하는 것입니다. 이는 유럽인들이 정착한 이후 역사와 문화의 중요한 부분을 잃어버린 원주민들에게 특히 중요합니다.

처음 무다 코퍼레이션을 방문했을 때 그렉과 클랜시는 원주민의 어려움에 대해 매우 솔직하게 이야기하고 자신의 여정 중 일부를 공유했습니다. 때때로 이것은 매우 개인적인 이야기였고 저는 곧바로 친밀감과 공감을 느꼈습니다. 그렉은 저에게 '우리는 과거에 머물러서는 안 됩니다. 미래를 바라봐야 합니다'라고 말했습니다. 저는 역경에 대응하는 그의 낙관주의에 영감을 받았습니다. 즉시 무다 원주민 기업과 학교 간의 파트너십에 대한 높은 잠재력을 볼 수 있었습니다.

뉴사우스웨일스주 교육청의 요구사항에는 4단계(7, 8학년) 학생들에게 영어 이외의 언어LOTE: languages other than English를 가르쳐야 한다는 내용이 포함되었습니다. 2007년 이전 수년 동안 버크 고등학교의 학생들은 오슬란어를 LOTE 과목으로 배웠습니다.

저는 버크에 도착한 첫 몇 주 동안 버크 고등학교의 튜토리얼 센터에서 약 14명의 학생과 대화를 나누면서 원주민 언어 프로그램 도입의 필요성을 매우 분명하게 깨달았습니다. 학생들은 어느 원주민 민족과 관련이 있느냐는 질문에 단 한 명도 자신의 개인사를 제대로 알지 못했습니다.

제 마음속에는 '학생들이 자신의 유산과 문화를 이해하고, 감사하고, 축하하지 않는다면 어떻게 자신이 누구인지, 자신이 살고 있는 세상을 이해하기를 기대할 수 있을까'라는 의문이 들었습니다. 교장으로서 저는 교육적 성취 향상과 학생의 학습 참여 사이의 연관성도 분명히 이해했습니다. 무다 원주민 코퍼레이션의 그렉과 클랜시는 학생들에게 부족한 원주민 역사와 문화에 대한 깊은 이해가 있었기 때문에 그 연관성은 분명했습니다.

그것이 출발점이었습니다. 하지만 그렉과 클랜시에게 학교와의 관계는 복잡하고 감정적인 문제였다는 것을 이해하는 데는 그리 오랜 시간이 걸리지 않았습니다. 그들은 과거에 학교와 파트너십을 시도했지만 성공하지 못했습니다. 저는 파트너십의 가능성을 다시 조사하는 용기를 보여준 그렉과 클랜시에게 존경을 표했고, 원주민을 존중하고 학교가 원주민 언어, 역사, 문화에 대한 그렉과 클랜시의 지식을 부당하게 이용하지 않도록 하는 신중한 협상의 필요성을 분명히 이해했습니다.

제 편에서는 원주민 커뮤니티에서 일하는 것에 대해 더 깊이 이해하고 그들의 관점에서 문화와 역사에 대해 더 많이 배워야 할 필요가 있다는 것을 알았습니다. 저는 그렉과 클렌시와의 개인적인 관계에서 그 형태를 발전시켜야 했고, 다른 직원들도 함께 참여시켜야 했습니다.

버크는 약 16개 원주민 부족으로 구성된 복잡한 원주민 커뮤니티입니다. 이 중 왕쿠마라 부족이 가장 규모가 큽니다. 그러나 이 땅의 원래 관리자는 응엠바 부족이라는 것이 인정되고 있습니다. 왕쿠마라 언어를 가르치는 것에 대해 응엠바 부족의 허가를 받아야 하는 것은 이 프로그램이 성공하기 위해 극복해야 할 중요한 장애물이었습니다. 이를 위해서는 버크 원주민의 최고 기구인 커뮤니티 워킹 파티의 승인이 필요했습니다. 당연히 커뮤니티 워킹 파티는 다른 사람들 및 단체와 마찬가지로 처음에는 이 아이디어의 실현에 대해 다소 회의적이고 냉소적이었습니다. 하지만 커뮤니티 워킹 파티는 향후 다른 언어도 배제하지 않는다는 조건으로 왕쿠마라 언어 교육에 대한 승인을 내렸습니다. 버크가 많은 원주민 언어를 가르치는 '허브'로 발전하는 강력한 비전이었습니다. 이는 버크의 더 넓은 원주민 커뮤니티를 반영하고 다른 커뮤니티를 위한 모델이자 자원이 될 것입니다.

신뢰는 설립과 개발에 있어 중요한 특징입니다. 개발 단계 동안 신뢰와 투명성을 증진하려고 노력했습니다. 이는 각 조직과 사람이 아이디어와 관련하여 어떤 생각을 하고 있는지 이해하는 데 시간을 할애함으로써 발전했습니다. 이 과정에서 가장 중요한 것은 커뮤니티와 학생에게 돌아가는 혜택을 최우선으로 생각하고, 개발된 자원에 대한 그렉과 클랜시의 지적 재산을 인정하는 것이었습니다.

저는 과학적 배경 때문에 처음에는 이 이니셔티브의 리더십에 상당히 단선적인 방식으로 접근했습니다. 하지만 원주민의 역사와 문화를 반영하고 존중하는 훨씬 더 순환적인 경로를 통해 원주민 문화에서 의미 있는 변화를 이룰 수 있다는 사실을 금방 깨달았습니다. 그렉, 클랜시 및 버크의 다른 원주민들과 의미 있는 관계를 발전시키는 데 있어 가장 중요한 것은 대화하는 시간, 즉 매우 순환적인 방식이었습니다. 제 개인적으로는 매우 강력한 경험이었으며 매우 감사하게 생각합니다.

학교 내 다른 학생들도 이 프로그램에 참여했습니다. 당시 버크 고등학교에 평범한 원주민 교사로 재직 중이던 타이슨 윤카포르타Tyson Yunkaporta의 놀라운 지성과 원주민 문화에 대한 열정은 저에게 즉각적이고 지속적인 인상을 남겼습니다. 타이슨이 들려준 역경의 역사와 그 자신의 개인적인 여정은 정말 영감을 주었습니다. 그는 현재 원주민 학습과 지식에 관한 박사 학위를 취득하고 있습니다. 타이슨이 여러 원주민 커뮤니티에서 일하며 쌓은 지식과 경험, 문화적 관습은 매우 귀중한 것이었습니다.

팀에 합류한 두 번째 교사는 네덜란드에서 새로 부임한 버딘 워네 Berdine Warne였습니다. 버딘은 버크 고등학교에서의 실습을 위해 호주로 오기 전에 원주민 문화와 언어를 공부한 경험이 있었습니다. 호주에 있는 동안 버딘은 호주와 버크의 교사와 사랑에 빠져 결혼을 하고 호주에 머물기로 했습니다. 두 사람은 정기적으로 만나 관계를 발전시키고 프로그램의 가능성과 프로세스에 대해 논의했습니다. 이 만남이 반드시 아늑한 대화만 있었던 것은 아닙니다. 대화는 때때로 도전적이고 대립적이었으며, 우리가 어디에서 왔는지를, 또 버크 고등학교에서 원주민 언어라는 의제를 추구하게 된 동기를 되돌아보게 되었습니다. 때로는 앞으로 나아갈 방법을 협상하는 과정에서 저의 진실성에 의문이 제기되는 것을 느꼈습니다.

저는 양질의 교육은 폭넓은 교육이라는 철학을 가지고 있습니다. 이는 학생들이 학교를 넘어 더 넓은 세상에서 의미 있는 삶을 살 수 있도록 지식, 기술 및 자신에 대한 이해를 제공하는 강력하고 긍정적인 관계를 기반으로 한 광범위하고 다양한 경험의 총체적인 총합입니다. 문해력과 수리력은 매우 중요하며 명시적으로 가르쳐야 하지만, 맥락과 무관하게 가르치면 무의미해질 수 있습니다. 학생들은 먼저 자신이 누구인지, 자신의 역사나 문화에 대해 이해해야 합니다. 원주민 언어를 사용하는 프로그램을 도입한 것은 학교 내에서 원주민 문화와 역사에 대한 인식을 심어주고 눈에 띄는 입지를 마련할 방법이었습니다.

프로그램과 프로그램 개발을 주도하는 사람들이 학교의 나머지 부분과 연결될 수 있도록 경영진에게 정기적으로 결과를 보고하고 공유했습니다. 또한 교직원 회의에서 정보 시트가 제공되었습니다. 경영진은 매우 헌신적이었고 프로그램을 주도하는 팀을 강력하게 지원했습니다. 전체 교직원들의 지원 수준은 다양했는데, 대부분은 프로그램에 매우 헌신적이었지만 일부는 그렇지 않았습니다.

이 프로그램의 개발은 서부 지역 교육훈련부, 특히 버크 스쿨 교육 책임자인 제인 캐버나Jane Cavanagh의 강력한 지원으로 이루어졌습니다. 이러한 지원은 모든 것이 불가능해 보였던 어려운 시기에 특히 결정적인 역할을 했습니다. 제인은 또한 프로그램에 대한 재정적 지원을 확보하는 데 중요한 역할을 했습니다. 이 지원이 없었다면 이 프로그램은 시작되지 못했을 것입니다. 뉴사우스웨일스 연구위원회도 결정적인 역할을 했고 강의 계획안 콘텐츠와 뉴사우스웨일스 전역의 성공적인 원주민 언어 프로그램에 대한 정보를 제공했습니다.

이 글을 쓰고 있는 지금, 8학년 100시간 프로그램은 거의 3년 동안 운영되어 왔으며 매우 성공적이었습니다. 처음에는 아무도 이 프로그램이 성공할 것을 생각하지 못했습니다. 이 프로그램이 '성공'할 것이라는 보장이 없었으니까요. 이제야 성공이 분명해졌습니다. 가장 큰 성공의 지표는 2009년에 충분한 학생들이 9학년과 10학년에서 200시간의 왕쿠마라 원주민 언어 과정을 선택하여 8학년에서 배운 언어, 문화 및 역사를 이어갈 수 있게 된 것입니다. 원주민이 아닌 학생들을 포함한 학생들은 이제 지역 원주민 문화에 대해 더 자신감을 갖게 되었으며, 더 넓은 지역사회와 함께 정기적으로 활동을 하고 있습니다. 이러한 지역사회와의 연계는 학교를 넘어 더 많은 관계를 형성하고 더 자주 교류할 수 있는 계기를 마련했습니다.

돌이켜보면 원주민 언어 프로그램의 도입은 다른 방법으로는 시도할 수도 없었고 시도해서는 안 된다고 생각합니다. 이 개발을 착수하는 것은 위험했지만 학교와 더 넓은 지역사회의 문화에 따라 우리는 그 위험을 감수할 준비가 되어 있었습니다. 어려움과 좌절이 있을 수 있지만 함께하면 성공할 수 있다는 것을 인식하는 것이 이 여정의 중요한 특징이었습니다.

12. 다음 단계로 이동

가족과 함께 다른 학교로 옮긴다는 사실을 버크 학교에 알리는 것은 어려웠습니다. 버크에서 보낸 3년은 제 교직생활 중 가장 도전적이면서도 보람 있는 시간이었고, 떠나는 것이 힘들었습니다. 이 글을 쓰는 지금도 저는 버크와 고립된 오지의 커뮤니티에 강한 매력을 느끼고 있습니다. 공동체 의식과 라이프 스타일은 고립으로 인한 손실을 상쇄하는 것 이상의 뛰어난 특징입니다. 하지만 현실적으로 저는 아웃백에 대한 유산이나 태생적 연고가 없고, 저와 루이즈는 우리 아이들에게 강한 가족적, 역사적 유대감을 제공하고자 하는 열망으로 뉴사우스웨일즈 중서부의 지역 중심지로 다시 돌아왔습니다. 이 모든 것이 쉬운 일은 아니었습니다. 이제 우리 삶은 그 어느 때보다 복잡하고 바쁘게 돌아갑니다. 지난 주말에야 12살인 큰아이가 '아빠, 버크에 있을 때의 생활 방식이 훨씬 좋았어요'라고 말했습니다. 우리는 어디든 걸어 다녔고 서로와 더 많은 시간을 보냈고 딸의 그 말에는 많은 진실이 담겨 있습니다. 저희는 또한 아웃백의 '색'이 그립습니다. 버크를 연상시키는 분홍색과 회색은 다른 곳에서는 찾아볼 수 없는 멋진 색입니다.

버크 커뮤니티 사람들에게 이 사실을 알리는 것도 어려웠습니다. 아니, 어쩌면 더 어려웠을지도 모릅니다. 제가 이사 간다는 사실을 '공식적으로' 알린 것은 발표의 밤이었습니다. 발표 후에 사람들은 감정적으로 물러서는 것을 느낄 수 있었습니다. 아마도 오랫동안 버크에 살던 사람들의 눈에는 이러한 결정이 자신들과 그들의 지역사회에 대한 거부로 해석될 수 있었기 때문일 것입니다. 제 입장에서는 결코 그렇지 않았지만, 버크의 지역 주민들은 특히 지도자들이 자주 떠나는 것을 경험하기 때문에, 관계를 지속하기보다는 차라리 끊어내고 그것을 과거의 일로 여기기가 더 쉬운 것 같습니다. 이해할 만한 이유입니다.

13. 내가 배운 주요 교훈

다음 단락은 버크 고등학교에서의 경험을 바탕으로 한 핵심 교훈을 요약한 것입니다. 제가 교장직을 고려하는 다른 사람들에게 조언의 근거로 이 내용을 선택한 이유는 소규모 시골 지역사회에서 교육 리더십을 성공적으로 이끌기 위한 중요한 교훈이라고 생각하기 때문입니다. 1966년 개교 이래 다른 많은 지역 및 시골 학교와 마찬가지로 버크 고등학교는 에너지와 이상, 새로운 아이디어로 가득 찬 강인하고 독립적이며 자신감 넘치는 리더들의 역사를 가지고 있습니다. 버크 고등학교의 경우 2~3년마다 리더십 스타일이 바뀌었습니다. 오랜 기간 근무한 많은 교직원과 더 넓은 커뮤니티가 잦고 때로는 극적인 방향과 리더십 스타일 변화에 지치고 심지어 냉소적일 수 있다고 이해할 수 있습니다. 새로운 리더로서 저는 이러한 변화가 학생의 성취도를 높이고 학생, 교직원 및 더 넓은 커뮤니티가 학교의 문화와 주인의식을 구축하는 데 도움이 되는 것이 중요하다고 생각했습니다. 이는 결국 교육 현장에서의 기술과 자신감 향상으로 이어질 것입니다.

이를 위해서는 학교 안팎의 관계 구축이 중요했으며, 학교의 새로운 구성원들이 자주 빠지는 함정이 될 수 있는 미묘한 뉘앙스와 문화적 규범을 발견하고 인정하는 것도 중요했습니다. 결국, 버크 고등학교의 지속적인 성공은, (비슷한 학교가 많다고 생각하지만) 지역 학생들에게 가장 맥락에 적합하고 의미 있는 교육을 제공하는 데 초점을 맞춘 긍정적이고 장기적인 '학교 문화'의 지속적인 구축에 달려 있다고 생각합니다. 리더십 지망생의 성공 여부는 자신의 스타일과 우선순위를 일치시키고, 이를 재임 기간 동안 더 넓은 지역사회에 의해 학교의 문화와 주인의식을 심화시키는 데 사용할 수 있는 능력에 달렸습니다. 교문 밖의 학부모와 지역사회가 학교에 대한 주인의식을 갖는 것의 중요성은 아무리 강조해도 지나치지 않습니다. 학교는 홀로 존재할 수 없고 결국 더 넓은 범위의 파트너십에 의존합니다.

학교는 외부 세계와 연결되지 않은 채 홀로 진공상태로 존재해서는 안 됩니다. 버크 고등학교의 슬픈 현실은 많은 학부모가 긍정적인 학교 교육 경험을 갖지 못했다는 것입니다. 신뢰가 구축되지 않은 상태에서 학부모가 학교와 긍정적인 관계를 맺기를 기대하는 것은 현실적이지 않았습니다. 관계를 구축하려면 지역 학교의 리더십과 교직원이 학교 밖의 팀과 위원회에 참여하여 학부모를 알아가고, 가정을 방문하고, 더 확장된 지역사회 각계각층의 사람들과 대화해야 합니다. 더 넓은 커뮤니티가 리더십이 진정성이 있다고 생각할 때만 긍정적으로 반응할 것입니다. 이 커뮤니케이션 흐름은 양방향이지만, 그 시작은 커뮤니티가 아닌 학교의 책임입니다. 버크의 커뮤니티는 진정성을 가지고 미래를 걱정하지만, 사람들은 이전에 보아왔던 모든 조직에서의 새로운 리더십에 대해 당연히 조심스러워합니다. 결국 그들은 리더로서 우리가 얼마나 신경을 쓰는지 알 때만 관심을 가질 것입니다.

* 2009년 3월, 데이비드는 뉴사우스웨일스 중서부에 있는 카노윈드라 고등학교의 교장으로 임명되었습니다.

제9장
래피드 베이Rapid Bay와
람코Ramco 초등학교,
사우스오스트레일리아South Austrailia

배리 니븐(Barrey Niven), 교장

제가 가르치고 이끌었던 학교의 문을 열고 들어서면 당신은 작고 고립된 학교에 있다고 생각하지 않을 것입니다. 보통 우리는 교육과정의 모든 영역들을 전달할 수 있습니다. 그리고 우리가 그것을 대면으로 할 수 없을 때는 비디오나 다른 종류의 학습 테크놀로지를 통해 연결 가능한 사람들에게 연결합니다.

2008년 래피드 베이 초등학교의 주요 상황
- 등록 학생 36명
- 혼합연령 2학급, 입학생Reception~3학년(5세~8/9세)와 4~7학년(10세~13세)
- 시간제 교사 3명: 전일제 교장(전일제로 계산 시FTE 3.0명)

2009년 람코 초등학교 주요 상황
- 등록 학생 134명
- 6개 혼합연령 학급(입학생Reception, 1학년, 2/3학년, 3/4학년, 5/6학년, 6/7학년)
- 5세~13세
- 9명의 교사(2명은 시간제)(전일제로 계산 시FTE 7.6명)

---

1. 래피드 베이Rapid Bay와 람코Ramco에 대해

래피드 베이 초등학교의 교장으로 4년이 지난 2009년에 저는 람코 초등학교의 교장으로 취임했습니다. 이번 장에서 저는 이 학교들에서 지도자로서 그리고 교사로서 경험한 것들을 중심으로 언급하려고 합니다. 저의 37년 교육 경력의 대부분은 사우스오스트레일리아의 작은학교입니다. 그래서 설명 중 가끔은 다른 학교 리더십 경험에 대해 언급하기도 할 것입니다.

래피드 베이는 저의 마지막 학교가 위치한 곳으로, 마을 인구는 9명에 불과했습니다. 이 작은 마을은 플뢰리외 반도Fleurieu Peninsula 서쪽에 있는 주도the state's capital city인 애들레이드Adelaide에서 남쪽으로 95km 떨어진 곳에 있습니다. 제가 현재 근무하고 있는 람코 초등학교는 애들레이드에서 200km, 와이커리 마을Waikerie township에서 7km 정도 떨어진 머리강 근처에 있습니다. 람코 지구에는 상점, 호텔, 우체국은 없지만, 고유의 정체성으로 볼 수 있는 스포츠 클럽과 학교가 있습니다. 주민들은 원예작물 재배로 생계를 꾸리고 있으며, 가뭄과 농업용수 할당이 매우 부족하여 어려움을 겪고 있습니다. 관개 시설이 없는 이 지역은 엄밀히 말하면 사막이나 다름없습니다.

학교의 외관은 지역공동체가 강력한 주인의식을 가지고 있다는 우선적 표식이 됩니다. 학교의 외관은 깨끗하고, 단정하며, 깔끔한 모습이며, 이는 지역공동체에 의해 유지되고 있습니다. 이것은 이 두 학교뿐만 아니라 호주의 많은 작은학교의 큰 특징입니다. 작은학교들은 단지 아이들이 배우는 장소가 아니라 지역공동체의 구심점입니다.

두 학교의 지역공동체는 모두 국적nationalities, 배경, 경험에서 차이가 있어 매우 다양합니다. 예를 들어 래피드 베이에서는 상류 지주 계층부터 대안적 생활양식을 추구하는 사람들까지 살고 있습니다. 람코도 비슷한 주민들이 거주하고 있습니다. 이것은 이런 곳의 학교들이 '작은'이라는 것으로 묶여 있지만, 그 학교들은 매우 다른 가정환경과 성장 배경을 가진 다양한 학생들을 수용할 수 있어야 한다는 것을 의미합니다.

2. 시스템 주요 우선 사항

호주의 다른 시스템과 비슷하게 사우스오스트레일리아에서도 우리가 학교에서 알고, 실천하는 데 영향을 미치는 정부 교육 시스템의 주요 우선 사항이 있습니다. 문해력, 수리력, 과학에 대한 교수와 학습, 그리고 국가교육과정에 대한 이해를 높이는 것이 그 몇몇입니다.

제가 관찰하고 경험한 (오랜 시간이 지난 지금까지도) 교장으로서 저의 역할에서 주요 변화는 보고reporting, 책무성accountability, 그리고 학생 성취도가 크게 강조되었다는 것입니다. 학생 성취도에 대해 늘어가는 강조 사항들은 어쨌든 교사로서 그리고 지도자로서 우리의 주요 업무라는 점에서 나에게 아무런 문제가 되지 않았습니다. 그렇지만 '나무를 측정한다고, 더 잘 자라게 할 수는 없습니다.' 가끔 저는 외적 책무성들external accountabilities과 보고에 대한 요구가 증가하면서 제가 관심을 가지고 향상하게 해야 할 학생들로부터 점점 멀어져 귀중한 시간과 전문지식expertise을 앗아갈 수 있다고 느꼈습니다.

우리가 이와 같은 긴장을 해소하기 위한 한 방법은 학교에 대한 자료 data를 '짜내는wringing it dry' 것으로 시간을 보내는 것이었습니다. 우리가 한 그 과정은 첨단 과학rocket science 아니지만, 그 핵심은 교사의 일에 관해 다른 교사들과 이야기하는 것이었습니다. 우리는 함께 모여 앉아서 '우리가 가지고 있는 학생 성취도 자료에 기반하면 우리 반 학생들을 위한 우선 사항이 무엇일까?'라고 질문합니다. 이번 글을 작성할 당시 우리의 상황에서 문해력과 수리력은 중요했고, 과학은 그렇지 않았지만, 정보통신기술ICT의 통합은 중요했습니다. 이것이 그해 우리의 '중요hot' 분야입니다. 결과적으로 이런 지식과 이해를 바탕으로 다른 세 개의 작은학교와 함께 수리력을 중심으로 하는 클러스터 프로젝트인 'Big Idea in Number'라는 전문적 학습 활동의 토대를 마련하게 되었습니다.

Part1의 연구와 일관되게 우리는 몇몇 이유로 클러스터에 참가합니다. 작은학교에서는 학교마다 입학 초기의 학생, 초등생 등과 같은 학생을 담당하는 교사가 단 한 명일 때가 보통입니다. 클러스터에 참가하면 3~4명의 교사가 그룹으로 일할 수 있게 됩니다. 그들은 다른 교사들과 서로의 아이디어를 교환할 수 있으며, 경험을 공유하고 서로 배울 수 있습니다. 클러스터에 참가한다는 것은 개별적으로 감당할 수 없는 전문적 학습의 비용도 분담할 수 있습니다. 또한 우리가 자원을 효율적으로 활용하기 위해 계획하고 일정을 짜기만 한다면 자원도 공유할 수도 있습니다. 학생들 또한 다른 학생들과 함께 작업하며, 폭넓은 사회적 교류와 교우 관계의 기회를 얻게 됩니다.

3. 내가 교장이 되기까지의 과정

저의 리더십 직책 대부분은 작은학교였고, 특히 마지막 몇 학교에서 그렇습니다. 이런 학교들의 공통적 특성은 시가지가 없고, 상점이나 술집도 거의 없어 상대적으로 고립되어 있다는 것입니다. 일부 연구에서 대규모 학교의 교장에 지원하기 위해 작은학교에서의 경험을 쌓으려는 '시간 보내기doing their time'를 하고 있다는 것과 달리, 저는 사실 작은

학교에서 학생들을 이끌고 가르치기 위해 선택했습니다. 제가 이런 길을 선택한 이유는 가르치는 것과 배우는 것은 동반자 관계partnership이며, '한 아이를 기르기 위해 온 마을이 필요하다takes the whole village to raise a child'고 믿기 때문입니다. 도시 학교와 큰 시골 시가지에서 가르치는 동안에는 '마을'이라는 느낌은 없었습니다.

저는 1986년에 지원하지도 않은 첫 교장 자리를 제안받았습니다. 교장교육담당관Principal Education Officer은 제 어깨를 두드리며 '부보로위 Booborowie 초등학교의 교장으로 가주었으면 합니다'라고 말한 것이 전부입니다. 저는 수락했고, 저의 교장 경력은 그렇게 시작되었습니다.

1986년에 발생한 일이라 오늘날의 시스템 작동 방식과는 거리가 있습니다. 최근의 임용 관행에서는 교장 자리가 공석이 되면, 공개 지원 절차를 거쳐야 합니다. DECS 자료에 기반한 사우스오스트레일리아의 최근 통계에 따르면, 모든 시골 교장 자리가 공석일 때, 지원자가 5명 미만이라고 합니다. 이는 소규모이거나 외딴 지역의 학교에서 두드러지는데, 이런 곳은 가끔은 지원자가 전혀 없기도 합니다. 보통 이런 학교에 부임하는 교장은 리더십 경험이 제한적이거나 전혀 없는 경우가 많습니다.

4. 수업교장teaching principal 되기

현재 저는 0.95^{2}에 상응하는 상근직 리더입니다. 저는 학생 상담사로 0.3, 특수교육으로 0.3만큼 업무량을 맡고 있기도 합니다. 이를 모두 더

---

2. (역자 주) 교장의 온전한 역할 수행을 1이라고 볼 때, 0.05 정도를 뺀 0.95 정도의 교장이라고 표현한 것으로 5% 정도 부족한 교장직 수행을 하고 있다는 표현이라고 볼 수 있다. 이후 상담사와 특수교육으로 0.3씩 담당하고 있어 1.55명 수준의 업무를 수행하고 있는 것으로 해석할 수 있을 것이다. 큰 틀에서는 교장직 외에 상담사와 특수교육까지도 담당해야 한다는 것을 말하는 도입부이다.

하면 저는 1.55만큼의 업무량을 수행하고 있다는 뜻입니다. 제가 이끄는 학교에서 전형적인 1주일이라는 것이 있는지 모르겠습니다. 사우스오스트레일리아 작은학교 연합의 대표이자 몇몇의 주정부 소위원회를 하고 있는 저에게 '전형적인' 1주일이란 어쩌면 누군가에게는 '전형적인' 1주일이 아닐 수도 있을 것 같습니다. 주당 85시간 일하는 것은 저에게 드문 일이 아닙니다. 예를 들어 오늘 아침 7시 30분에 첫 회의가 있었고, 어제는 오전 6시 50분에 첫 회의가 있었습니다. 회의가 이르게 잡히는 것은 학교의 교사들과 연락을 통해 결정됩니다. 저는 교사들이 시간이 있을 때를 골라 저의 시간을 맞추려고 노력합니다. 저희가 하는 일의 방식을 유연하게flexible 하는 것은 작은학교에서 보이는 일반적 특성입니다.

제가 시간과 시간 활용에 대해 글을 쓰는 이유는 저 자신을 달래기 위해서가 아니라, '전형적인' 일주일이 없을 수도 있지만, '과부하'되는 것이 작은학교의 리더가 되는 상당히 전형적인 경험이 된다는 것을 짚고 넘어가기 위해서입니다. 사우스오스트레일리아에서 저희와 같은 교장의 대부분은 가르치는 것을 0.4 또는 0.5 또는 0.6 또는 그 이상의 업무량을 맡고 있으며, 호주 전역의 작은학교 교장들도 이와 비슷한 상황이라고 생각합니다.

현재 근무하고 있는 학교에서 제가 학생들과 직접 대면하는 일은 합창단을 가르치는 것뿐입니다. 그 외에는 필요에 따라 학생들을 가르치고 있습니다. 예를 들어 저는 특수교육 담당자로서 교직원을 위한 프로그램을 검토하거나 프로그램을 제공하는 담임 교사, 장애 코디네이터 또는 학생 지원 담당자와 상의하여 프로그램을 검토하는 것입니다. 마찬가지로 상담자로서 저의 역할은 필요에 따라 시간이 정해집니다.

5. 의사소통

교육적 리더십 요구사항과 행정적 리더십 약속을 균형 있게 맞추는 것은 상당한 난이도가 있는 도전입니다. 가끔 저는 시에 있는 교육청 head office이나 수백 킬로미터 떨어진 곳에서 열리는 회의에 참석해야 합니다. 그러다 보니 직원들과 잘 소통하여 제가 무엇을 하고, 왜 하는지, 그리고 그것을 하는 것이 학교와 전체 시스템 또는 작은학교에 가져다 주는 이점이 무엇인지 이해할 수 있도록 해야 합니다. 예정된 회의에 참석하지 못한다면, 나중에라도 반드시 이를 메워야 합니다. 이와 같은 접근 방식은 제가 가진 리더십의 의미에 기반하고 있습니다.

이와 같은 서비스 관점에서 리더십을 바라본다면, 저는 교사와 직원들이 학생들의 많은 요구를 충족시킬 수 있도록 필요한 자원들을 배치하는 것이 저의 우선적인 역할이라고 생각합니다. 그것은 제가 학교운영위원회 위원장과 운영위원회governing council, 학부모 및 친우 위원회 Parents and Friends Committee를 포함한 우리 지역공동체와의 친밀한 동반자적 관계가 필요하다는 것을 의미합니다. 혹자는 '작은학교'이기에 소통이 더 쉬울 거라고 생각할 수도 있지만, 실제로는 항상 그렇지만은 않습니다.

많은 작은학교에는 직원과 봉사자 중 여러 명의 시간제 인력이 있는 것이 일반적입니다. 래피드 베이와 랍코 초등학교에서도 모두 주간 게시판을 마련했습니다. 한 주가 시작될 때, 그 주의 모든 활동들은 게시되고 모든 직원과 교사, 보조직들에게 이메일로도 전송됩니다.

집에 있든 학교에 있든 상관없이 모든 구성원이 같은 정보를 같은 시간에 받습니다. 우리는 몇 가지 주요 질문에 대해 빠르고 쉽게 정보를 얻으려고 할 때 이런 방법을 사용합니다. 이메일 소통 방식 외에도 우리는 일상적 메시지가 사람들에게 잘 전달되고 있는지 확인하기 위해 대부분의 장소에서 활용되는 일지를 가지고 있습니다. 그렇지만 작은학교에서 소통을 위한 가장 중요한 방식은 마주 보고face-to-face 논의하는 것입니다. 저는 사람들과 말할 수 있는 날이면, 누구라도 찾아다니는 것을 최우선으로 생각합니다. 이와 같은 대면 소통이 없다면 '교장실'이라는 작은 동굴에 갇혀 구성원들과의 소통이 단절되기 쉬울 것입니다.

6. 학교에서의 학부모 참여

저는 학교의 모든 위원회 회의에 참석합니다. 저는 학부모 및 친우 회의에 목요일 아침마다 가고, 위협 요소가 없는 환경에서 교육과 학습에 대해 담소를 나눌 수 있는 좀 더 사교적인 '커피 모닝'에도 참석합니다. 이를 통해 구성원을 더 잘 알게 되며, 소통 창구를 열어둘 수 있어 저에게 도움이 됩니다. 이는 공식 회의에서 제기되지 않는 모든 종류의 이슈에 대해 질문받는 곳이기도 합니다. 보통 한 주에 적어도 두 번은 지역공동체 회의에 참석합니다. 이 회의는 사람들에게 무슨 일이 일어나고 있는지 알리기 위해 반드시 참석해야 합니다.

작은학교가 효과적인 지역공동체 관계를 발전시키고, 번영시키기 위해 이와 같은 대면 소통은 매우 중요합니다. 우리가 지역공동체와 동반자적 관계 속에서 일하지 않으면, 학교의 효과적인 학습을 발전시킬 기회는 거의 없을 것입니다. 적은 숫자의 '등록 가능 인구'에서 이미 시작되고 있는 학교에 대한 지역사회의 부정적 인식은 학교를 문 닫게 할 수 있습니다. 이 가능성은 가혹한 현실이지만, 학부모와 지역사회의 다른 주민들과 함께 더 잘 어울리고자 하는 유일한 이유라고 보는 것은 잘못된 것입니다. 우리는 학교의 학부모와 친우들이 학습에 중점을 두는 과정에 통합적으로 참여하기를 바랍니다. 아래는 래피드 베이에서 이러한 시도가 어떻게 성공적으로 이루어졌는지를 보여주는 사례입니다.

학부모 의견 피드백

2007년에 학교운영위원회와 많은 논의 후에 우리는 사우스오스트레일리아 교육부에서 학부모 의견 조사라고 부르는 것을 도입했습니다. 하지만 우리는 학교 측에서 교육부의 의견 조사를 학부모에게 보내고 설문에 응답하는 대신, 학부모가 전 과정을 주도적으로 이끌어가기 위해 요청하는 방식을 택했습니다. 운영위원회는 학교가 무엇을 했고, 학교가 무엇을 했다고 생각하는지에 대한 학부모들의 생각을 계속 모니터링했고, 거기에서 그들은 문제가 될 만한 것을 찾아낼 수 있었습니다. 우리는 위원회 구성원의 일부와 저를 포함한 4명의 소위원회subcommittee를 구성했고, 우리가 할 일을 명확히 했습니다. 소위원회는 다른 주제들로 5가지 질문을 만들었습니다. 그 질문은 학생, 학부모, 교사가 함께 사용할 수 있도록 작성되었습니다. 제목과 질문은 다음과 같습니다.

설문조사 문항

학습에 집중하기

- 당신의 교사들은 자녀에 대한 기대가 높습니까? 어떻게 알 수 있나요? 당신의 기대와 교사의 기대가 일치합니까?
- 당신은 당신의 자녀가 학교에서 무엇을 배우는지 알고 있습니까? 아이들이 얼마나 잘하고 있는지 알고 있나요?
- 우리 학교에 중대한 행위behaviour 문제가 있습니까? 그렇다면, 그것은 무엇입니까?
- 학생들의 학습은 어떻게 평가되나요?

리더십 공유

- 직원들은 친근하게 다가오나요? 최근에 당신의 자녀에 대해 직원들과 이야기한 적이 있습니까? 있다면, 예를 들어주실 수 있나요?
- 운영위원회는 어떤 일을 하나요? 재정위원회는 어떤 일을 하나요? 교사위원회Ground Committee는 무엇을 하나요?
- 학교는 어떻게 달라졌나요? 학교에 어떤 변화가 있었나요? 학급에서는 어떤 변화가 있었나요?

참여 문화

- 학교 고충 처리 절차는 무엇입니까? 문제가 있을 때 당신은 어떻게 하시나요?
- 위원회들과 직원들의 일에 대해 인정되었습니까? 인정은 누가 하나요? 더 나은 방법이 있을까요? 그 방법은 무엇일까요?

자료의 활용

- 개선은 어떻게 측정됩니까? 누가 측정합니까? 답변에는 누가 접근합니까?

대상 자원

- 학교는 업무를 적절히 수행하기 위한 자원을 가지고 있습니까? 아니라면, 무엇이 변화될 필요가 있습니까?
- 학교 공동체에 어느 정도 참여하고 있습니까? 참여하고 있지 않다면, 참여하지 않은 이유는 무엇입니까?

그런 다음 위원회는 질문에 대한 답변을 듣기 위해 절반 정도의 가정을 면담했습니다. 원래, 저는 제가 답을 찾고 있는 몇 가지 다른 질문들을 제안했습니다. 소위원회 학부모 대표들은 '좀 더 생각해 보자'며 그 질문들을 가져갔습니다. 다시 만났을 때, 그들은 저에게 '사실 우리는 당신이 제안한 질문 외에 혹은 대신에 약간 다른 질문을 하고 싶었습니다'라고 말했다. 이와 같이 학부모들이 질문을 만드는 데 직접 참여한 결과로 수집된 정보들은 지난 11년 동안 수집된 것보다도 훨씬 많았습니다. 학부모들의 참여 수준은 아마도 그냥 설문지를 보낸 것보다 4~5배 정도는 높았을 것입니다. 사람들이 이 과정에 참여하고, 작동할 수 있었던 이유는 모두가 열린 소통을 했고, 모두의 바람과 신뢰가 학교의 위험을 감수하기 위해 연결된 덕분입니다.

이런 과정을 통해 우리에게 전달된 자료는 교사들, 리더인 저, 그리고 대부분 운영위원회에 몇 가지 해결해야 할 문제들로 던져졌습니다. 특히 지역공동체의 상당한 집단들이 새로운 교사가 필요하다고 생각하고 있다는 것을 오랜 시간 머물렀던 교사들에게 받아들이게 하는 것은 특히 어려웠습니다.

거기에는 운영위원회의 구성원이 아닌 사람들이 운영위원회가 무엇을 하는지 거의 알고 있지 못하다는 분명한 메시지가 있었습니다. 어떤 사람은 위원회가 '잔디 깎는 것과 같은 일' 정도만 책임지고 있다고 생각했습니다. 소통은 우리가 해결해야 할 과제임이 분명했습니다.

7. 양질의 수업

만약 당신이 작은학교로 진입하게 된다면, 요즘 제가 아는 작은학교 사람들은 대부분은 우리가 찾아낼 수 있는 자원을 최대한 확보하기 위해 노력합니다. 당신도 마찬가지일 것입니다. 우리는 우리가 물리적으로 관리할 수 있을 만큼의 다양한 교육과정을 제공하려고 합니다. 교육과정 부분을 대면으로 할 수 없다면, 우리를 대신해서 프로그램을 전달할 수 있는 다른 사람들을 활용하여 영상 링크와 같은 다른 수단을 사용합니다. 그런 의미에서 당신이 작은학교의 담장 안에 들어가 보면, 종종 문학에서 묘사되는 고립된 이미지와는 거리가 있는 우리의 모습을 알게 될 것입니다.

좋은 수업이란 기본적으로 교사 중심이 아니라 학생 중심입니다. 우리는 광범위한 학습 성향은 말할 것도 없고, 다양한 연령과 능력, 그리고 이익 집단interesting group에 부응해야 합니다. 예를 들어 래피드 베이 초등학교에서 다연령multi-age 그리고 다중능력학급multi-ability class은 여러 해 동안 일반적이었습니다. 제 기억에 따르면 래피드 베이에서 동일 연령 학급straight class은 1976년이 마지막이었습니다.

유감스럽게도 어떤 사람들은 자신들의 사고와 실천의 최우선으로 학생들의 필요가 아니라, 교사 편의로 인해 일을 합니다. 한 예로 4개 학년이 모여 있는 학급에서 교사는 일제식 수업을 계속하기도 합니다. 하지만 이런 상황에서 그런 접근은 학생들에게 큰 도움이 되지 않습니다. 그것은 교사의 삶을 더 편하게 만들 수 있지만, 다연령 수업과 학습은 학생의 필요를 진정으로 이해하고 그런 필요에 따른 교육과정 프로그램을 개발하는 교사가 필요합니다.

제 견해로 좋은 수업은 기본적으로 장소에 상관없이 좋은 수업이며, 학습 이론에 대한 탄탄한 지식과 그런 이론을 어떻게 교실에서 실천할 수 있는지가 뒷받침되어야 할 것입니다. 특히 우리 학교의 6~7학년의 중학교 학생들에게 —소·중·대규모 학교를 막론하고— 학습에 대해 약간의 책임감을 갖도록 학생들과 협의하여 교육과정의 한 부분을 구성할 필요가 있습니다. 처음에 이와 같은 학습에 대한 접근 방식을 설정하려면, 고도의 조직화와 학생들을 위한 상당한 양의 훈련이 필요합니다. 우리는 학습 테크놀로지의 활용을 포함하고 있는데, 이를 통해 다른 방법으로는 할 수 없는 교육과정에 접근할 수 있습니다. 아래의 예는 제가 의도한 바를 람코 초등학교의 학생들이 그들의 학습을 주도하는 모습을 보여줍니다.

학생 주도 가상 학습

내일, 람코의 6~7학년 학생들은 다른 학교와 공동으로 운영하는 화상 회의를 통해 가치 프로젝트에 참여하게 됩니다. 다른 학교들은 웨스턴오스트레일리아, 북부 지역Northern Territory, 도시인 사우스오스트레일리아와 시골 사우스오스트레일리아에 위치해 있습니다. 이것은 학생들에게 새로운 경험이지만, 래피드 베이에서는 몇 년 동안 활용되었던 방식입니다. 교사들에게도 새로운 도전이지만, 학생들이 이런 경험들에서 얻을 수 있는 것이 무엇인지 알기 때문에 교사들은 이를 기꺼이 시도하려고 합니다. 제 역할은 프로젝터와 스피커와 같은 컴퓨터 기기에 영상 링크를 설정하는 것입니다. 모든 학교는 '센트라'라는 화상 회의 사이트에 접속하고, 그러면 학생들이 다른 학생들을 보고 들을 수 있습니다. 이 가상 수업은 실제 생활과 마찬가지로 5세부터 18세까지의 다양한 연령대의 학생들이 함께합니다. 각 학생 그룹은 가치의 다양한 측면과 가치 너머에 숨겨진 철학에 대해 토의하게 됩니다.

저는 화상 회의를 준비한 학생들에게 온라인으로 서로 의사소통할 수 있는 양방향 사이트인 '무들 사이트'를 소개합니다. 학생들은 집에서도 그 사이트에 접속할 수 있고, 자신들의 생각을 그들이 원하는 시간에 게시할 수도 있습니다. 또한 자신들이 한 것을 부모님과 공유할 수도 있습니다. 이 사이트는 같은 가치 프로젝트에 링크되어 있습니다. 그 안에서 학생들은 아이들의 고전인 피노키오의 한 장면을 통해 가치 문제에 대해 생각해 볼 것을 요청받았습니다. 그 장면은 피노키오가 꼭두각시에서 소년으로 변해가는 장면이었습니다. 학생들은 무엇이 피노키오를 꼭두각시가 아닌 인간으로 만들었는지 생각해 보았습니다. 이 준비 기간은 학생들에게 온라인 교류의 기술적 측면을 이해하는 데 도움이 되었고, 자기 생각의 틀을 만들어 가는 시간을 가졌습니다. 내일 프로젝트 토론에서 우리는 가치에 대한 이런 생각에 기반하여 이를 우리 학교의 가치에 대해 생각하고, 이야기하는 데 적용할 것입니다. 그리고 존중, 책임감, 회복성, 정직이라는 가치들을 다른 학생들이 그들의 학교의 가치로 식별한 것과 어떻게 비교되는지 살펴보고자 합니다. 그런 다음 다른 사람들에게 그 가치가 의미하는 바가 무엇인지에 관한 토론으로 이어질 것입니다.

교사의 역할은 기술이 잘 작동하도록 하고, 학생들이 차례로 발언할 수 있도록 돕는 것입니다. 학생들이 가상 교실 학습을 두세 번 경험한 후에는 스스로 이러한 과정을 관리하게 될 것입니다. 실제로 학생들은 기술에 매우 능숙하며, 다른 지역의 학생들과 상호작용하는 학습 경험은 그들이 토론 주제에 대해 완전히 새로운 관점을 갖게 해줍니다. 구어체 표현을 빌리자면, '그들은 참여하기 위해 목을 부러뜨릴 정도로 노력합니다!' 학생들이 이 학습 방식에 얼마나 열정적인지를 보여주는 것입니다.

8. 리더십 학습 및 지원

교사들이 모여 그들의 실천에 대해 이야기를 나누는 네트워크는 학교의 개선을 위해 중요합니다. 작은학교의 경우 교사의 수가 적기 때문에 교내 교사 네트워크를 제공하는 것은 제한적일 수 있습니다. 이때 다른 작은학교의 교사들과 구성한 네트워크는 매우 유용할 수 있습니다. 거기에는 작은학교 네트워크나 작은학교협회 내에서 실행되는 두

가지 다른 모임이 있습니다. 한 네트워크는 필요와 공통의 관심사에 기반한 것으로, 6개 학교의 교사들이 전체 학생들의 문해력 결과를 향상하기 위해 노력하고 있습니다. 이 교사 그룹은 아이넷Inet의 성취도 향상과 학습 변혁Raising Achievement and Transforming Learning 프로젝트를 통해 서로 연결되어 있습니다. 다른 유형의 네트워크는 4개 학교에서 'Big Ideas in Number'라는 수리력 프로젝트를 함께 진행하고 있습니다. 이 수리력 그룹은 공식적인 학습 네트워크와 달리 자발적 클러스터입니다.

전반적으로 우리가 개발하고 참여하는 전문적 학습professional learning의 대부분은 고도로 조직화된 시스템에서 비롯된 것이 아닙니다. 작은학교 교장으로서 우리는 동료들과 함께 또 때로는 그들로부터 배움의 기회를 자주 마련하려고 노력합니다. 이런 학습 기회의 이면에 있는 목적은 사람들이 함께 모여 그들이 하는 일을 공유할 기회를 마련해주는 것입니다. 이것은 대부분 작은학교협회나 클러스터의 정기 회의를 통해 이루어집니다. 종종 시스템에 기반한 훈련에 참여하는 인원은 리더로 제한됩니다. 사실 학교의 효과성은 교장실에서 발생하는 것이 아니라 교실에서 발생하는 것에 달려 있기 때문에 -그럼에도 불구하고 교장은 당연히 영향력이 있지만- 이것은 정말 어리석은 생각입니다. 이것이 교사 학습에 더 중점을 두는 학교 클러스터가 필요한 이유이기도 합니다.

우리 작은학교협회는 교장이라는 리더에 집중하지만, 결코 다른 직원들을 배제하지는 않습니다. 사실 우리 협회 구성원은 개인이 아닌 학교에 기반합니다. 고립된 작은학교는 대체 교사를 찾을 수 없다는 것을 의미하기 때문에 교장과 다른 직원들 모두가 참여하는 것은 매우 어렵습니다. 모두가 회의에 참여한다면, 학교는 문을 닫아야 할 것입니다.

저의 학습과 개발에 관련하여 동료의 지원과 조언을 구할 대상은 다양합니다. 지금은 은퇴하셨지만, 몇 년간 친하게 지내온 교장 선생님이 한 분 계십니다. 사실 우리는 서로 수년간 함께 배우고, 가르쳤습니다. 또한 저는 주state에 있는 여러 협회장의 의견을 접할 수 있는 행운도 있어서 다양한 관점에서 문제와 해결책을 생각하도록 자극받을 수도 있습니다. 제가 의지하는 다른 네트워크들에는 지역 초등학교 및 중학교 교장 선생님들과 지역교육감regional director도 있습니다. 저는 교육감director을 많이 존경하고 신뢰하며, 사실 저의 상관line manager이라기보다 비판적인 친구라고 생각하기 때문에 그에게 아이디어에 대해 논의하고 그 아이디어가 갖는 발생 가능한 영향들을 가지고 이야기 나누는 것에 전혀 거리낌이 없습니다.

결정적 순간은 우리 모두를 혼란스럽게 합니다. 저녁 9시경에 걸려 온 전화 한 통이 떠오릅니다. 그날은 제 생일이어서 아내와 저는 친구들과 저녁 식사를 즐기고 있었습니다. 우리는 정수처리가 되지 않은 우물에서 끌어올린 상수도reticulated water에서 대장균E. coli 수가 건강을 위협하는 수준이기 때문에 공급을 중단하라는 통보를 받았습니다. 그 전화로 인해 저는 24시간 안에 학교를 폐쇄하고, 25km 떨어진 이웃 학교로 학생들을 옮겨야 했습니다. 그러나 그 이웃 학교는 우리 학생들을 수용할 수 없어서 현지 렌트회사의 '이동식 화장실portaloos' 4개와 빗물 탱크를 들였고, 그 도움으로 학교를 계속 운영할 수 있었습니다.

또 다른 하나는 새로운 학교에 도착해서 예산이 상당한 '적자in the red' 상태인 것을 알게 됐고, 완료되지 않은 프로젝트 비용은 거의 두 배로 늘어나 수천 달러의 빚이 더해진 걸 알게 된 사례입니다. 또 주문서도 없고, 예산 배정도 없어 사실 전혀 기록이 없는 수천 달러에 달하는 ICT 장비 '주문'도 있었습니다. 이것들은 모두 정말 관리상의 문제입니다. 상당한 고통은 있었지만, 도움도 있었고 '시스템'을 알고 있었기 때문에 극복할 수 없는 문제는 아니었습니다.

한 가지 아주 만족스러운 경험을 공유하고자 합니다. 대부분의 직원이 경험이 풍부하고, 유능하며, 숙련된 교사들이지만 테크놀로지를 최대한 활용하기 위해 그들의 일하는 기존의 방식은 바꾸지 않는 학교에서 교육pedagogy을 바꾼 사례입니다.

9. 저의 리더십에서 결정적 순간

특별한 일(event)에서 일상(the norm)으로: 테크놀로지와 교사

교직원들의 의지는 충분했지만, 몇 가지 걸림돌이 있었습니다.

- ICT 자원: 약간 있었지만, 오래되거나 안정적이지 않아서 사람들이 사용하지 않았습니다.
- 직원들은 학급에서 그 장비들을 활용할 수 있는 지식과 기술을 가지고 있지 못하다고 느꼈습니다.
- 교사들은 ICT가 교육과정에서 어디에 적합한지 실제로 알지 못했고, 교장이 비교과 시간NIT: Non-Instructional Time으로 가르친 '테크놀로지'를 전문적 영역이라고 생각하는 경향이 있었습니다.

우리 중 누구도 교육과정 체계(사우스오스트레일리아 교육과정 표준 책임 체계SACSA in SA)를 필요로 하는 수준까지 분석할 시간이 없었기 때문에 다른 사람들의 작업 수준에 '의존해piggyback' 갔습니다. 저는 다른 몇몇 학교에서는 일련의 결과들이 만들어졌다는 것을 인지했고, 그 중 일부 학교는 작업을 공유할 준비가 되어 있었습니다. 우연히도 제 학습의 일부로 양질의 수업, 양질의 학습 프로그램에 참여하고 있었고, 다른 학교의 정보를 활용하여 교육과정 전반의 ICT 활용 성과outcomes를 포함하는 일련의 역량 매트릭스를 구축할 수 있었습니다.

저는 전체 교직원에게 이것들을 마치 학생인 것처럼 작성해 보도록 요청했습니다. 이것은 '생각 없이put-down' 하라는 것이 아니고, 학생들과 함께 역량 매트릭스를 어떻게 활용할지 이해할 수 있는 연습이었습니다. 이를 통해 학생들에게 요구되는 성과를 달성하는 데 도움을 줄 수 있는 지식과 기술을 개발할 수 있는 프로그램 구축에 필요한 자료를 얻을 수 있었습니다. 동시에 저는 학교의 ICT 자원을 업그레이드하기 위해 보조금을 신청했습니다. 공간이 없는 곳에 '컴퓨터 전용실computer suite' 들을 개발하기보다 다음과 같은 일을 했습니다:

- 교실을 이동하지 않고도 각 학생이 컴퓨터를 사용할 수 있는 이동식 노트북 세트 제공
- 교실에 쌍방향 상호작용이 가능한 화이트보드 설치
- 각 교사에게 화이트보드를 구동할 수 있는 노트북을 제공하여 교사가 컴퓨터를 집에 가져가서도 준비 작업을 하고, 다음 날 아침에 간단하게 연결할 수 있도록 함
- 방과 후에 소프트웨어 활용을 학습하고, 서로의 경험을 나누며, 위험을 감수하는 것이 격려되는 환경에서 학습하는 여러 워크숍을 조직함
- '교내' 기술을 활용할 수 없는 영역에 대해 휴교 기간 동안 T&D[3]날 도입
- 인근 학교 교사들의 지식과 기술 빌리기

---

3. 역자 주: Teacher Development day로 추정됨.

저는 다른 사람들과 같이 배우는 입장이었습니다. 그래서 어떻게 됐을까요?

첫째, 우리는 보조금을 성공적으로 지원받아 '최신up to the minute' 기기들을 가져올 수 있었습니다.

둘째, 직원들은 모두 크건 작건 '해 보겠다give it a go'는 의지를 가진 자발적 학습자였습니다.

결국 ICT 활용은 2주에 한 번 사용하는 것에서 -그것도 학생들이 알아야 할 내용을 분석할 때만 상용 소프트웨어를 사용합니다- 전문 교육이 아닌 교육과정 전반에 걸쳐 일상적으로 사용하게 되었습니다. 이를 통해 교사들은 ICT 활용에 대한 자신감이 크게 높아졌고, 초기에 교사 중 가장 낮은 숙련도를 보인 교사까지도 지역사회 학부모들을 대상으로 '초보자를 위한 이메일' 워크숍을 운영할 정도였습니다.

학생들은 온라인 회의, 워크숍, 웹기반 연구, 양방향 소통 무들moodle 등에 참여하고 있습니다. 3년 전만 해도 이런 기회가 있다는 사실조차 몰랐지만, 이제는 일상이 되었습니다. 그 결과 '연결성'은 훨씬 더 커졌고, 고립감은 크게 줄어들었습니다.

10. 내가 배운 핵심 교훈

작은학교의 교사와 교장으로 일하면서 배움이 있었고, 앞으로도 배워야 할 '교훈'이 많이 있습니다. 지면 관계상 이번 장에 모든 것을 적을 수는 없습니다. 교장 리더십을 발휘할 위치에 들어서면서 지금은 더 잘 이해하게 된, 가르치고 이끄는 것에 대한 세 측면을 마음에 두고 있습니다. 첫 번째는 그저 꾸미는 말이 아닌 '분산적distributed' 리더십을 펼치라는 것입니다. 두 번째와 세 번째 '교훈lessons'은 삶과 공동체 관계에 관한 것입니다. 리더십의 이런 영역들을 방치하면, 곤경에 빠질 수 있습니다.

수사학 이상의 '분산적(distributed)/공유된(shared)' 리더십

무엇보다 모든 것을 혼자 해내려고 하면, 당신은 극심한 스트레스를 받아 신체적·정신적 질환이 발생하거나 완전히 무너져 대처할 수 없게 될 수 있습니다. 작은학교의 교장인 당신은 직원의 '규모'에 관계없이 학교 안팎으로 팀을 구축해야 합니다. 제 경험상 일반적으로 새로 임명된 혹은 경험이 적은 작은학교 교장은 모든 것을 자신이 해야 한다고 생각하는 경향이 있습니다. 제가 배운 것은 그런 생각을 뒤집는 것입니다. 왜냐하면 당신이 모든 것을 다 하려고 하는 것은 사실상 다른 사람들에게 '나는 당신이 "잘" 해낼 거라고 믿지 못하겠어. 나는 당신을 신뢰할 수 없어'라고 말하는 것이기 때문입니다. 대신 제가 이끌던 학교에서는 'ICT 프로젝트, 수학 프로젝트 또는 문해력 프로젝트를 주도할 사람이 필요해. 누가 그 일을 해 보고 싶으신가요?'라고 말합니다. 작은학교에서 직원 배치는 추가적 교장 역할(공식적 또는 비공식적)로 허용되진 않습니다. 대신 직원 배치를 위한 시간을 제공해야 하며, 그것은 그것 자체로 어려운 일이 될 수 있습니다. 그런 이유로 저는 교사들이 프로젝트와 관련된 활동을 계획하고 조직할 시간을 갖도록 종종 교실로 되돌아갑니다.

교장 한 사람으로 구성된 팀이라는 인식을 넘어서는 이 주제와 관련하여 다른 사람으로부터의 지원과 조언을 받을 수 있는 강력한 동료 네트워크 개발은 중요합니다. 제 경험상 이러한 조언은 이웃한 학교의 교장이나 작은학교의 교장으로 오랫동안 재직했던 지인으로부터 받게 될 수 있습니다. 작은학교 교장이 된 사람들, 특히 초임이나 두 번째인 경우 아직도 저를 진정으로 괴롭히는 것 중 하나인 새로운 리더에 대한 부실한 입문 과정과 부족한 전문성 개발 프로그램입니다. 새로 부임하는 교장이 네트워크나 멘토를 가지고 있지 못하면, 더 좋은 표현을 빌려 말하자면 '쓰러질' 가능성이 높습니다. 다른 사람들이 어떻게 생각하든지 간에, 당신이 작은학교 교장으로 효과적으로 이끌어 가기 위해 필요한 모든 지식과 기술을 갖추지 못하기 때문에 교장직을 시작하기 전에 이러한 형태의 지속적 지원을 마련할 수 있다는 것은 '지원군'이 있다는 것을 의미합니다.

교장이 되는 것은 학교에서 교감이나 코디네이터가 되는 것과 매우 다릅니다. 예를 들어 교감으로서 저는 한 그룹의 직원과 한두 개의 교육과정을 책임져야 했습니다. 그렇더라도 최종적 책임은 저에게 있는 것이 아니라 교장에게 있었습니다. 하지만 제가 교장이라면 총체적 책임은 저에게 있는 것입니다.

직업(professional) 대 사생활

두 번째 교훈은 교장으로서 학교와 지역사회 그리고 사생활 사이에 간격을 두려고 노력해야 한다는 것입니다. 작은학교 교장들에 대한 한 연구에 따르면, '교장에게 있어 끊임없는 긴장은 '교장'이라는 공적인 얼굴에서 사적인 삶의 공간을 어떻게 분리할 것인가 하는 점입니다.

작은학교 교장들이 심하게 느끼는 이런 긴장의 이유는 많은 학교장의 숙소 위치를 생각해 볼 때 어렵지 않게 짐작할 수 있습니다. 람코에서도 그랬지만, 두 학교에서 저는 학교 건물의 구석에 있는 숙소에서 살았습니다. 그래서 어떤 의미에서는 저는 절대 집에 가지 않습니다.

제가 처음 교장으로 부임했을 때 저는 24시간 내내 근무했습니다. 제가 '일work'에서 벗어나고 싶다는 것은 말 그대로 짐을 싸서 나간다는 뜻이었습니다. 이런 상황은 여러 요인이 복합적으로 작용하여 발생했는데, 그중 하나는 당시 제가 교장으로서 상대적으로 경험이 부족했다는 것입니다. 둘째로는 제가 임명된 학교가 지나치게 지역공동체의 중심지였기 때문입니다. 스포츠 협회들도 있으며, 스포츠 클럽도 있고, 지역사회 소식지도 거기서 발간했습니다. 지역사회의 허브로서 특별히 학교 일이 아니더라도 문제를 논의하기 위해 사람들은 밤 11시 30분에도 제 방문을 두드렸습니다. 불이 켜져 있다면 이것은 사람들에게 아직 저를 이용 가능하다는 걸 알리는 신호였습니다. 이는 저나 제가 속한 지역공동체를 위해 지속가능한 또는 정상적인 기대가 아니었습니다.

물론 그렇다고 해서 당신이 지역사회에서의 친구를 가질 수 없다는 것을 말하는 것이 아닙니다. 당신과 친해지는 대부분의 사람들이 당신이 일할 때와 그렇지 않을 때의 차이를 이해할 것이라는 말입니다. 람코의 교사에 있는 동안 저는 일을 하고 있고, 문을 통해 저의 집으로 갈때, 그 집이 교사에 있다고 하더라도 사람들은 제가 '직장에' 있는 것이 아니라는 것을 이해하고 존중해 줍니다. 이것은 제가 어찌한 것이라기보다 학교 공동체에서 작동된 것이며, 저 이전에 다녀간 교장들이 했던 작업의 결과이기도 합니다.

의미 있는 지역공동체 관계

세 번째 교훈은 학교의 학부모와 친우들과 함께 의미 있는 관계를 인식하고 참여할 필요가 있음에 대한 것입니다. 이번 장에서 저는 이끌던 학교에서 이런 사고와 실천을 조성하기 위해 우리가 어떻게 시도했는지 볼 수 있는 예를 들어 보았습니다. 학부모들과 긍정적인 업무 관계가 형성되어 있다면, 변화를 기꺼이 받아들이려는 사람들이 더 많을 것입니다. 또한 그들은 당신의 일터에 있는 당신과 당신의 직원들을 지원하기도 합니다. 예를 들어 람코에서 우리는 한 달에 150시간 이상의 자원봉사 시간을 즐깁니다. 당신의 지역공동체와 매우 긍정적이고 강력한 협력 관계working relationship가 없다면, 당신이 학생 성취도 향상을 위해 도입하기를 원하는 어떤 변화도 대부분 실패하거나 잘해도 일부에게만 해당되는 일이 될 가능성이 높습니다. 지역사회 참여는 변화를 위해 가장 중요합니다. 지역공동체의 참여가 없다면 그들은 당신에게 "저리 가go jump"라고 할 것입니다.

제10장
머리빌 커뮤니티 칼리지
Murrayville Community College,
빅토리아Victoria

힐러리 틸(Hilary Thiele), 교장

2009년 머리빌 커뮤니티 칼리지의 주요 상황
- 등록 학생 103명
- 5~18세(준비학년Prep~12학년)
- 교장, 교사를 비롯해 교육지원직 및 청소부 포함 교직원 29명(전일제 9명, 직무 공유job-share 시간제 20명)
- 공립학교
- 호주의 2개 주에서 학생 모집: 빅토리아주와 사우스오스트레일리아
- 빅토리아주 북서쪽 끝 농업지역에 위치

---

1. 머리빌에 대해

머리빌은 기본적으로 밀을 재배하고, 양을 기르는 농업 경제 기반인 지역입니다. 우리 학교는 빅토리아 북서쪽 끝에 위치하며, 사우스오스트레일리아 경계에서는 대략 20km 정도 떨어져 있습니다. 우리는 사우스오스트레일리아, 특히 피나루Pinnaroo 지역에서 상당히 많은 학생(중등 등록생 중 절반 이상)을 유치하고 있습니다. 피나루는 튼튼한 감자 재배

및 가공 중심으로 인구가 증가하고 있습니다. 머리빌과 피나루 모두 대수층aquifer을 이용할 수 있기 때문에 말리Mallee 지역에서는 드물게 물을 이용할 수 있습니다.

우리와 가장 가까운 주수도는 사우스오스트레일리아의 애들레이드Adelaide입니다. 그곳은 사람들이 주로 쇼핑 등을 하러 가는 곳입니다. 사우스오스트레일리아에서 유입되는 인원이 없었다면, 우리 학교는 훨씬 더 작았을 것입니다. 우리가 다른 빅토리아주의 통치 요소를 모두 가진 빅토리아 주립학교라는 사실은 지도자로서 흥미로운 시간을 만들어 줍니다. 두 가지 다른 학교 시스템에서 온 학생들은 모두 넓은 공간에 익숙한 '말리Mallee' 학생들로, 시골 사람들이 서로를 돌봐주고 배려하는 마음을 가지고 있습니다. 그들은 서로 친척 관계인 경우도 종종 있습니다. 대부분의 시골 지역공동체에서 그렇듯이 스포츠는 아주 중요합니다. 왜냐하면 피나루와 머리빌은 스포츠 라이벌이라서 학교에는 학생 관계를 둘러싼 미묘한 복잡성이 존재합니다. 또한 학교에 영향을 주는 두 주state의 외부적 차이들도 있습니다. 생계livings는 다양한 방식으로 이루어집니다. 머리빌에서는 농사를 위해 지하수를 길어 올리는 것에 대한 다양한 주법들state laws로 인해 감자 산업이 불가능해서 학교 수용 지역 중 빅토리아주 쪽에 가까운 지역에서는 전통적인 광역 농업broadacre farming이 주요 산업입니다. 빗물 외에 다른 물을 구할 수 없는 곳에서는 젊은이들이 가족 농장의 미래를 보거나, 자신의 가족을 꾸릴 가능성은 거의 없습니다. 따라서 가뭄은 머리빌 쪽의 학생 수용 지역에서 상당히 부정적인 영향을 미쳤습니다.

자신의 지역공동체를 알아가는 것은 교장에게 중요한데, 저는 머리빌 지역공동체보다 피나루 지역공동체를 알아가는 쪽이 더 어려운 것을 알았습니다. 주 경계 부근의 학교들과 협력적 관계를 맺는 것은 빅토리아주 체제의 책무성 요건에 필요한 많은 시간과 관심의 양으로 인해 어려워집니다. 우리가 작은학교라는 사실은 여러 책무성 요구가 전적으로 교장의 어깨에 달려있다는 것을 의미하며, 그리고 이것은 제가 하고자 하는 관계 맺기networking 중 일부를 방해하기도 합니다. 작은학교를 '지난 시간들을 고스란히 간직한 랜드마크landmark that belongs to other years'라고 표현한 존 오브라이언John O'Brien[4]의 시는 작은 시골 학교를 둘러싼 역설을 말해줍니다. 작은학교의 업무는 과거의 세상과 매우 다른 세상을 위해 학생들을 준비시켜야 하는 요구라는 모순으로 인해 복잡하지만, 지역공동체는 많은 것이 아직 그들이 있던 과거의 방식이기를 바라는 향수가 있습니다. 학부모들은, 그들 중 다수는 학교에 다녔던, 과거에 그랬던 것처럼 교장과 교사의 가시성과 권위가 지역공동체에 드러나기를 원합니다. 예를 들어 교장이 스포츠 위원회에서 역할을 갖는 것처럼 말입니다. 그렇지만 교사의 업무는 점점 더 많은 책무성과 요구로 채워지고, 필연적으로 교사와 학교장에게는 과거에 교사들이 가졌던 시간적 여유가 없습니다.

저는 이 문제를 해결하는 가장 좋은 방법은 학부모들에게 충분한 정보를 얻을 기회를 제공하는 것임을 최근에야 알게 되었습니다. 과거와 현재 사이의 모순을 합리화하기 위해서는 우리가 무엇을 하는지 학부모들이 이해하는 것이 중요합니다. 아주 최근에 저는 학부모들이 학교에 방문하는 공식적 포럼을 만들려고 하고 있으며, 우리는 한 학기에 한 번씩 학교-지역공동체 회의를 하기로 했습니다.

피나루 초등학교는 우리의 유일한 '피드백 제공자feeder'이며, 우리는 이 학교와 함께 양질의 전환 프로그램을 구축할 방법을 찾았습니다. 우리는 피나루의 학부모와 학생들이 우리를 방문해서 시간을 보내고, 교육과정 맛보기 체험을 하는 특별한 날을 운영합니다. 보통은 8학년에

---

4. (역자 주) John O'Brien의 시 'The old bush school'의 첫 구절에서 언급하고 있는 내용임

입학하는 학생들(빅토리아주 학교에서는 일상적이지 않은 전환 단계)은, 그들이 1년 내내 자신을 '고등학생high school kids'으로 여기는 학생들과 섞여 지내야 하기 때문에 복잡한 점이 있습니다.

두 주 사이에는 30분의 시차가 있습니다. 처음 이곳에서 일을 시작했을 때, 저는 학부모의 직장 생활로 인해 학교 시간을 맞추기 어려울 수도 있겠다고 생각했습니다. 그렇지만 사람들은 잘 적응해 갔습니다. 우리도 사우스오스트레일리아에서 출근하는 많은 직원이 있는데, 그들에게 시차 문제는 없는 것 같습니다. 다른 시간대로 인해 발생되는 유일한 문제는 두 주 사이에 방학이 거의 겹치지 않는다는 사실인데, 사우스오스트레일리아의 가족들이 그들의 방학 기간에 휴가를 떠나기로 한다면 그 때문에 빅토리아주의 학기 말과 학기 초 시기에 사우스오스트레일리아 학생들의 추가적 결석이 발생한다는 것입니다.

2009년 우리 학교의 등록자 수는 103명으로, 머리빌의 젊은 가족이 부족해서 발생한 급격한 감소 패턴이 반영된 것입니다. 2008년 초에 110명이 등록했고, 그 전년도에는 115명 정도였습니다. 가장 많이 줄어든 영역은 초등 학령primary years입니다. 중등 학령secondary age 그룹에서는 9학년 무렵부터 등록자 감소 문제가 발생합니다. 이 연령은 소수의 가족이 그들의 자녀를 기숙학교로 보내는 연령으로, 그 이유는 보통 그 자녀들이 작은학교에서 가능한 것보다 더 많은 수의 다른 학생과 네트워크를 형성할 필요가 있기 때문입니다. 이 점은 지역공동체에서 발생하는 일부 논란들을 야기합니다.

학교에는 교육지원직education support staff을 포함해 총 29명의 직원이 있습니다. 이들 중 대부분은 지역 농부와 결혼한 여성들입니다. 학교에서 일하는 것은 매우 가치 있는 일이며, 가뭄으로 농장이 재정적 어려움을 겪고 있을 때 특히 그렇습니다. 우리는 졸업생을 우리 직원으로 채용할 수 있으며, 그들은 종종 애들레이드 출신이기도 합니다. 이렇게 하는 주요한 이유 중 하나는 교사들에게 제공하는 양질의 숙박시설이 지닌 독특한 특징 때문입니다. 빅토리아주에서는 교사 숙소를 가진 마을이 이제는 거의 없습니다. 그럼에도 불구하고 여전히 직원 모집은 어렵고, 4차 시기에는 이를 위한 방법을 찾는 데 상당한 시간을 할애하고 있습니다. 우리는 철저하게 공고를 내며 일찍 시작했지만, 여전히 이는 좋은 직원을 확보하기 위한 확실한 전략이라 볼 수 없습니다. 작년에는 일찍부터 광고를 내고 여러 차례에 걸쳐 노력한 끝에 좋은 수학 교사를 구할 수 있었습니다.

거리와 고립성은 채용에서 주요 문제로 볼 수 있습니다. 지도상에서 머리빌은 외딴 외곽으로 보이지만, 실제로는 큰 도심으로 볼 수 있는 애들레이드에서 3시간, 밀두라Mildura에서 2시간 정도밖에 떨어져 있지 않습니다. 사실 저는 밀두라에서 살고, 주말에 귀가합니다. 집도 좋고, 임대료가 그리 비싸지도 않습니다. '아무것도 할 게 없는 작은 시골살이'라는 문제는 약간 잘못된 생각입니다. 교사들은 지역에서 할 것들을, 특히 스포츠에서, 풍성하게 찾을 수 있으며, 머리빌은 매해 자체 공연을 제작하는 아마추어 연극 모임이 있으며, 심지어는 영화 단체도 있습니다. 피나루에 많은 인구가 있다는 건 젊은 사람들이 어울려 지낼 수 있는 훨씬 많은 기회가 있다는 것을 의미합니다. 그럼에도 불구하고 직원을 채용하려면 엄청난 과정을 거쳐야 합니다.

2. 주요 시스템 우선순위

주정부 시스템상에서의 학교 리더십은 우리가 하는 모든 일을 자료기반에 중점을 두는 것으로 점차 늘려가고 있을 뿐만 아니라, 학생 학습에 있어서는 정확성과 개인화를 점차 강조하고 있습니다. 그것은 교장들과 교사들에게 전문적 학습과 관련해 더욱더 까다롭고 엄중해지기를 요구합니다. 지금 교장들은 교실에서 학생들이 무엇을, 어떻게 학습하는지 더 정교하게 파악하기 위해 '학습 관찰learning walks'[5]과 '순시 장학 walk through'[6]을 자주 수행해야 합니다. 가능한 자주 교실 속으로 들어가는 것이 제 접근 방식이지만, 이제 그것은 교장에게 기대하는 바가 되었습니다.

또한 리더십 역량을 구축하는 데 중점을 두어 모든 직급에 리더십이 분산될 수 있도록 하는 것을 강조하고 있습니다. 시스템에 의한 이런 약속들은 저와 제 동료들도 마찬가지로 정말 반가운 일입니다. 그렇지만 학교 규모가 작을수록 교장에게 요구되는 전통적 요건들이 사라질 가능성은 적습니다. 큰 학교에서는 일상적 업무들과 그 외의 직원 채용을 하는 등의 일을 더 많은 수의 사람에게 효과적으로 일임할 수 있지만, 작은학교에서는 사라지지 않고 저의 직무를 복잡하게 만듭니다. 큰 학교에서 지도자로 근무한 적도 있기에 저는 이런 학교에서 리더십 팀, 행정 직원, 심지어 교사직에서도 보통 매일 실행되는 일상적 프로그램 실행을 위해 전문성이 상당히 필요하다는 것을 알고 있습니다. 모든 학교는 운영되는 데 필요한 수많은 업무를 수행할 시 대도시 학교의 경우 학교 내에 전문성을 갖추지 않아도 관련 직원이 가까운 곳에서 비교적 쉽게 그 업무에 접근할 수 있습니다.

교장으로서 저는 수많은 전문적 학습 활동과 모임들에 참석해야 합니다. 그런 모임에 한 번 참석하려면 저는 하루 종일 학교를 비워야 합니다. 지리적 위치로 인해 아침에 모임에 갔다가 오후에 돌아오는 것이 불가능하기 때문입니다! 교사들에게도 같은 문제가 발생합니다. 이런 것

---

5. https://www.structural-learning.com/post/learning-walks-a-guide-for-school -leaders 참고
6. https://www.adlit.org/topics/curriculum-instruction/using-classroom-walk- through-instructional-leadership-strategy 참고

외에도 학교의 기술적 운영에서 저는 또한 제가 거의 알지 못하는 분야의 지식에 대해 '전문가가 되기'를 기대받기도 합니다. 어떤 주간이라도 저는 저희 직원과 지역사회 구성원들에게 광범위한 이슈들에 대한 즉각적인 조언을 제공해야 합니다. 다음 사례는 지난주에 발생한 것으로 교내 프로그램 운영뿐만 아니라 교외 단체와의 소통에도 즉각적으로 영향을 미친 사례인데, 다른 누구에게도 물어볼 수 없었습니다. 저는 지역 소방당국CFA에 철저히 보고하기 위해 우리 학교가 산불과 관련하여 얼마나 안전한지 '즉각적으로 알아야' 했습니다; 저는 학교위원회에 제출할 편지를 위해 컴퓨터 대여로 학부모에게 얼마를 청구해야 하는지 '즉각적으로 알아야' 했습니다; 저는 장애에 대한 특정 자료가 어디에 있는지 '즉각적으로 알아야' 했습니다; 저는 일일 담당자의 부재로 누군가의 추가 수업을 대체한 사람을 '즉각적으로 알아야' 했습니다; 저는 농업시설에서 소가 담장에 부딪히면 어떻게 대처해야 하는지 '알아야' 했습니다. 동시에 저는 다음 해 신규 직원 2명의 채용 과정을 혼자 담당했습니다. 신규 채용 과정은 심사자와 지원자들에게 꼼꼼하게 연락하고, 멀리에서 오는 사람들을 위한 면접 일정표 작성, 교원 패널 구성원이 그들의 추가 수업을 보충하게 하는 것을 보장하는 등의 업무를 수행해야 합니다. 이 모든 것이 제가 '해야 할' 것(학교의 실제 업무와 소속 학생들이 연계되어 있기 때문에 하는 것이 더 낫긴 하지만)인 교실에서의 '순시 장학'을 하는 동안 발생되었습니다.

3. 교장이 되기까지의 과정

머리빌 커뮤니티 칼리지로 오기 전에 저는 빅토리아주 북서쪽 도심인 밀두라 중심부에 있는 큰 학교에서 선도교사leading teacher였습니다. 제

가 머리빌의 교장을 하게 된 것은 '우연한accidental' 일이었습니다. 2004
년에 교장직 채용 공고를 봤습니다. 그건 수업을 하지 않는 교장직이었
습니다. 저는 변화에 대한 준비가 되어 있었기에 과감히 지원했습니다.
하지만 저는 교장 연수Principal Class 경험이 전혀 없었기 때문에 제가 임
명될 거라고는 진지하게 생각하지 않았습니다. 그렇지만 놀랍게도 그들
은 저를 임명했습니다. 당시 저는 부임하게 될 학교의 상황과 여건을 제
대로 이해하지 못했을 뿐만 아니라, 이런 수준의 리더십을 바랐던 적도
없었습니다. 저는 분명 교장이 '되는' 방법을 알고 있다고 생각하지 않았
습니다.

저는 매우 빠르고 진지하게 할 일을 해야 했습니다. 해야 할 것과 배
울 것이 정말 많았습니다. 3학기의 마지막 주에 교장 대행 10주가 예정
되어 있었기 때문에 스스로 준비할 시간은 2주 반 정도 있었습니다. 저
의 2주간의 '휴가' 동안 저는 제가 교장직을 위한 최적의 지원자로 선택
되었다는 사실에 대해 생각할 때마다 문자 그대로의 의미로 아팠습니
다. 시작할 시간이 가까워 오자 저는 이 기분을 극복해야겠다고 결심했
습니다. 하루하루가 배움의 과정이고 이 경험을 어떻게든 즐길 수 있도
록 해야 한다고 스스로에게 되뇌었더니 도움이 되었습니다.

저는 또한 제가 하려고 하는 것들이 학교와 지역공동체 사람들을 위
해 어떤 모습이어야 할지 생각하려고 노력했습니다. 그들은 아마 저만
큼 많은 의구심을 느꼈을 것입니다. 저는 모든 사람에게 정말로 솔직해
지고, 우리가 '함께together' 있다는 것을 분명히 하기로 결심했습니다.
이런 접근은 18개월 동안 꽤 성공적으로 작동했고, 학교가 위기를 겪고
지도자가 부재한 상황에서 저를 다시 해결사acting role로 초청했습니다.

저는 사람들의 공헌을 인지하고, 그들이 보여준 협력에 대해 감사를
표하고자 애를 썼습니다. 이런 관계를 발전시키는 것은 시간이 걸리지
만, 그것은 문제를 효과적으로 해결하기 위해 매우 중요하고, 아마도 큰

학교보다 작은학교에서 더 중요할 것입니다. 등록 학생이 감소하는 학교에서 직원 채용에 관한 어려운 결정을 해야 하는 것에 직면하기 때문에 쉽지 않았습니다. 교장 대행을 끝내고, 이후 1년 넘게 사실상 그 자리는 공고가 있었고, 저는 그 자리를 맡게 되었습니다. 제가 실질적인 교장으로 부임했을 때, 우리에게는 시간제와 전일제를 합쳐서 23명 정도의 교사가 있었습니다. 2008년에는 정규직에 준하는 교직원이 19명 정도로 줄었습니다.

머리빌의 직원은 함께 일을 하기 위해 의식적으로 결정을 내립니다. 때로는 누군가가 어딘가로 외출을 계획하기도 합니다. 모닝티morning tea는 매우 중요합니다. 한 학기에 한 번씩 한 쌍의 교사가 돌아가며 일주일에 한 번씩 모닝티를 제공합니다. 직원 축구 조언도 마찬가지로 중요합니다. 축구는 겨울에 마을에서 젊은 사람들과 나이 든 사람들을 하나로 묶어줍니다. 관계는 친밀하며, 교사들은 큰 학교에서보다 작은학교에서 교장과 더 많은 개인적 관계를 맺습니다. 저는 종종 교사들과 행정 직원의 전문적 요구뿐만 아니라 정서적이고 사회적인 요구에도 자주 직면하게 된다는 것을 압니다.

올해(2009년)는 학교 역사상 가장 큰 규모의 일자리 나누기 시나리오를 작성했습니다. 등록생 감소가 일부 일자리가 심각하게 위협받는 지점까지 내려갔기 때문에, 개인이 완전히 일자리를 잃는 대신, 많은 직원이 시간제로 일하는 것에 동의했습니다. 일정을 정하는 것은 악몽이었지만, 사기를 높이는 데 결정적인 역할을 했고, 학생들의 학습에도 부정적인 영향은 없었습니다. 학생들이 교사들과 아주 좋은 관계를 맺었기 때문에 어려운 상황에서 떠나야 하는 교사들에 의해 방해받지 않았으며, 심지어 학생들의 학습 데이터가 향상되기까지 하였습니다.

4. 변화를 위한 조건 만들기

Part 1에서 제기된 작은학교에 대한 한 가지 이슈는 보수주의 문제와 그것이 갖는 변화와의 관계이며, 저는 이미 이런 보수주의와 관련된 몇 몇 이슈들을 언급하였습니다. 그렇지만 '보수주의'를 문제로만 보지 않는 것이 중요합니다. 그것은 긍정적 요인이 될 수도 있습니다. 우리 직원들의 안정성, 그리고 그들 중 많은 사람이 학부모이자 교사라는 '이중' 역할은, 실제로 그들이 학교에서 일어나는 것에 진짜 투자하고 있다는 것을 의미합니다. 우리의 관점에서는 이러한 개인적이고 직업적인 투자가 교직원 대부분이 어떤 종류의 변화에 대해 열린 마음을 갖게 하는 데 도움이 됩니다.

예를 들어 우리는 모든 직원이 학습 전달에서 그들의 자녀뿐만 아니라 그들이 아주 잘 알고 있는 지역공동체 사람들의 자녀들까지 더 나아지기를 원하기 때문에 전문적 학습에 대한 우리의 접근 방식에 큰 변화를 가져왔습니다. 모든 교사와 지도자들은 기꺼이 협력하여 성과와 발전의 문화를 조성하고, 내부의 전문성 개발에 대한 주인 의식을 공유하기 위해 노력했습니다. 하지만 보수주의는 변화를 실제로 실행하는 것이 다가올 때, 현상 유지를 원하는 일부 사람들의 태도가 장애물로 나타날 수 있다는 것을 의미하기도 합니다. 시골 지역공동체에서는 여전히 학교와 교장, 교사들이 '아이들에게 그저 일을 시키기만 하면 된다just make the kids do the work'고 기대하면서도 그 '일'이 갖는 학습의 본질에 대해서는 절대 질문을 하지 않는 보수주의가 존재합니다.

5. 리더십은 '교장' 등의 공식적 직책만을 의미하는 것은 아니다

리더십을 발휘하는 방식과 관련하여 보수적인 태도가 자리 잡을 수 있습니다. 제가 머리빌에 교장 대행으로 처음 부임했을 때, 사람들은 학생이 '교내에서 모자를 쓰고 있다'면, 교장에게 데려가서 정학까지 시켜야 한다는 태도를 보였습니다. 이런 사소한 비행은 더 큰 학교에서는 교사의 심기를 불편하게 하는 것이 아니지만, 이곳에서는 문제가 됐습니다. 더 중요한 것은 이런 문제들을 '고치는' 것이 교장의 직무라고 기대한다는 것이었습니다. 지금은 상당히 바뀌었습니다. 우리가 행동 문제에 취하는 현재의 접근은 집단적 문제 해결 방식에 훨씬 더 가깝습니다.

머리빌에서 제가 리더십에 대해 생각하는 방식을 결정하는 것은 공감, 참여, 코칭, 역할 명확성의 원칙과 실천입니다. 이런 생각과 실천으로 구성된 지원적 리더십 팀 없이는 지속적 변화를 발생시키지 못할 것입니다. 데이터는 실제로 이런 사실을 보여줍니다. 빅토리아주 공립학교의 모든 직원을 대상으로 실시되고 온라인으로 관리되는 2007년과 2008년 설문조사 때의 직원 여론 데이터를 보면 지원적 리더십이나 공감 능력이 극적으로 향상되었습니다. 직원 참여와 관련된 모든 변수는 이 결과에서 비롯됩니다. 신뢰는 제가 생각하는 '성공적' 리더십의 주요 특징입니다. 머리빌에서의 제 경험들에 비추어 볼 때, 신뢰는 분명하게 사람들에게 귀 기울이고, 그것이 당신이 하고 있는 일임을 분명히 밝힐 때 가장 잘 조성된다는 것을 알 수 있습니다. 우리 학교의 리더십 팀은 2008년 빅토리아주의 '우수교육'상 후보에 올랐을 때 더욱 인정받았습니다. 우리 리더십 팀은 지역에서 '최우수' 리더십 팀으로 선정되었고, 전체 주를 통틀어서는 3위로 선정되었습니다. 이 상을 받기 위해서는 팀으로서 아래의 사항을 어떻게 달성했는지 입증해야 했습니다.

- 학생 학습 향상에 대한 학교 집중도 향상 노력
- 실천 공동체 발전 노력
- 학생 학습 성과, 학교와 직원에 대한 학생의 태도, 학교에 대한 학부모 의견의 개선

저는 우리가 그렇게 짧은 시간 안에 이 모든 부분에서 관심을 기울이고, 개선을 보일 수 있었던 것이 대회에서 높은 순위에 오를 수 있었던 이유라고 생각합니다. 2006년에 학교가 어떤 위치에 있었는지를 감안해 보면, 우리가 교육부 수상 후보로 선정되어 인정받게 된 것은 우리가 아주 짧은 시간 동안에 얼마나 많은 발전을 이루었는지 보여줍니다.

그렇지만 교사의 역할에 대한 생각에는 여전히 보수주의가 완강하게 자리 잡고 있습니다. 예를 들어 지난해 우리 학교 교사들이 리더십 분배에 대해 예상치 못한 태도를 가졌다는 사실을 알게 되었습니다. 빅토리아주 학교의 필수 요건 중 하나는 성과 및 발전의 문화 학교로 인증받는 것입니다. 이 과정으로 수행된 직원 설문조사에서 교내 교사들이 리더십을 발휘할 기회가 충분하지 않다고 느끼는 것으로 확인되었습니다. 교내 모든 수준의 프로그램에서 거의 혼자 운영하기에 모든 사람이 주도권을 보일 기회가 있는 작은학교의 상황에서 리더십을 발휘할 기회를 얻지 못한다는 생각을 가진다는 것은 저를 당황하게 했습니다. 빅토리아 주정부 시스템의 공식적인 교사 리더십 직책인 선도교사를 임명하는 것은 어느 학교에서도 많은 경비를 필요로 합니다. 작은학교에서는 말할 것도 없겠죠.

설문조사 피드백을 통해 이런 인식의 기원에 대해 논의할 수 있었습니다. 저는 리더십에는 경계가 없다는 견해를 가지고 있었지만, 다수의 교사들은 권위 있는 '공식적formal' 직위를 지닌 사람만이 가질 수 있는 것으로 인식하고 있었습니다. 그들이 '선도교사'가 아니라거나 리더십 회

의에 참석하지 않으면, 리더십을 발휘할 기회를 얻지 못한 것이라고 연관 지었습니다. 성과 및 발전 인증 과정이 없었더라면, 이런 인식 차이를 발견하지 못했을 것입니다. 저는 시간이 지남에 따라 이런 관점이 바뀌고 있다고 생각합니다. 이제 사람들은 저에게 인지된 '문제'를 제기하기 전에 자신이 해온 모든 일을 매우 의식적으로 저에게 말합니다. 2년 전에는 저만 '고칠' 수 있는 것을 저에게 당연한 듯 가져왔지만, 이제는 그들 스스로 취한 조치를 설명하는 데 힘이 실리고 있습니다.

6. '우리는 누구이고, 학교가 의미하는바'에 대한 이해 개발하기

저는 도심에 있는 대규모 학교에서 왔습니다. 이 정도 규모의 학교로 들어서면서 저는 작은학교의 특징인 상호 배려에 감동했습니다. 저는 학교가 거의 가족처럼 운영된다고 느꼈습니다. 학교 안팎에서 모두가 모두를 알고, 그들의 안녕에 관심을 기울입니다. 그것은 가르치고 배우는 데 매우 인간적 맥락personal context을 만들어 줍니다. 하지만 이런 긴밀한 맥락에는 단점이 있습니다. 우리는 아이들이 거의 없는 작은 지역공동체이기 때문에 때로는 학교교육에서 '우수성'이 무엇을 의미하고, 실제로 어떤 모습인지에 대한 관점을 잃기 쉽습니다. 우리가 끊임없이 노력해야 하는 상황적 긴장을 잃지 말아야 합니다.

2년 전에 우리는 사람들이 가치 있다고 생각하는 학교의 가장 중요한 측면이 무엇이라고 생각하는지 확인함으로써 이런 긴장감을 가졌습니다. 우리는 많은 토론을 진행했고, 모든 학급, 심지어는 5세의 준비학년 Preps까지 참여했습니다. 우리의 가치 측면이 다양한 방식으로 표현되었을 수도 있지만, 궁극적으로 의사소통, 관계, 성취감을 머리빌에서 가장 중요한 몇 가지로 꼽았습니다. 우리는 이제 내년을 위한 전략 계획 수립을 위한 사전 작업으로 학교의 미래를 위해 우리가 가져야 할 방향과 비전에 대한 논의를 시작합니다.

공동의 집중에 대한 지속적 요구가 있는데, 저는 이런 것도 작은학교의 특징인지 궁금합니다. 실제로 이런 집중의 결과 중 하나는 학생들에 대한 높은 기대감을 가진 것으로 지역공동체는 부정적이든 긍정적이든 이를 끊임없이 인용합니다. 직원들은 이 말을 업무의 모토로 삼고 소중히 여기고 있습니다. 2년 전에는 직원들이 '높은 기대치'가 중요하다는 것에 동의한다면, 교사로서 모두가 이를 따르겠다고 서로에게 약속했습니다. 우리는 합의된 행동 목록을 만들었습니다. 그 목록은 따르기 위해 당신이 바뀌어야 하거나 또 당신에게 없어야 할 행동이 있을 수 있다는 것을 시사했습니다. 직원들의 기대 목록은 운동장에서, 숙제할 때, 그리고 교실에서 학생들과 일관되게 합의된 모든 말이 포함되었습니다. 그 목록은 사실상 그리고 자발적으로 전체 교원들이 작성한 것입니다.

7. 양질의 수업을 위한 '실시간' 코칭

교실에서의 코칭은 우리가 도입한 관행practice입니다. 저는 이 프로그램에 학교의 포괄 예산 중 상당 부분을 할애했습니다. '코치'는 수업의 흐름에서 스스로 알아챌 수 없는 긍정적인 것과 부정적인 것을 관찰합니다. 수업 후에 교사와 코치는 관찰 결과를 바탕으로 그들의 다음 과제에서 설정할 목표를 합의합니다. 전통적으로 교사들은 그들의 개인적 실행에 대해 다른 사람들과 이야기 나누기를 꺼립니다. 그렇지만 우리는 우리의 실행을 향상하고 배우고자 하는 것에 초점을 맞추고 있어 이러한 학습 접근 방식 도입에 대한 두려움을 극복할 수 있었습니다.

작년에 우리는 우리 지역에서 제공한 프로그램의 일환으로 2주에 한 번 학교에서 일하는 '방문 코치visiting coach'를 두었습니다. 올해에는 지역 네트워크에서 지원받은 자금으로 훈련된 우리 자체 직원으로부터 코치 기술들을 활용하고 있습니다. 우리는 올해 이 코치 기술을 지역 네트워크의 전문적인 지원 없이 우리의 자체 비용으로 활용하고 있으며, 이는 우리가 외진 지역에서 어느 정도 자급자족해야 하는지를 보여줍니다. 이 전략의 성공에 대한 진정한 공로는 외딴 소규모 환경의 우리 직원들이 훌륭한 점, 즉 교사들(그리고 부족한 지원에도 불구하고 프로그램을 잘 구축한 코치 포함)이 회복탄력성resilient이 필요하다는 것을 알고 있다는 점이라고 생각합니다. 저는 궁극적으로 이런 감각이 학생을 돌보는 교사의 깊은 마음에서 비롯된다고 생각합니다. 그리고 교사들이 코칭 이전에는 느끼지 못했던 서로의 업무에 대한 상호존중감을 형성했다고 생각합니다.

8. 지도자 학습과 지원

우리의 코칭에 대한 '교내' 집중도 증가에 더해 머리빌의 교사 리더들은 빅토리아주 교육 및 유아발달부DEECD에서 운영하는 학교에서의 효과적인 지도 학습Learning to Lead in Effective Schools 프로그램을 활용하고 있습니다. 우리 학교의 모든 유급 지도자는 이런 일련의 프로그램에서 훈련받았습니다. 프로그램 운영 방식은 프로젝트 착수부터 리더십 코칭, 360도 피드백 접근, 제가 작년에 졸업한 학교 리더십 석사과정까지 다양합니다. 모든 프로그램은 학교 밖에서 약간의 시간을 포함하고 있으며, 이는 이 교사들을 대체할 필요가 있어 작은학교 상황에서는 약간의 문제가 야기됩니다.

우리가 직원으로서 내려야 했던 한 가지 핵심 결정은 우리 모임의 초점에 관한 것이었습니다. 제가 처음 학교에 왔을 때 우리가 했던 몇몇 회의는 별다른 진전이 없는 것처럼 보였습니다. 그러나 이제는 전문적 학습에 대한 분명한 초점을 가지고 직원회의를 가집니다. 이런 시간들은 꼭 학교 지도자가 주도하지는 않지만, 매번 학교에서 데이터셋이 생성될 때마다 저는 그것을 예정된 직원회의 의제의 일부로 넣어 의논할 방법을 찾습니다.

모든 직원들이 모일 수 있을 시간을 찾는 것은 지속되는 과제인데 올해는 파트타임 직원들이 늘어나서blow-out 더욱 어려워졌습니다. 그것을 해결할 수 있는 유일한 방법은 주요 직원회의 시간을 교사들이 학교에 가장 많이 있는 오후로 정하고, 같은 메시지로 같은 포럼에 참여하는 것이 얼마나 중요한지 교사들이 인식하도록 하는 것입니다.

교장 리더로서 저는 준비학년부터 12학년까지 있는 다른 학교 교장들과의 근거리immediate 네트워크를 활용합니다. 제가 '근거리'라고 말하지만 이런 동료들은 실제로는 제가 운전해서 약 2시간을 가야 하는 거리에 있습니다. 전화는 서로 간의 소통과 지원에 중요합니다. 이는 제가 소속된 2개의 전문협회의 사례에서도 마찬가지입니다. 제가 정책과 의례상의 이슈에 대해 누군가와 통화하고 이야기 나눌 수 있다는 사실은 학교에서의 제 리더십에 큰 도움이 됩니다.

우리는 지역에서 새롭게 형성된 학교 네트워크의 지역 네트워크 리더도 있습니다. 기존 네트워크 구조는 아주 큰 네트워크의 제 회원 자격을 포함하고 있기에, 이 네트워크가 올해 2개로 나뉘었다는 사실은 매우 필요한 협력 관계의 발전에 도움이 됩니다. 게다가 수업 리더로서 교장 역량 구축이 빅토리아주에서 강조되고 있는 것은 모든 네트워크 회의가 이전에 비해 매우 강력한 학교교육 개선과 전문적 학습 요소a much stronger learning school improvement professional learning component를 가진다는 것을 의미했습니다. 자금, 자원, 일정과 같은 기술적 문제에 중점을 두었던 이전 회의는 빅토리아 주립학교 데이터를 끌어올리기 위한 엄청난 추진력으로 바뀌었습니다. 회의들은 이전보다 더 잦아졌고, 그들에게 회의는 높은 우선순위를 가진 것으로 보입니다.

저와 같은 시골 교장들에게 이런 기대의 특별한 문제는 회의를 위해 이동해야 하는 거리에 있습니다. 즉 길에서 보내는 시간이 너무 많다는 것입니다. 학교가 네트워크의 가장 외곽에 있기 때문에 바로 그 이유로 저의 지역 네트워크 리더의 방문 횟수는 제한적이었습니다. 제가 참석해야 하는 회의의 횟수가 저의 업무량 면에서 부담이 되었고, 직원들은 제가 학교를 비우는 것에 대해 불만스레 언급했습니다.

저는 상당한 양의 자급자족을 구축해야 했지만, 큰 학교의 교장들은 더 나은 지원을 받는 환경에서 구축할 필요가 없었을 것이라고 생각합니다. 비극적 사건과 가뭄과 같은 요소들은 학교에 심각한 영향을 미치며, 작은학교에서 교장은 이런 문제들을 다루기 위해 있는 것으로 보입니다. 제가 이 학교에 근무하는 동안 이 두 가지 모두를 상당히 겪었습니다. 이런 문제를 해결하는 것에 우리에게 도움을 줄 학생 상담가 같은 외적 지원은 거의 활용할 수 없습니다. 2년 전에 우리는 학교 목사를 위한 자금을 성공적으로 신청했지만, 자금을 사용할 수 있도록 정해진 시간까지 지원자를 유치하지 못해 철회된 적이 있습니다. 그럼에도 목사가 필요했던 모든 지역공동체 중에 우리가 해냈습니다! 다만 우리가 배제되는 이유는 온전히 우리가 너무 멀리 떨어져 있기 때문이었습니다.

9. 리더십의 중요한 순간

의존 문화에서 협업으로의 이동

교장 대행으로 두 번째 학교로 처음 왔을 때(2006년 중반), 이곳은 학생들의 학습에 부정적인 영향을 미칠 정도로 매우 불행한 곳이었고, 이는 마을에서도 충분히 알려져 있었습니다. 그런데 사람들이 저를 보고 반기는(대부분 너무 기뻐하는) 것에 놀랐습니다!

이 문제를 해결하기 위해 저는 발로 뛰며 사람들과 대화하고, 그들의 인식을 경청하고, 긍정적인 자세를 강조해야 했습니다. 저는 첫 직원회의에서 '저는 위기가 있다는 것을 인지하고 있으며, 우리는 앞으로 나아가야 하므로 이를 다시는 언급하고 싶지는 않습니다'라고 말했던 기억이 있습니다. 이는 다소 가혹하게 들릴 수 있지만, 그들이 기여할 수 있는 달라질 미래의 가능성에 대해 상상하지 않았다면, 부정의 소용돌이는 지속되었을 것입니다.

그 후 몇 달 동안, 사람들은 앞으로 나아가는 것이 매우 어렵다는 것을 알게 되었다고 밝혔지만, 몇몇은 나아갈 필요가 있다는 것을 이해했습니다. 사람들과 끊임없이 대화하고, 그들의 이야기를 듣고, 그들이 그 모든 것을 헤쳐 나갈 방법을 찾을 수 있도록 도와주는 것이 중요한 일이었다고 생각합니다. 제게 있어 힘든 점은 엄청난 책임감을 느꼈다는 것인데, 지금도 여전히 느끼고 있습니다. 저는 사람들이 저와 관련 없을 수도 있는 직원의 실적 부진을 포함한 모든 것을 고치기 위해 제가 있다고 생각한다고 느낀 적도 있었습니다. 저는 때때로 내재된 이런 부담으로부터 멀어지는 것을 배워야만 했습니다.

돌이켜 생각해 보면, 이 상황에 다시 직면했을 때, 제가 다르게 할 것은 '문제들'을 해결하기 위해 자신에게 그렇게 많은 압박을 주지 않겠다는 것입니다. 저는 처음에 다른 사람들이 저에게 얼마나 의존할지에 대해 과소평가했습니다. 지나고 보니, 이 사실을 알았다면 저는 그 문제와 해결책은 모든 책무성과 마찬가지로 공동의 책임이라는 점을 분명히 밝혔을 것입니다. 그렇지만 제가 한 대부분의 일들, 특히 경청 그리고 이런 접근 방식을 통해 사람들과의 긍정적인 관계를 발전시킨 측면은 기억하고 반복할 것입니다.

10. 내가 배운 핵심 교훈

작은학교에서 학생 수 감소의 영향은 항상 존재하며, 저는 그것이 작은학교의 리더로서 맞닥뜨리는 가장 큰 문제임을 알게 되었습니다. 학교는 지역공동체의 허브입니다. 사람들은 학생 수가 너무 줄어들면, 마을 전체가 무너질 것이라고 생각합니다. 제가 처음 교장을 맡았을 때, 교장이 공동체의 사기에 얼마나 큰(그리고 때로는 비합리적으로) 영향이 있을지 충분히 인식하지 못했습니다. 만약 그들이 불확실하다고 느낀다면, 사람들은 그들의 아이들을 보내지 않을 것입니다! 따라서 긍정성을 키우고 자신의 독특함을 축하해야 한다는 의식을 심어주는 데 꾸준한 관심을 가져야 합니다. 학생들, 특히 중·고등학교 학생들은, 새로운 지인들과 어울리기를 갈망합니다. 친구들과의 관계는 돈독하고 서로에게 큰 힘이 되지만, 그래도 새로운 친구를 사귀고 싶어 합니다. 저는 가끔 그들이 넓은 세상에서 낯선 이들과의 경험이 너무 적어서 그들이 더 넓은 세상에 적응하지 못할지 걱정하는 것은 아닐까 생각합니다. 학부모들은 등록 학생 감소가 마을의 미래에 미치는 영향에 대해 걱정하고, 선생님들은 당연히도 그들의 일자리에 대해 걱정합니다. 저는 이 모든 것들에 대해 걱정하고 있는 저를 발견하고, 끊임없이 물러서서 제가 통제할 수 있는 부분을 해결해야 합니다. 이것은 학교가 될 수 있는 한 최고의 학교가 되도록 돕는 것이어야 합니다.

그러나 모든 학교는 그들 각각의 독특한 문화와 환경에 문제들이 있기에 저는 교장으로 작은학교에 가는 것이 교장 경력을 시작하는 좋은 방법이라고 믿습니다. 역설적으로, 당신이 '큰 그림'을 가진 사람이라면, 당신은 작은학교에서 교육의 모든 측면에 대한 전반을 거의 즉각적으로 파악할 수 있을 것입니다. 이렇게 생각하면 작은학교를 이끌어 보는 것은 풍성하고 다양한 경험이 됩니다.

게다가 더 큰 학교로 옮기고 싶은 생각을 가진 몇몇 사람들에게 작은학교 교장 경력은 완벽한 디딤돌입니다. 작은학교에서는 학교가 운영되는 방식의 다양한 요소들의 모든 것을 당신에게 즉각적이고 친밀하게 노출됩니다. 그래서 다양한 요소에 영향을 미칠 의사결정 과정과 같은 것들에 대한 깊은 지혜를 키울 수 있습니다. 그러나 경력 사다리를 오르는 교사들은 이것에 개방적으로 받아들여야 합니다. 제가 떠난 대규모 학교 사람의 대부분은 이것이 경력 사다리를 오르는 방법일 수도 있다는 것을 꿈에도 생각하지 못했을 것입니다.

대다수의 교사들 그리고 대부분의 행정가들의 학교에 대한 일반적인 패러다임은 크다는 것이며, 심지어는 커야 한다는 것입니다. 이것은 작은학교가 경력 사다리가 한 단계라는 측면에서 또 다른 문제를 야기합니다. 작은학교의 교장직이 대규모 학교에서 필요한 핵심 경험을 제공한다는 확신을 대규모 학교의 선발 심사자들에게 심어주기는 무척 어렵습니다. 저는 그렇다는 것을 알지만, 고정된 사고방식은 다른 사람들이 그렇다고 인식하는 데 방해되는 경우가 많습니다.

이것은 결국 작은학교들이 종종 인식되는 방식에 관한 커다란 문제를 야기할 수 있습니다. 작은학교는 소수라는 이유로 교사들이 작은학교 교사들의 경력을 어떻게 볼지, 그리고 학부모들이 그들의 자녀들을 위한 기회들을 어떻게 볼 것인지에 대한 전반적인 구상에서 소외될 수 있습니다. 작은학교인 머리빌은 지역 수준에서 그들의 자녀를 위한 적절한 경쟁이 있을 것으로 생각하지 않는 학부모 증후군에 시달리고 있으며, 그것이 일부 사람들이 다음 학년도에 자녀를 중등교육 기숙학교로 보내는 이유이기도 합니다. 이 상황은 아직 학교에 있는 사람들에게 상당한 스트레스를 줍니다.

하지만 저는 작은 지역공동체에 있는 학교(작은 학교가 예비학년부터 12학년까지 있는 경우가 많기 때문에)에서 일하는 것이 양육과 최소 전환이라는 기회가 되며, 학생들이 최대한 성장할 수 있는 기회는 더 큰 도시 중심지에 있는 학교보다 더 낫고, 학교 리더로서 성장할 수 있는 기회 역시 대도시 학교보다 무한히 풍부하다고 믿습니다!

Part Ⅲ.

공동체의 힘
A collective act

미셸 앤더슨(Michelle Anderson)과 미셸 데이비스(Michelle Davis),
피터 더글라스(Peter Douglas), 데이비드 로이드(David Lloyd),
배리 니븐(Barrey Niven), 힐러리 틸(Hilary Thiele), 헬렌 와일디(Helen Wildy)

서론

collective

1. (형용사) 다수를 대표하거나 포함하는; 결합된; 합계의, 일반적 …

(호주 포켓 옥스퍼드 사전)

작은학교를 이끄는 것이 공동체의 힘인 것처럼, 이 책의 마지막 부분도 그렇다. 이 부분은 호주교육연구위원회ACER의 연구자와 이 프로젝트의 '비평적 친구' 조언가인 5명의 교장 선생님들의 이틀간의 대면 오디오 녹음 워크숍에서 수집한 아이디어와 비평적 반성을 구성하여 만들었다.

워크숍 당시 기여한 각 교장들은 책 연구 부분의 초안을 읽었고, 자신들의 사례를 설명하는 작업을 했다. 워크숍을 위해 한자리에 모인 것은 모두가 작은학교를 이끄는 것에 대한 서로의 설명을 읽고, 비판적으로 성찰할 수 있는 첫 번째 기회였다.

이 부분은 이런 성찰들을 고려하여 작성되었다. 첫 질문은 다음과 같다.

작은학교에서 학습을 이끌어가는 것에 대한 핵심 교훈, 도전과제, 가능성은 무엇인가?

이 마지막 장의 목적은 이전 각 장들을 다시 살펴보고, 이미 말한 것들을 반복하려는 것이 아니다. 오히려 워크숍을 통해 도출된 작은학교를 이끄는 것에 대한 주요 메시지와 도전 과제들을 개괄적으로 살펴보고, 작은학교의 현직 그리고 예비 교장들을 위한 시사점을 제시하며, 이 분야에 대한 후속 연구 정보의 제공에 그 목적이 있다.

제11장
작은학교를 이끌기 위한
핵심 메시지와 과제
Key messages and challenges
for leading a small school

연구 문헌과 5명의 교장 사례의
공통점은 리더십의 '집단적collective'
개념과 형식이 '개인적solo' 이해와
실천을 강제적으로 대체해 왔으며,
작은학교 공동체 맥락에서는 반드시

> **전반적인 결론**
> 작은학교를 이끌기 위해 '집단적'
> 이라는 의미에 대한 맥락은 반드
> 시 온전히 남아야 한다.

그래야 한다는 것이다. 이런 명제가 받아들여진다면, 우리가 만드는 전
반적인 결론은 작은학교를 이끌기 위해 '집단적'이라는 의미에 대한 맥
락은 반드시 온전히 남아야 한다는 것이다. 다시 말해, 누가 이끌 것이
고, 어떻게, 그리고 어떤 결과를 가져올 것인지에 대한 집단성의 함축적
의미는 집단적 이해가 발전하고, 그런 이해를 유지하고 제한하는 조건적
맥락에서만 이해될 수 있다.

이 메시지에는 두 측면이 있다. 한 측면은 '집단적' 개념notion이고, 다
른 하나는 '맥락'의 개념이다. 연구 문헌과 교장 사례들은 작은학교를 이
끄는 것에서 두 가지 모두가 중요하다는 것이 확인된다. 우리가 우리 책
의 틀을 짜면서 이 개념들을 하나로 묶는 것은 관계들의 중요성이며, 다
섯 명의 교장 공저자들이 아래 영역에서 그들의 '집단적'과 '맥락'이라는
개념을 뒷받침하는 것도 바로 관계이다.

- 리더십 공유하기
- 학습 이끌기
- 지역공동체 '속in'에 있기
- 직업적 자아

1) 리더십 공유하기

다섯 명의 교장들이 오랜 시간 동안 얻은 핵심 교훈은 공유된 리더십은 단순히 있다고 좋은 것이 아니라, 작은학교를 이끄는 데 꼭 필요한 특성이라는 것이다. 교장들은 의도한

> **교훈**
> 공유된 리더십은 단순히 있다고 좋은 것이 아니라, 작은학교를 이끄는 데 꼭 필요한 특성feature 이다.

바가 아니더라도 '영웅적heroic' 지도자로 활약하는 것이 실제로 상당히 매혹적seductive일 수 있다는 것을 인식하고 있다. 교장 공저자들은 이것을, 특히 작은학교의 초보 교장들에게, '건강 적신호health warning'로 언급한다. '공유하기sharing'는 학교를 넘어서 이루어져야 하며, 학교 업무에서 학부모들은 정통한 목소리informed voice로 포함할 필요가 있다.

역사적으로 특히 소규모 시골 학교에서 교장은 학교와 더 넓은 지역사회 내에서 중요한 위치를 차지해 왔으며, 종종 조언과 의견을 구하기도 한다. 작은학교의 이런 리더십 관점의 결과는 관계에서 교장이 중심적 역할을 하는 경향이 나타난다는 것이다. 이는 다른 사람들과 리더십을 공유할 가능성을 배제한다. 리더십의 이런 형상이 갖는 '매혹성 seductiveness'은 문제를 해결하는 데 도움이 되는 '기분 좋은feel good' 요소가 될 수 있으며, 이는 이런 과정을 여러 번 반복하게 한다. 그러면 질문이 생긴다:

- 이것이 교사, 학생, 학부모, 그리고 지역공동체의 다른 사람들에게

어떤 메시지를 전달하는가?
- 리더십에 대한 이런 접근 방식은 시간이 지남에 따라 교장 개인에게 어떤 영향을 미칠 수 있을까?

교장 공저자들은 리더십을 공유하는 것은 작은학교를 이끌어가는 데 중요하다는 것에 동의한다. 그 이유는:

- 교사의 자질 문제를 해결하는 데 특히 중요한 교수와 학습에 대한 아이디어를 키울 수 있는 여유가 생긴다.
- 직원과 다른 사람들에게 그들을 신뢰하고 그들의 성장과 발전에 관심을 갖고 있다는 메시지를 전달할 수 있다.
- 업무 분담을 통해 정서적으로 큰 안도감을 줄 수 있다.

이 책에서 제시하는 리더십 공유 모델은 다양하며(예를 들어 학부모 의견 조사 개발 및 분석을 주도하는 학부모; 새로운 교육과정 변화를 주도하는 교사), 교장들이 리더십을 공유하려는 이유나 학교-전체의 변화를 이끌고자 하는 그들의 열망에 대한 것뿐만 아니라, 그들이 그렇게 하려는 노력을 가능케 하고, 제약할 수 있는 요소를 감안한 그들의 시도와도 관련이 있다. 이런 모델에서 요인을 살펴보면 교장이 학교에 부임하기 전의 이야기를 존중하고 인식해야 할 필요성, 학교가 위치한 물리적 지리와 기후의 가능성과 제약, 학습자이자 사람으로서 자신을 이해하는 데서 드러나는 학생들의 요구를 인식하는 것 등이 포함된다. 다시 말해서 교장들은 작은학교에서 변화를 야기하는 노력의 출발점이 서로 다르고 다양하다는 것을 알게 되었다.

2) 학습 이끌기

리더의 '집단적' 사고와 실천이라는 이전 이슈에서 제기된 질문은 다음과 같다: 리더십 공유의 목적은 무엇입니까? 만약 당신이 아이들을 위한 것이 무엇인지 대답할 수 없다면, 다음과 같은 질문을 해야 한다: 당신은 누구를 위해 '그것'을 하고 있습니까?

작은학교의 교장으로서(어쩌면 수업교장일 수도 있는), 당신은 당신이 사는 곳과 더 넓은 지역 사회 활동에 관여하기 때문에 매일, 방과 후와 주말까지도 학생과 친밀하고 지속적으로 접촉할 수도 있다. 작은학교 맥락에서 학습을 이끄는 결핍된 관점과 반대로(예를 들어, 교육과정 제공의 불충분한 범위), 이 책에서 교장들은 학습을 이끄는 것에 대해 '변명도, 비난도 없다'라는 입장을 고수하고자 노력한다.

시골의 작은학교에서 학습을 주도하는 것이 주요 과제가 아니라는 데 이의를 제기하는 사람은 거의 없다. 그러나 워크숍에서 한 교장이 우리에게 상기시켰듯이, 이런 도전들은 교육과정뿐만 아니라 사회적 기반도 염두에 두고 있다(예를 들어, 6학년 남학생 학급에서 유일한 여학생이 있는 경우). 이 책에서 교장들은 그들이 그들의 시골 학교 맥락에서 학습을 이끄는 것이 제시하는 도전 과제들을 극복했거나 극복하기 위해 노력하는 실제적 방법들을 허심탄회하게 공유한다. 그들의 전략은 다음과 같다.

① 여러 학교 클러스터에서 자원을 모아 교사 채용을 위한 자금 지원하기

② 교사들에게 더 매력적으로 다가갈 수 있는 방식으로 비정기적 구

호 자금 사용하기

③ 서로의 교실에서 교사 간담회/전문성 개발 주최하기

④ 전문성을 구하는 것에 항상 의존하기보다 직원들의 전문성에 투자하기

⑤ 특정 목적들을 위한 교사 네트워크 구축하기

⑥ 동료들과 가상 및 대면 전문적 학습 회의 개최하기

⑦ 학생들을 위한 '표준으로as the norm' 가상 학습 기회 설정하기

⑧ 상황에 맞는 학생, 직원, 학부모 데이터 활용하기

⑨ 직원들이 선호하는 정보 수신 방식 파악하기(예를 들어, 주간 게시판, 개인 메모, 이메일, 대화)

⑩ 당신의 학교, 학교의 리더십과 학교의 수업을 다른 사람들에게 알리기(예를 들어 자금 지원 요청, 수상 경력 넣기)

이런 교장들에게 있어, 학습을 이끄는 것에 대해 '변명도 없고, 비난도 없다No excuse, No blame'는 접근의 공통점은 학생들의 학습과 성취도는 학생 개인이나 학급 교사, 개별 교장인 '내I'가 아니라, 작은학교 지역사회인 '우리us'의 책임이라는 관점이다. 이런 이유로 좋은 관계를 발전시키고, 유지하는 것은 중요하다.

그러나 누군가 혹은 어떤 집단과의 연결을 '관계'라고 부른다고 해서 무조건 좋은 관계가 되는 것은 아니다. 관계는 지역 학교 공동체 수준에서 정당성을 지녀야 하며, 여기에는 관료적 의미가 아닌 '공동선common good'의 의미에서 어떤 형태의 책무성이 수반된다. 학습을 이끄는 맥락에서 이 책에 등장하는 교장들은 그들 학교의 학생들이 무엇을 필요로 하는지 파악하는 것이 출발점이었다.

각 교장들이 그들의 리더십에서 중요한 순간으로 선택한 것이 무엇인지 살펴보자.

① 지속가능성 프로그램 도입

② P-6(5학년) 학교에서 K-6학교(6학년)로 확장

③ 토착민 언어의 도입 및 유지

④ '특별한 이벤트'에서 '표준'으로: 테크놀로지와 교사

⑤ 의존적 문화에서 협력적 문화로 이동하기

이런 교장들의 리더십에서 중요한 순간은 모두 변화에 관한 것이며, 논쟁은 있지만 궁극적으로는 학생들의 이익을 위한 변화에 대한 것이다. 모든 중요한 순간들은 새로운 관계나 학교와 지역사회에서의 관계를 구상하는 새로운 방식의 개발을 포함했고, 모두 현재 상황의 정확한 파악(예를 들어 학교에 대한 학생들의 의견, 교사 전문성 수준, 등록 및 인구통계 동향)을 발전시키는 것을 포함했다. 그러나 각 사례에서 변화의 '필요 need'가 공유된 관점이나 고유한 조건의 맥락에서 기원한 관점이 아니기 때문에 그들의 결정적 순간은 동일하지 않다.

3) 지역공동체 '속in'에 있기

이 항목은 이 책의 주요 교장 공저자들에게 딜레마 영역으로 보인다. 지역공동체 '속'에 있는 것이 무엇을 의미하는지는 각각 다른 방식으로 실현되었다(예를 들어 실제로 학교 부지에서 살기). 그러나 이 책의 저자와 비평적 관계자들은 지역공동체의 모든 구성원과의 관계를 구축하는 것

> **교훈**
> 지역공동체의 모든 구성원들과 관계를 구축하는 데 투자하되, '교장'이 되는 것에서 '시간적 여유 갖기time away'라는 당신의 욕구를 존중하라. 그러지 않는다면, 어떻게 다른 사람들이 그렇게 하기를 기대할 수 있을까?

에 투자하는 것이 얼마나 가치 있고 중요한지에 대해 단호하게 이야기한다. 그렇지만 교장이 인정하는 지역공동체 '속'에 있기는 작은학교 교장

이 되는 것의 장점이자 단점이 된다. 장점의 측면에서 보면, 작은학교를 이끌면서 지역공동체와 함께하는 것에서 얻을 놀라운 기회와 그에 따른 개인적, 전문적 성장을 직접 경험하고 인식할 수 있다는 점이다. 단점의 측면에서 보면, 지역공동체 '속'에 있기는 교장'일' 때와 교장이 '아닐' 때의 경계를 모호하게 만들 수 있다. 하지만 '속'하지 않거나 '속'해 보이지 않을 때 당신은 보이지 않는다. 그리고 우리처럼 작은학교를 이끄는 것이 공동체의 힘이라는 견해에 동의한다면, 지역공동체 '속'에 있는 것은 중요하고, 타협이 불가능한non-negotiable 특징이다.

그러나 교장들이 수년간 배운 것은 지역공동체의 모든 구성원과 관계를 구축하는 데 투자하되, '교장'이 되는 것에서 '시간적 여유 갖기time away'라는 당신의 욕구를 존중하라는 것이다. 그러지 않는다면, 어떻게 다른 사람들이 그렇게 하기를 기대할 수 있을 것인가?

4) 직업적 자아Professional self

헬렌 와일디는 서문에서 직업적 자아는 개인의 회복탄력성을 개발하는 도전에 대한 것이라고 말한다. 이 책의 교장들은 다른 시기에 교장으로 재직했다. 그렇지만 워크숍에서 교장이 되는 그들의 경로를 돌아볼

> **교훈**
> 시간을 들여 정말 좋은 지원 네트워크를 구축해야 한다. 이를 통해 어려운 시기에 그들은 성장할 것이고, 어려움 속에서도 계속된 학습이 있을 것이다.

때, 교장직에 실제로 '도달arrival'하기까지 우연적 요소가 있었다는 것에 대체로 동의한다. 그래서 우리는 그 경험을 '금요일 교사, 월요일 교장'과 '우연한accidental 교장'과 같은 문구로 표현하였으며, 이 책의 교장 대부분은 교장으로 처음 부임했을 때, 교장직에 전혀 준비되지 않았다고 느꼈다.

각 교장의 직업적 자아에 대한 경험의 세부적 내용은 다를 수 있지만

(예를 들어, 셋은 수업교장이다), 교장들은 시골 작은학교의 교장이 시간을 내어 정말 좋은 지원 네트워크를 구축해야 하고, 이는 그들이 어려움을 겪을 때 북돋아주며 계속된 학습에 도전할 수 있도록 하는 데 도움을 준다는 것에 일치된 견해를 보인다. 각 사례에서, 교장은 몇몇 그룹(예를 들어, 작은학교 클러스터)이나 학교 '외부' 지원(가령, 더 경험이 많은 교장)이 있었다. 이런 네트워크나 지원들은 꼭 필요하다. 미셸 데이비스는 교장 대행이었던 그녀의 초창기 경험에 대해 '클러스터에 속한 모든 학교가 단축 다이얼을 사용하고 있었기 때문에 저는 클러스터의 어떤 학교든 전화할 수 있었습니다!'라고 회상한다.

후속 연구에 대한 함의

이 책에서 검토된 연구는 작은학교 맥락에서 '집단적' 리더십에 대한 정보에 입각하여 이해를 발전시키기 위한 다양한 관점의 경험을 이해해야 할 필요성을 뒷받침한다. 그 이유는 다음과 같다:

학교에서 공유 리더십에 대한 필요성에 대해 많이 쓰이고 언급되지만, 더 완전한 구현을 위해 그것들의 특성, 맥락, 방해요소를 탐구하고 이해해야 합니다.^Duignan & Marks, 2003, 19쪽[1]

이런 종류의 관찰은 작은학교 리더십의 후속 연구에서 중요한 것은 더 넓은 맥락과 조건에서 리더십을 검토하는 것뿐만 아니라 더 포괄적

---

1. Duignan, P & Marks, W 2003, 'From competencies to capabilities: Developing shared leadership in schools', Paper presented at the Australian Council for Educational Leadership, National Conference, 28 September-1 October, Sydney, NSW.

인 리더십의 추구에 있어 배제의 형태를 이해하려는 시도라는 것을 시사한다.

문헌 분석, 교장과의 인터뷰, 워크숍 토론을 통해 '장소'의 문제가 학교와 지역사회 관계의 목적과 성격의 문화적 차이에 중요한 영향을 미

> '장소'의 문제가 학교와 지역사회 관계의 목적과 성격의 문화적 차이에 중요한 영향을 미친다.

친다는 것을 알려준다. 우리는 이 책의 다섯 사례가 시골 지역의 교장으로부터 나온 것임을 인식하고 인정한다. 호주의 많은 작은학교들은 주요 도시city와 소도시town의 지방 외곽에 있다. 국제 문헌에서 연구자들은 더 많은 비교 연구(도시/시골; 작은/큰 학교 규모)가 이루어져야 한다고 요구하고 있다.

'목소리'와 관련하여 우리는 이미 이 책의 사례들이 대체로 교장들의 관점에서(비록 반성적 질문과 과정을 거치긴 했지만) 만들어졌다는 것을 언급했다. 이는 검토된 다수의 호주

> 작은학교 맥락에서 '공동체의 힘'에 대한 아이디어와 실천에서 학생들은 어떤 영역space을 차지하고 있나요?

연구와 일치하며, 학생 성취도와 교사 자질 문제, 직원 배치, 그리고 임용 전 준비와 임용 중 리더십 학습 문제를 국가 및 국제적 정책 맥락으로 확대해 볼 때, 이런 연구의 초점과 관점이 필요한 이유를 이해할 수 있다.

이 책에서 논의된 다섯 사례를 살펴본다면 워크숍 논의와 일부 국제 연구[2]는 작은학교 맥락에서 '공동체의 힘'의 아이디어와 실천에 학생들과 학부모들이 차지하고 있는 영역을 작은학교 리더십 연구에서 더 구체적으로 살펴볼 기회를 만들어야 한다는 문제를 제기할 수 있다.

---

2. 예를 들어 보면, Kalaoja, E & Pietarien, J 2009, 'Small rural primary schools in Finland: A pedagogically valuable part of the school network', International Journal of Educational Research, vol. 48, pp. 109-16.

끝맺는 말

헬렌 와일디는 서문에서 이 책의 사례들이 고무적이라고 진술한다. 교장들은 작은학교 리더십의 희망적인 견해를 제시했다. 그렇지만 이 책에서 사용되는 것처럼 '희망'은 변화

> 이 책에서 사용되는 것처럼 '희망hope'은 변화할 것이라는 믿음을 붙잡고 있으면, 반드시 변화한다는 생각과 같은 낭만적인 개념이 아니다.

할 것이라는 믿음을 붙잡고 있으면, 반드시 변화한다는 낭만적인 개념이 아니다. 집단적 사고와 행동을 통해 학생의 학습과 성취도를 향상하려는 선한 의도는 행동하지 않는 한 공허한 의도에 불과하다.

교장의 사례들을 보면 쉽지도 않으며, (과거와 현재라는) 맥락과 가치value에서 벗어날 수도 없다. 우리는 작은학교 상황에서 해야 할 것에 대한 '대단한great' 아이디어나 방법이 여러분의 맥락이나 상황에서 '작동'할 것이라든가, 같은 결과를 보일 것이라고 제안하는 것이 아니다. 우리의 책에서 '희망'은 뭔가 다른 것을 요구한다. 그것은 변화에 대한 도전을 과소평가하지 않고, 별것 아닌 미미한 변화라도 작은학교를 이끌어가는 데 더 많은 집단적 행동들의 기반이 된다는 것을 아는 것이다.

> 우리 책은 시작할 때 당신에게 물었던 질문을 다시 던지며 끝납니다.
> '작은학교'라는 단어를 보면 어떤 이미지가 떠오르시나요?

우리나라 작은학교 정책의 초점: 교육정책을 수립하시는 분들에게

권순형(한국교육개발원 선임연구위원)

지금까지 작은학교에 대한 정책적 관점은 크게 두 갈래로 나뉘어져 온 것으로 볼 수 있습니다. 일각에서는 작은학교가 인근 학교와 통폐합되면 작은학교의 규모는 적정해지며, 적정규모의 학교가 되면 보다 나은 교육여건이 가능해지기 때문에 학생들에게 좀 더 높은 수준의 교육적 수혜가 가능하다고 주장합니다. 이와 같은 주장은 일면 타당한 측면이 있습니다만, 반드시 타당한 것인가에 대해서 생각해 볼 필요가 있습니다. 한편, 다른 쪽에서는 작은학교 학생들의 학습권을 보장하며 장래 농어촌 지역소멸을 방지하는 효과도 있으므로 폐교 불가 주장이 제기되기도 합니다. 이 역시 일면 타당하기도 하지만, 반드시 타당한 것인가에 대해서는 더 고민해 볼 필요가 있을 것입니다.

우리나라에서 작은학교 정책은 크게 두 갈래로 진행되어 왔습니다. 지난 1982년부터 시작된 작은학교 통폐합 정책(이하, '통폐합 정책')부터 2000년대 초반부터 시작된 작은학교 육성·지원 정책(이하, '육성·지원 정책')까지 두 가지 작은학교 정책은 병렬적으로 추진되어 왔습니다. 작은학교에 대하여 통폐합 정책을 주장하는 쪽에서는 교육재정 효율화[이혜영·김지하·마상진, 2010]를 통해 보다 나은 교육여건 개선이 가능하다는 주장이 있는 반면, 육성·지원 정책을 주장하는 쪽에서는 작은학교 통폐합으로 인하여 학생 통학 거리가 증가하거나[이혜영·김지하·마상진, 2010; 권순형 외, 2021: 26], 학교가 지역사회에 부재함으로 인하여 나타나는 의도하지 아니한 효과[양병찬, 2012]가 있다는 주장도 제시되고 있습니다.

저희가 작은학교의 모든 정책에 직접 관여하지 않았기 때문에 작은학교 정책의 모든 것을 알지는 못합니다. 그러나, 한 가지 분명한 것은 '작은학교'는 정책적으로 처치(treatment)되어야 할 대상으로 보면서 정책목표 달성을 위한 노력을 기울여 왔다는 점은 분명해 보입니다. 문제는 작은학교가 정책 대상으로 전락하면서 정책이 추구하는 목표가 어떠한가에 따라 작은학교는 해당 정책에 맞춰 운영되어 왔을 뿐, 작은학교가 무엇을 할 수 있고, 개별 작은학교가 어떻게 운영되어야 하는가에 대한 정책적 관심은 높지 않았습니다. 예컨대, 작은학교 통폐합 정책이라고 하게 되면 작은학교는 '교육재정 효율화를 통한 교육여건 개선'이라는 정책목표의 대상이 되었고, 육성·지원 정책이라고 하게 되면 '(항상 그런 것은 아니지만) 작은학교의 교육력 증가를 통한 학생 수 증가'라는 정책목표의 대상이 되어 운영되어 왔다는 점을 예로 들 수 있을 것입니다. 이와 관련하여 지난 양병찬 외[2012]의 연구에서 지적하는 바는 작은학교 정책에 있어 의미 있는 시사점을 제공해 준다고 생각합니다.

양병찬 외[2012: 58]에 따르면 1999년부터 2005년까지 2,055개교에 대한 통폐합 추진으로 4,486억 원의 인건비 절감과 1,126억 원의 운영비가 절감되며, 236억 원의 폐교 임대수입이 발생되는 등 총 5,548억 원의 교육재정 효과가 있는 것으로 기대했으나, 정부는 다른 한편으로 '돌아오는 농촌' 만들기 사업에 45조 원의 막대한 예산을 투입하겠다고 공표하는 등 이 예산의 1% 정도를 절감하기 위해 3,000여 개의 작은학교를 통폐합시키고 있다는 점을 지적하기도 하였다.[권순형 외, 2021]

양병찬 외[2012] 연구진의 지적은 작은학교 정책에 있어 양립된 두 가지 관점(통·폐합과 육성·지원)이 장기간의 긴 시간 속에서 정책적 초점을 잡지 못하고 양자 간 엇박자가 있었다는 점을 지적한 것으로 볼 수 있습니다. 농어촌이 많이 분포된 도단위 교육청의 경우를 살펴보면 행정국 산하 학교설립과(교육청마다 담당 부서는 다를 수 있음)에서는 학교 통폐합에 대한 업무를 여전히 추진해 오고 있는 반면, 교육국 산하 초중등교육과(교육청마다 담당 부서는 다를 수 있음)에서는 '작은학교 육성·지원' 정책을 병행해 오고 있습니다. 작은학교 정책의 두 가지 관점과 관련하여 작은학교 통폐합 정책은 '악惡'이요, 육성·지원 정책은 '선善'이라는 것을 말하고자 하는 것은 아닙니다. 오히려 작은학교 정책이 교육청 부서 간 칸막이로 인하여 어떠한 작은학교에 대한 중·장기 목표 없이 표류해 왔던 것은 아닌지 검토해 볼 필요가 있습니다.

여기서 한 가지 짚고 넘어가야 할 것이 있습니다. 학교 규모가 작아진다는 것은 해당 학교의 '학생 수' 감소와 관련이 있을 것입니다. 국가적으로 출생률이 감소하는 상황에서 학교 규모가 작아지는 것은 지극히 당연한 예측이겠습니다만, 작금의 학교 소규모화에는 출생률 감소 외에 한 가지 요인이 더 추가됩니다. 즉, 학생 수가 감소한다는 사실에 더하여 인구의 사회적 이동(대규모 택지 단지 개발이나 혁신도시 개발에 따른 이주)에 따라 특정 지역(농어촌, 구(원)도심, 도서산간벽지 등)의 학교 규모는 더욱 작아진다는 것입니다. 즉, 학교의 교육과정, 수업, 교사의 질과 같은 학교의 내재적 요인 이외에 학교 밖의 산업(일자리), 정주 여건 또는 사회·문화 여건과 같은 외재적 요인이 이들 지역의 학생 수 감소에 더욱 영향을 미치고 있다는 점입니다.

작금의 작은학교 지원 정책을 살펴보면 그 대부분이 작은학교에 일정 금액의 재정을 지원하고 특별 프로그램(승마, 영어 같은 방과 후 프로그램)을 작은학교가 직접 운영하도록 하는 방식이었습니다. 그리고 이와 같은 직접 재정지원을 통해 작은학교의 학생 수가 조금이라도 증가하게 되면 언론을 통하여 대대적으로 홍보하는 것을 우리는 종종 목격해 왔습니다. 저희가 2010년 이전의 언론 기사들 가운데 당시 작은학교에서 학생 수가 증가하였다는 기사에 대해 교육개발원 교육통계센터 자료를 통해 찾아본 대부분의 학교는 당시 일시적인 학생 수 증가는 있었지만, 시간이 지나면서 학생 수는 감소한 학교들이 대부분이라는 점을 확인할 수 있었습니다. 여기에는 여러 가지 이유가 있겠지만, 작은학교에 재정을 직접 지원해 주고 해당 학교가 알아서 프로그램을 개발하고 운영하는 구조는 '일시적인 성과는 담보할 수 있는지 몰라도 작은학교 운영의 지속가능성'까지 담보하는 방식은 아닐 수도 있다는 점입니다. 지난 2021년 한국교육개발원 기본 연구로 '소규모학교 연구'를 진행하던 과정에서 우리나라의 작은학교 가운데 우수사례로 꼽힐 수 있는 학교를 찾아 방문하고 면담하면서 이들 학교의 특징을 종합해 본 적이 있었습니다. 그 수가 많지는 않지만 이들 학교는 3~5년 정도 학생 수가 일시적으로 증가한 학교가 아니라 10년~15년 전과 비교할 때 학생 수가 증가하였거나 감소하더라도 다시 학생 수가 회복되는 학교였습니다. 지역 내 다른 작은학교의 학생 수가 급격하게 감소하는 것과 대비되는 학교였다고 해도 과언이 아닐 것입니다. 이들 학교들을 찾아서 작은학교의 성공요인을 조사해 보면 ① 중장기적 관점에서 지역사회와 작은학교 간 공유 비전과 역할 설정, ② 작은학교 주변 자원의 파악과 활용, ③ 작은학교 운영에 헌신적인 교직원의 근무 등 세 가지 공통적인 요인을 찾을 수 있었습니다.

그동안 작은학교 정책을 수립하시는 분들과 각종 회의 및 면담에서 이 정책에 있어 접근하기 어렵고, 집행이 특히 어렵다는 이야기를 들어왔습니다. 이분들의 말씀에도 일리가 있다고 생각합니다. 개별 작은학교가 처해 있는 상황, 그 학교의 교직원, 지역사회의 자원 및 주민(학부모)들의 습속(학교 참여) 등 학교마다 각양각색이기 때문에 정책적으로 접근하기 어려웠을 것이라는 생각이 듭니다. 개인적으로 작은학교 정책을 입안하고 결정하시는 분들에게 정책 입안에 참고가 될 수 있는 사항을 네 가지로 정리하여 제시하면 다음과 같습니다.

첫째, 작은학교가 잘할 수 있는 것이 무엇인지 파악하고, 그 학교가 잘할 수 있는 것(혹은 하고 싶은 것)에 대해 정책으로 지원이 가능한지 검토할 필요가 있습니다. 교육청이나 교육지원청에서 작은학교 정책을 담당하는 그 어떤 누구라도 작은학교 정책과 관련하여 정책 입안을 시작하게 되면, '교육(지원)청이 할 수 있는 것이 그렇게 많지 않다'라는 것을 알게 됩니다. 그리고 본인이 할 수 있는 것이 그렇게 많지 않다는 것을 확인한 후에는 깊은 회의감과 함께 인터넷에서 교육(지원)청이 할 수 있는 범위 내에서 다른 시도교육청이나 지역 사례를 찾아보시는 경우가 많습니다. 물론 정책사례를 탐구하고 우리 지역에 적용해 보려는 노력은 나름대로 의미 있는 작업일 것입니다. 그러나, 앞서 언급한 것처럼 해당 정책이 우리 지역, 특히 지역의 작은학교의 상황에 적합한 것인가에 대한 검토가 없다면 해당 정책은 '보여주기식' 정책으로 종결될 가능성이 높고 결과 역시 우리가 알고 있는 결과를 얻게 될 것입니다. 따라서, 정책 담당자가 우선 해야 할 일은 우리 지역의 특성과 작은학교의 현황 그리고 작은학교가 필요로 하는 도움이 무엇인지 명확하게 조사(가능하면 데이터를 통해서)하고, 이와 같은 내용을 유목화해 보는 작업부터 선결되어야 할 것입니다.

둘째, 작은학교 정책 수립에 있어 타 기관과 교류하고 타 기관 사업이 시너지를 가져올 수 있는 방안을 탐색하려는 노력이 필요합니다. 앞서 우리나라의 학교 소규모화는 전반적인 학령인구의 감소, 인구의 사회적 이동에 의해서 나타나는 현상으로 오늘날에는 인구의 사회적 이동이 학교 소규모화에 영향을 미친다는 점을 언급하였습니다. 현 시점에서 작은학교의 교육력을 제고하기 위해서는 지역사회와 활발하게 교류하고 지역의 자원을 활용하며, 지역사회의 도움을 얻어 작은학교를 운영하는 것이 필요합니다. 예컨대, 지방에서 학교에 대한 지원 사업에는 중앙부처의 농림축산식품부 농어업인의 삶의 질 향상 계획(교육·문화)도 있고, 국토교통부의 도시재생사업(교육)도 있으며, 지방소멸 대응 기금(교육), 기초자치단체의 교육경비보조 사업까지 다양한 사업들이 있습니다. 문제는 이들 사업에 대해 교육청이 가지고 있는 작은학교 정책과 어떠한 관련을 맺고 있는지(혹은 관련이 없는지), 교육정책을 어떻게 입안하는 경우 어떤 시너지를 낼 수 있는가에 대한 고민이 상대적으로 저조했다는 점입니다. 물론, 각 부처나 자치단체 지원사업 담당자들도 교육청 담당자와 협업하려는 노력을 기울여야겠으나, 교육청 담당자 역시 이와 같은 사업이 우리 지역에서 계획되는 경우 우리 지역의 유·초·중등교육, 작은학교 운영과 어떠한 관련을 맺고 효과를 낼 수 있는가를 검토하려는 노력도 필요합니다.

셋째, 농어촌의 작은학교 근무에 헌신적이며 작은학교 운영에 있어 자기주도적 실천 의지와 소통 역량을 갖춘 교원이 필요합니다. 앞서 작은학교 운영에 있어 필요한 세 가지 요인을 언급하였거니와, 작은학교 운영에 헌신적인 교원은 다른 어떠한 요인보다 중요한 요인이라 해도 과언이 아닙니다. 과거 저희가 직접 방문한 모 지역의 작은학교에서는 교사들이 방과 후, 주말을 이용하여 학부모와 지역주민과 연계하는 프로그램을 10년 이상 운영해 오고 있었고, 지역의 주민들이 학교로 들어와서 학교 교육과정에 함께 참여하며, 학생들이 지역에 기여하는 활동도 함께 진행하는 데 앞장서고 있었습니다. 이 학교에 근무하는 교사들은 그 어떠한 특별한 보상(승진 가산점이나 금전적 보상)을 바라지도 않았고, 자신들의 교육철학과 작은학교 운영에 대한 열정이 크게 작용해 왔다는 점을 확인할 수 있었습니다. 그러나, 우리나라 현실에서 이와 같은 교사들의 수는 제한적이며, 우리나라 교직 사회의 특성상 이들 교사처럼 작은학교 운영에 참여하는 경우 '눈에 보이지 않는 따가운 시선'을 극복해야 하거나, 학교에서 너무 튀거나 아무것도 하지 않는 것의 중간 정도인 '평균으로 회귀'라는 문화가 존재하는 학교에서 제아무리 열정을 갖고 있는 교사라 하더라도 자신의 생각을 실천으로 옮기면서 작은학교 활동을 이어나가기는 쉽지 않은 것도 사실입니다. 작은학교 운영에 있어 자기 주도적 실천 의지를 갖추고 소통 역량을 지닌 헌신적인 교사를 선발, 양성하고(경우에 따라서는 인사 특례를 고려해 보는 것까지) 발굴해 내는 것은 일반적인 정책 수립 못지않게 중요한 요인이라 할 수 있을 것입니다.

마지막으로 작은학교에 대한 정책만을 수립할 것이 아니라 지역교육지원청 차원(기초자치구 수준)의 중장기지역교육발전계획 속에서 작은학교 정책이 포함되고 집행되는 것이 필요합니다. 이 말은 작은학교 정책을 별도로 추진하는 것이 아니라, 기초자치구 수준의 지역의 중장기교육계획 속에서 작은학교 정책이 포함되고 집행되는 것이 필요하다는 의미입니다. 앞서 언급한 것처럼 우리나라의 인구가 급격하게 감소하는 도교육청에서는 작은학교 정책만을 담당하는 부서 혹은 담당 장학사님이 계시고, 이 업무는 단위 정책 사업으로 계획되고 집행되며, 관리되고 있습니다. 이와 같은 정책 구조가 교육청에서 주요 업무계획을 수립하고 업무를 추진하기 위한 방법이겠습니다만, 이와 같은 방식으로 작은학교 정책이 수행되는 것 자체가 하나의 정책 사업으로 '관리'될 수 있다는 점에서 재고가 필요합니다.

우리나라는 지방교육자치제도를 지난 1991년부터 실시해 오고 있습니다. 지방교육자치제도는 우리나라 헌법에 보장된 제도로 '교육' 차원에서 실현된 제도라 할 수 있습니다. 우리나라의 경우 교육감을 주민직선에 의해 선출해 오면서 실질적인 교육의 전문성, 자주성이 보장된 지방교육자치제도를 구현해 오고 있지만, 기초자치구 수준까지 교육의 수장을 선출하는 구조는 아닙니다. 현재 우리나라에는 176개 지역교육지원청(기초자치단체는 226개)가 설치되어 운영 중입니다. 지역교육지원청은 기초자치구 수준의 교육·학예에 대하여 교육감으로부터 위임받은 사항에 대하여 집행하는 기관으로 법률상 '하급교육행정기관'에 해당됩니다. 반면, 기초자치단체장(시장, 군수, 구청장)의 경우 주민직선에 의해 선출되는데, 단체장은 지방세에 대한 조세징수권, 인사권, 규칙 제정권을 갖고 있고 지방의회는 조례 제정권을 가지고 있습니다. 즉, 지역의 시, 군, 구에 해당하는 기초자치단체는 지방자치의 3대 요소라 할 수 있는 자치조직권, 자치재정권, 자치입법권 등 3박자를 모두 갖추고 있으나, 지역교육지원청의 교육장은 이와 같은 권한을 갖추고 있지 못합니다.

상황이 이러하다 보니 우리나라 176개 지역교육지원청의 교육장들의 임기는 2년 미만이며, 시장·군수·구청장(단체장이 연임 또는 3선에 성공하는 경우 임기 기간 중 교육장님은 적어도 여섯 번은 교체되는 현실)의 임기보다 짧은 교육장이 기초자치단체를 상대로 지역의 유·초·중등교육 현안에 대해 재정지원이나 조례제정 등의 협의가 어려운 것도 사실입니다. 작은학교와 관련하여 도교육청에서 획일적이고 일관된 정책 수립이 가능하기 때문에 지역교육지원청 차원의 교육계획(혹은 작은학교 지원계획)은 필요없다고 반문할 수도 있으나, 앞서 언급한 것처럼 도 단위 지역의 학교 규모 편차는 각 지역마다 다르며 각 지역의 작은학교가 놓여 있는 맥락도 상이하기 때문에 도교육청의 일의적·획일적인 정책으로 관내 모든 작은학교에 도움이 될 것을 기대하는 것도 무리일 것입니다. 무엇보다, 지역교육지원청 차원에서 지역의 사회문화, 산업(일자리), 정주 여건과 연계된 20년 이상의 중장기지역교육발전계획의 수립과 이 계획 내에 작은학교의 육성·지원(경우에 따라서는 통폐합)에 대한 내용이 담길 필요가 있습니다.

작은학교 정책 관계자분들이 이상 네 가지 제언에 대해 다양한 이견이 있을 것으로 생각됩니다. 다만, 이상 언급된 네 가지는 작은학교 정책을 수립하고 결정하시는 분들에게 조금이나마 도움이 되고자 정리한 내용으로 정책 수립 시 참고해 주시면 감사하겠습니다. 2023년 합계출산율 0.7이라는 믿기 어려운 수치는 향후 10년 후 우리나라 학교 규모 지형도를 지금과 다른 결과로 그려 놓을 것이라 생각합니다. 작은학교를 통폐합할 것인지, 육성·지원할 것인지, 지역마다 중기 이상의 지역발전계획 아래 통폐합과 육성·지원 정책을 병행하되, 작은학교가 가지고 있는 특수성을 충분히 고려할 것인지 등은 현금現今의 정책을 수립하고 결정하시는 분들의 손에 달려 있다고 해도 과언이 아닐 것입니다.

참고문헌

이혜영·김지하·마상진(2010). 농산어촌 소규모학교 통폐합효과 분석. 연구보고 RR2010 -07. 한국교육개발원.

양병찬·마상진·유정규·이진철·전광수(2012). 농어촌마을 활성화를 위한 교육관련 제 도 개선 방안 연구. 농림축산식품부.

권순형·정미경·이강주·허 주·민윤경·정혜주·박균열·정규열·안병훈·이호준(2021). 학령인구 감소에 따른 소규모학교 지원 체제 구축 및 운영 방안. 연구보고 RR2021- 01. 한국교육개발원.

삶의 행복을 꿈꾸는 교육은
어디에서 오는가? ·····

● **교육혁명을 앞당기는 배움책 이야기** 혁신교육의 철학과 잉걸진 미래를 만나다!

● 비고츠키 선집 발달과 협력의 교육학 어떻게 읽을 것인가?

● **경쟁과 차별을 넘어 평등과 협력으로 미래를 열어가는 교육 대전환!** 혁신교육 현장 필독서

전문적 학습네트워크	크리스 브라운 외 엮음 | 성기선·문은경 옮김 | 424쪽 | 값 24,000원
초등 개념기반 탐구학습 설계와 실천 이야기	김병일 외 지음 | 380쪽 | 값 27,000원
선생님이 왜 노조 해요?	교사노동조합연맹 기획 | 324쪽 | 값 18,000원
교실을 광장으로 만들기	윤철기 외 지음 | 212쪽 | 값 17,000원
자율성과 전문성을 지닌 교사되기	린다 달링 해몬드 외 지음 | 전국교원양성대학교총장협의회 옮김 412쪽 | 값 25,000원
선생님, 완벽하지 않아도 괜찮아요	유승재 지음 | 264쪽 | 값 17,000원
지속가능한 리더십	앤디 하그리브스 외 지음 | 정바울 외 옮김 | 352쪽 | 값 21,000원
남도 명량의 기억을 걷다	이돈삼 지음 | 280쪽 | 값 17,000원
교사가 아프다	송원재 지음 | 300쪽 | 값 18,000원
존 듀이의 생명과 경험의 문화적 전환	현광일 지음 | 272쪽 | 값 17,000원
왜 읽고 쓰고 걸어야 하는가?	김태정 지음 | 300쪽 | 값 18,000원
미래 교직 디자인	캐럴 G. 베이즐 외 지음 | 정바울 외 옮김 | 192쪽 | 값 17,000원
타일러 교육과정과 수업 설계의 기본 원리	랄프 타일러 지음 | 이형빈 옮김 | 176쪽 | 값 15,000원
시로 읽는 교육의 풍경	강영택 지음 | 212쪽 | 값 17,000원
부산 교육의 미래 2026	이상철 외 지음 | 384쪽 | 값 22,000원
11권의 그림책으로 만나는 평화통일 수업	경기평화교육센터·곽인숙 외 지음 | 304쪽 | 값 19,000원
명랑 10대 명량 챌린지	강정희 지음 | 320쪽 | 값 18,000원
교장이 바뀌면 학교가 바뀐다	홍제남 지음 | 260쪽 | 값 16,000원
교육정치학의 이론과 실천	김용일 지음 | 296쪽 | 값 18,000원
마오쩌둥의 국제정치사상	정세현 지음 | 332쪽 | 값 19,000원
교사, 깊이 있는 학습을 말하다	황철형 외 지음 | 214쪽 | 값 15,000원
더 나은 사고를 위한 교육	앤 마가렛 샤프 외 지음 | 김혜숙·박상욱 옮김 | 438쪽 | 값 26,000원
더 좋은 교육과정 더 나은 수업	이형빈 지음 | 292쪽 | 값 18,000원
한나 아렌트와 교육	모르데하이 고든 지음 | 조나영 옮김 | 376쪽 | 값 23,000원
공동체의 힘, 작은학교 만들기	미셸 앤더슨 외 지음 | 권순형 외 옮김 | 264쪽 | 값 18,000원